T&P BOOKS

I0168703

TAILANDÉS
VOCABULARIO

PALABRAS MÁS USADAS

ESPAÑOL-
TAILANDÉS

Las palabras más útiles
Para expandir su vocabulario y refinar
sus habilidades lingüísticas

9000 palabras

Vocabulario Español-Tailandés - 9000 palabras más usadas

por Andrey Taranov

Los vocabularios de T&P Books buscan ayudar en el aprendizaje, la memorización y la revisión de palabras de idiomas extranjeros. El diccionario se divide por temas, cubriendo toda la esfera de las actividades cotidianas, de negocios, ciencias, cultura, etc.

El proceso de aprendizaje de palabras utilizando los diccionarios temáticos de T&P Books le proporcionará a usted las siguientes ventajas:

- La información del idioma secundario está organizada claramente y predetermina el éxito para las etapas subsiguientes en la memorización de palabras.
- Las palabras derivadas de la misma raíz se agrupan, lo cual permite la memorización de grupos de palabras en vez de palabras aisladas.
- Las unidades pequeñas de palabras facilitan el proceso de reconocimiento de enlaces de asociación que se necesitan para la cohesión del vocabulario.
- De este modo, se puede estimar el número de palabras aprendidas y así también el nivel de conocimiento del idioma.

T&P Books Publishing
www.tpbooks.com

ISBN: 978-1-78767-240-6

Este libro está disponible en formato electrónico o de E-Book también.
Visite www.tpbooks.com o las librerías electrónicas más destacadas en la Red.

VOCABULARIO TAILANDÉS
palabras más usadas

Los vocabularios de T&P Books buscan ayudar al aprendiz a aprender, memorizar y repasar palabras de idiomas extranjeros. Los vocabularios contienen más de 9000 palabras comúnmente usadas y organizadas de manera temática.

- El vocabulario contiene las palabras corrientes más usadas.
- Se recomienda como ayuda adicional a cualquier curso de idiomas.
- Capta las necesidades de aprendices de nivel principiante y avanzado.
- Es conveniente para uso cotidiano, prácticas de revisión y actividades de auto-evaluación.
- Facilita la evaluación del vocabulario.

Aspectos claves del vocabulario

- Las palabras se organizan según el significado, no según el orden alfabético.
- Las palabras se presentan en tres columnas para facilitar los procesos de repaso y auto-evaluación.
- Los grupos de palabras se dividen en pequeñas secciones para facilitar el proceso de aprendizaje.
- El vocabulario ofrece una transcripción sencilla y conveniente de cada palabra extranjera.

El vocabulario contiene 256 temas que incluyen lo siguiente:

Conceptos básicos, números, colores, meses, estaciones, unidades de medidas, ropa y accesorios, comida y nutrición, restaurantes, familia nuclear, familia extendida, características de personalidad, sentimientos, emociones, enfermedades, la ciudad y el pueblo, exploración del paisaje, compras, finanzas, la casa, el hogar, la oficina, el trabajo en oficina, importación y exportación, promociones, búsqueda de trabajo, deportes, educación, computación, la red, herramientas, la naturaleza, los países, las nacionalidades y más ...

TABLA DE CONTENIDO

GUÍA DE PRONUNCIACIÓN

T&P alfabeto fonético	Ejemplo tailandés	Ejemplo español

Las vocales

[a]	ห้า [hâ:] – hâa ˙	radio
[e]	เป็นลม [pen lom] – bpen lom	verano
[i]	วินัย [wí? naj] – wí–nai	ilegal
[o]	โกน [ko:n] – gohn	bordado
[u]	ขุ่นเคือง [kʰùn kʰɯːaŋ] – khùn kheuang	mundo
[aa]	ราคา [ra: kʰa:] – raa–khaa	contraataque
[oo]	ภูมิใจ [pʰuːm tɕaj] – phoom jai	jugador
[ee]	บัญชี [ban tɕʰi:] – ban–chee	destino
[ɯ]	เดือน [dɯːan] – deuan	Largo sonido [ǝ]
[ɤ]	เงิน [ŋɤn] – ngern	Vocal semicerrada posterior no redondeada
[ae]	แปล [plɛ:] – bplae	cuarenta
[ay]	เลข [leˆːk] – lâyk	sexto
[ai]	ไปป์ [paj] – bpai	paisaje
[oi]	โพย [pʰoːj] – phoi	boina
[ya]	สัญญา [sǎn ja:] – sǎn–yaa	araña
[ɤːi]	อบเชย [?òp tɕʰɤːj] – òp–choie	Combinación [ǝːi]
[iːa]	หน้าเชียว [nâ: siːaw] – nâa sieow	ecología

Consonantes iniciales

[b]	บาง [baːŋ] – baang	en barco
[d]	สีแดง [sǐ: dɛːŋ] – sěe daeng	desierto
[f]	มันฝรั่ง [man fà ràŋ] – man fà–ràng	golf
[h]	เฮลซิงกิ [heːn siŋ kì?] – hayn–sing–gì	registro
[y]	ยี่สิบ [jîː sìp] – yêe sìp	asiento
[g]	กรง [kroŋ] – grorng	jugada
[kh]	เลขา [le: kʰǎ:] – lay–khǎa	[k] aspirada
[l]	เล็ก [lék] – lék	lira
[m]	เมลอน [me: lɔːn] – may–lorn	nombre
[n]	หนัง [nǎŋ] – nǎng	número
[ng]	เงือก [ŋɯːak] – ngêuak	manga
[bp]	เป็น [pen] – bpen	precio
[ph]	เผา [pʰàw] – phào	[p] aspirada
[ɾ]	เบอร์รี่ [bɤ. ríː] – ber–rêe	era, alfombra
[s]	ซอน [sôn] – sôrn	salva
[dt]	ดนตรี [don tri:] – don–dtree	torre

T&P alfabeto fonético	Ejemplo tailandés	Ejemplo español
[j]	ปั้นจั่น [pân tɕàn] – bpân jàn	archivo
[ch]	วิชา [wíʔ tɕʰaː] – wí–chaa	[tsch] aspirado
[th]	แถว [tʰɛːw] – thăe	[t] aspirada
[w]	เคียว [kʰǐːaw] – khieow	acuerdo

Consonantes finales

[k]	แม่เหล็ก [mɛː lèk] – mâe lèk	charco
[m]	เพิ่ม [pʰɤːm] – phêrm	nombre
[n]	เนียน [niːan] – nian	número
[ng]	เป็นห่วง [pen hùːaŋ] – bpen hùang	manga
[p]	ไม่ขยับ [mâj kʰà ja p] – mâi khà–yàp	precio
[t]	ลูกเป็ด [lûːk pèt] – lôok bpèt	torre

Comentarios

Tono medio - [ā] การคูณ [gaan khon]
Tono bajo - [à] แจกจ่าย [jàek jàai]
Tono descendente - [â] แต่ม [dtâem]
Tono alto - [á] แซ็กโซโฟน [sáek-soh-fohn]
Tono ascendente - [ǎ] เนินเขา [nern khǎo]

ABREVIATURAS
usadas en el vocabulario

Abreviatura en español

adj	-	adjetivo
adv	-	adverbio
anim.	-	animado
conj	-	conjunción
etc.	-	etcétera
f	-	sustantivo femenino
f pl	-	femenino plural
fam.	-	uso familiar
fem.	-	femenino
form.	-	uso formal
inanim.	-	inanimado
innum.	-	innumerable
m	-	sustantivo masculino
m pl	-	masculino plural
m, f	-	masculino, femenino
masc.	-	masculino
mat	-	matemáticas
mil.	-	militar
num.	-	numerable
p.ej.	-	por ejemplo
pl	-	plural
pron	-	pronombre
sg	-	singular
v aux	-	verbo auxiliar
vi	-	verbo intransitivo
vi, vt	-	verbo intransitivo, verbo transitivo
vr	-	verbo reflexivo
vt	-	verbo transitivo

CONCEPTOS BÁSICOS

Conceptos básicos. Unidad 1

1. Los pronombres

tú	คุณ	khun
él	เขา	khǎo
ella	เธอ	ther
ello	มัน	man
nosotros, -as	เรา	rao
vosotros, -as	คุณทั้งหลาย	khun tháng lǎai
Usted	คุณ	khun
Ustedes	คุณทั้งหลาย	khun tháng lǎai
ellos	เขา	khǎo
ellas	เธอ	ther

2. Saludos. Salutaciones. Despedidas

¡Hola! (fam.)	สวัสดี!	sà-wàt-dee
¡Hola! (form.)	สวัสดี ครับ/ค่ะ!	sà-wàt-dee khráp/khâ
¡Buenos días!	อรุณสวัสดี!	a-run sà-wàt
¡Buenas tardes!	สวัสดีตอนบ่าย	sà-wàt-dee dtorn-bàai
¡Buenas noches!	สวัสดีตอนค่ำ	sà-wàt-dee dtorn-khâm
decir hola	ทักทาย	thák thaai
¡Hola! (a un amigo)	สวัสดี!	sà-wàt-dee
saludo (m)	คำทักทาย	kham thák thaai
saludar (vt)	ทักทาย	thák thaai
¿Cómo estáis?	คุณสบายดีไหม?	khun sà-baai dee mǎi
¿Cómo estás?	สบายดีไหม?	sà-baai dee mǎi
¿Qué hay de nuevo?	มีอะไรใหม?	mee à-rai mài
¡Hasta la vista! (form.)	ลาก่อน!	laa gòrn
¡Hasta la vista! (fam.)	บาย!	baai
¡Hasta pronto!	พบกันใหม่	phóp gan mài
¡Adiós! (fam.)	ลาก่อน!	laa gòrn
¡Adiós! (form.)	สวัสดี!	sà-wàt-dee
despedirse (vr)	บอกลา	bòrk laa
¡Hasta luego!	ลาก่อน!	laa gòrn
¡Gracias!	ขอบคุณ!	khòrp khun
¡Muchas gracias!	ขอบคุณมาก!	khòrp khun mâak
De nada	ยินดีช่วย	yin dee chûay
No hay de qué	ไม่เป็นไร	mâi bpen rai

De nada	ไม่เป็นไร	mâi bpen rai
¡Disculpa!	ขอโทษที!	khŏr thôht thee
¡Disculpe!	ขอโทษ ครับ/ค่ะ!	khŏr thôht khráp / khâ
disculpar (vt)	ให้อภัย	hâi a-phai

disculparse (vr)	ขอโทษ	khŏr thôht
Mis disculpas	ขอโทษ	khŏr thôht
¡Perdóneme!	ขอโทษ!	khŏr thôht
perdonar (vt)	อภัย	a-phai
¡No pasa nada!	ไม่เป็นไร!	mâi bpen rai
por favor	โปรด	bpròht

¡No se le olvide!	อย่าลืม!	yàa leum
¡Ciertamente!	แน่นอน!	nâe norn
¡Claro que no!	ไม่ใช่แน่!	mâi châi nâe
¡De acuerdo!	โอเค!	oh-khay
¡Basta!	พอแล้ว	phor láew

3. Como dirigirse a otras personas

¡Perdóneme!	ขอโทษ	khŏr thôht
señor	ท่าน	thâan
señora	คุณ	khun
señorita	คุณ	khun
joven	พ่อหนุ่ม	phôr nùm
niño	หนู	nŏo
niña	หนู	nŏo

4. Números cardinales. Unidad 1

cero	ศูนย์	sŏon
uno	หนึ่ง	nèung
dos	สอง	sŏrng
tres	สาม	săam
cuatro	สี่	sèe

cinco	ห้า	hâa
seis	หก	hòk
siete	เจ็ด	jèt
ocho	แปด	bpàet
nueve	เก้า	gâo

diez	สิบ	sìp
once	สิบเอ็ด	sìp èt
doce	สิบสอง	sìp sŏrng
trece	สิบสาม	sìp săam
catorce	สิบสี่	sìp sèe

quince	สิบห้า	sìp hâa
dieciséis	สิบหก	sìp hòk
diecisiete	สิบเจ็ด	sìp jèt
dieciocho	สิบแปด	sìp bpàet

diecinueve	สิบเก้า	sìp gâo
veinte	ยี่สิบ	yêe sìp
veintiuno	ยี่สิบเอ็ด	yêe sìp èt
veintidós	ยี่สิบสอง	yêe sìp sŏrng
veintitrés	ยี่สิบสาม	yêe sìp sǎam

treinta	สามสิบ	sǎam sìp
treinta y uno	สามสิบเอ็ด	sǎam-sìp-èt
treinta y dos	สามสิบสอง	sǎam-sìp-sŏrng
treinta y tres	สามสิบสาม	sǎam-sìp-sǎam

cuarenta	สี่สิบ	sèe sìp
cuarenta y uno	สี่สิบเอ็ด	sèe-sìp-èt
cuarenta y dos	สี่สิบสอง	sèe-sìp-sŏrng
cuarenta y tres	สี่สิบสาม	sèe-sìp-sǎam

cincuenta	ห้าสิบ	hâa sìp
cincuenta y uno	ห้าสิบเอ็ด	hâa-sìp-èt
cincuenta y dos	ห้าสิบสอง	hâa-sìp-sŏrng
cincuenta y tres	หาสิบสาม	hâa-sìp-sǎam

sesenta	หกสิบ	hòk sìp
sesenta y uno	หกสิบเอ็ด	hòk-sìp-èt
sesenta y dos	หกสิบสอง	hòk-sìp-sŏrng
sesenta y tres	หกสิบสาม	hòk-sìp-sǎam

setenta	เจ็ดสิบ	jèt sìp
setenta y uno	เจ็ดสิบเอ็ด	jèt-sìp-èt
setenta y dos	เจ็ดสิบสอง	jèt-sìp-sŏrng
setenta y tres	เจ็ดสิบสาม	jèt-sìp-sǎam

ochenta	แปดสิบ	bpàet sìp
ochenta y uno	แปดสิบเอ็ด	bpàet-sìp-èt
ochenta y dos	แปดสิบสอง	bpàet-sìp-sŏrng
ochenta y tres	แปดสิบสาม	bpàet-sìp-sǎam

noventa	เก้าสิบ	gâo sìp
noventa y uno	เก้าสิบเอ็ด	gâo-sìp-èt
noventa y dos	เก้าสิบสอง	gâo-sìp-sŏrng
noventa y tres	เกาสิบสาม	gâo-sìp-sǎam

5. Números cardinales. Unidad 2

cien	หนึ่งร้อย	nèung rói
doscientos	สองร้อย	sŏrng rói
trescientos	สามร้อย	sǎam rói
cuatrocientos	สี่ร้อย	sèe rói
quinientos	หาร้อย	hâa rói

seiscientos	หกร้อย	hòk rói
setecientos	เจ็ดร้อย	jèt rói
ochocientos	แปดร้อย	bpàet rói
novecientos	เก้าร้อย	gâo rói
mil	หนึ่งพัน	nèung phan

dos mil	สองพัน	sŏrng phan
tres mil	สามพัน	săam phan
diez mil	หนึ่งหมื่น	nèung mèun
cien mil	หนึ่งแสน	nèung săen
millón (m)	ล้าน	láan
mil millones	พันล้าน	phan láan

6. Números ordinales

primero (adj)	แรก	râek
segundo (adj)	ที่สอง	thêe sŏrng
tercero (adj)	ที่สาม	thêe săam
cuarto (adj)	ที่สี่	thêe sèe
quinto (adj)	ที่ห้า	thêe hâa
sexto (adj)	ที่หก	thêe hòk
séptimo (adj)	ที่เจ็ด	thêe jèt
octavo (adj)	ที่แปด	thêe bpàet
noveno (adj)	ที่เก้า	thêe gâo
décimo (adj)	ที่สิบ	thêe sìp

7. Números. Fracciones

fracción (f)	เศษส่วน	sàyt sùan
un medio	หนึ่งส่วนสอง	nèung sùan sŏrng
un tercio	หนึ่งส่วนสาม	nèung sùan săam
un cuarto	หนึ่งส่วนสี่	nèung sùan sèe
un octavo	หนึ่งส่วนแปด	nèung sùan bpàet
un décimo	หนึ่งส่วนสิบ	nèung sùan sìp
dos tercios	สองสวนสาม	sŏrng sùan săam
tres cuartos	สามสวนสี่	săam sùan sèe

8. Números. Operaciones básicas

sustracción (f)	การลบ	gaan lóp
sustraer (vt)	ลบ	lóp
división (f)	การหาร	gaan hăan
dividir (vt)	หาร	hăan
adición (f)	การบวก	gaan bùak
sumar (totalizar)	บวก	bùak
adicionar (vt)	เพิ่ม	phêrm
multiplicación (f)	การคูณ	gaan khon
multiplicar (vt)	คูณ	khoon

9. Números. Miscelánea

| cifra (f) | ตัวเลข | dtua lâyk |
| número (m) (~ cardinal) | เลข | lâyk |

numeral (m)	ตัวเลข	dtua lâyk
menos (m)	เครื่องหมายลบ	khrêuang măai lóp
más (m)	เครื่องหมายบวก	khrêuang măai bùak
fórmula (f)	สูตร	sòot

cálculo (m)	การนับ	gaan náp
contar (vt)	นับ	náp
calcular (vt)	นับ	náp
comparar (vt)	เปรียบเทียบ	bprìap thîap

| ¿Cuánto? (innum.) | เท่าไหร่? | thâo rài |
| ¿Cuánto? (num.) | กี่...? | gèe...? |

suma (f)	ผลรวม	phŏn ruam
resultado (m)	ผลลัพธ์	phŏn láp
resto (m)	ที่เหลือ	thêe lĕua

algunos, algunas ...	สองสาม	sŏrng săam
poco (adv)	นิดหน่อย	nít nòi
poco (num.)	น้อย	nói
resto (m)	ที่เหลือ	thêe lĕua
uno y medio	หนึ่งครึ่ง	nèung khrêung
docena (f)	โหล	lŏh

en dos	เป็นสองส่วน	bpen sŏrng sùan
en partes iguales	เท่าเทียมกัน	thâo thiam gan
mitad (f)	ครึ่ง	khrêung
vez (f)	ครั้ง	khráng

10. Los verbos más importantes. Unidad 1

abrir (vt)	เปิด	bpèrt
acabar, terminar (vt)	จบ	jòp
aconsejar (vt)	แนะนำ	náe nam
adivinar (vt)	คาดเดา	khâat dao
advertir (vt)	เตือน	dteuan
alabarse, jactarse (vr)	โอ้อวด	ôh ùat

almorzar (vi)	ทานอาหารเที่ยง	thaan aa-hăan thîang
alquilar (~ una casa)	เช่า	châo
amenazar (vt)	ขู่	khòo
arrepentirse (vr)	เสียใจ	sĭa jai
ayudar (vt)	ช่วย	chûay
bañarse (vr)	ไปว่ายน้ำ	bpai wâai náam

bromear (vi)	ล้อเล่น	lór lên
buscar (vt)	หา	hăa
caer (vi)	ตก	dtòk
callarse (vr)	นิ่งเงียบ	nîng ngîap
cambiar (vt)	เปลี่ยน	bplìan
castigar, punir (vt)	ลงโทษ	long thôht
cavar (vt)	ขุด	khùt
cazar (vi, vt)	ล่า	lâa
cenar (vi)	ทานอาหารเย็น	thaan aa-hăan yen

cesar (vt)	หยุด	yùt
coger (vt)	จับ	jàp
comenzar (vt)	เริ่ม	rêrm

comparar (vt)	เปรียบเทียบ	bprìap thîap
comprender (vt)	เข้าใจ	khâo jai
confiar (vt)	เชื่อ	chêua
confundir (vt)	สับสน	sàp sǒn
conocer (~ a alguien)	รู้จัก	róo jàk
contar (vt) (enumerar)	นับ	náp

contar con ...	พึ่งพา	phêung phaa
continuar (vt)	ทำต่อไป	tham dtòr bpai
controlar (vt)	ควบคุม	khûap khum
correr (vi)	วิ่ง	wîng
costar (vt)	ราคา	raa-khaa
crear (vt)	สร้าง	sâang

11. Los verbos más importantes. Unidad 2

dar (vt)	ให้	hâi
dar una pista	บอกใบ้	bòrk bâi
decir (vt)	บอก	bòrk
decorar (para la fiesta)	ประดับ	bprà-dàp

defender (vt)	ปกป้อง	bpòk bpôrng
dejar caer	ทิ้งให้ตก	thíng hâi dtòk
desayunar (vi)	ทานอาหารเช้า	thaan aa-hǎan cháo
descender (vi)	ลง	long

dirigir (administrar)	บริหาร	bor-rí-hǎan
disculpar (vt)	ให้อภัย	hâi a-phai
disculparse (vr)	ขอโทษ	khǒr thôht
discutir (vt)	หารือ	hǎa-reu
dudar (vt)	สงสัย	sǒng-sǎi

encontrar (hallar)	พบ	phóp
engañar (vi, vt)	หลอก	lòrk
entrar (vi)	เข้า	khâo
enviar (vt)	ส่ง	sòng

equivocarse (vr)	ทำผิด	tham phìt
escoger (vt)	เลือก	lêuak
esconder (vt)	ซ่อน	sôrn
escribir (vt)	เขียน	khǐan
esperar (aguardar)	รอ	ror

esperar (tener esperanza)	หวัง	wǎng
estar de acuerdo	เห็นด้วย	hěn dûay
estudiar (vt)	เรียน	rian

exigir (vt)	เรียกร้อง	rîak rórng
existir (vi)	มีอยู่	mee yòo
explicar (vt)	อธิบาย	à-thí-baai

| faltar (a las clases) | พลาด | phlâat |
| firmar (~ el contrato) | ลงนาม | long naam |

girar (~ a la izquierda)	เลี้ยว	líeow
gritar (vi)	ตะโกน	dtà-gohn
guardar (conservar)	รักษา	rák-săa
gustar (vi)	ชอบ	chôrp
hablar (vi, vt)	พูด	phôot

hacer (vt)	ทำ	tham
informar (vt)	แจง	jâeng
insistir (vi)	ยืนยัน	yeun yan
insultar (vt)	ดูถูก	doo thòok

interesarse (vr)	สนใจใน	sŏn jai nai
invitar (vt)	เชิญ	chern
ir (a pie)	ไป	bpai
jugar (divertirse)	เล่น	lên

12. Los verbos más importantes. Unidad 3

leer (vi, vt)	อ่าน	àan
liberar (ciudad, etc.)	ปลดปล่อย	bplòt bplòi
llamar (por ayuda)	เรียก	rîak
llegar (vi)	มา	maa
llorar (vi)	ร้องไห้	rórng hâi

matar (vt)	ฆ่า	khâa
mencionar (vt)	กล่าวถึง	glàao thĕung
mostrar (vt)	แสดง	sà-daeng
nadar (vi)	ว่ายน้ำ	wâai náam

negarse (vr)	ปฏิเสธ	bpà-dtì-sàyt
objetar (vt)	คาน	kháan
observar (vt)	สังเกตการณ์	săng-gàyt gaan
oír (vt)	ได้ยิน	dâai yin

olvidar (vt)	ลืม	leum
orar (vi)	ภาวนา	phaa-wá-naa
ordenar (mil.)	สั่งการ	sàng gaan
pagar (vi, vt)	จ่าย	jàai
pararse (vr)	หยุด	yùt

participar (vi)	มีส่วนร่วม	mee sùan rûam
pedir (ayuda, etc.)	ขอ	khŏr
pedir (en restaurante)	สั่ง	sàng
pensar (vi, vt)	คิด	khít

percibir (ver)	สังเกต	săng-gàyt
perdonar (vt)	ให้อภัย	hâi a-phai
permitir (vt)	อนุญาต	a-nú-yâat
pertenecer a ...	เป็นของของ...	bpen khŏrng khŏrng...
planear (vt)	วางแผน	waang phăen

poder (v aux)	สามารถ	sǎa-mâat
poseer (vt)	เป็นเจ้าของ	bpen jâo khǒrng
preferir (vt)	ชอบ	chôrp
preguntar (vt)	ถาม	thǎam

preparar (la cena)	ทำอาหาร	tham aa-hǎan
prever (vt)	คาดหวัง	khâat wǎng
probar, tentar (vt)	พยายาม	phá-yaa-yaam
prometer (vt)	สัญญา	sǎn-yaa
pronunciar (vt)	ออกเสียง	òrk sǐang

proponer (vt)	เสนอ	sà-něr
quebrar (vt)	แตก	dtàek
quejarse (vr)	บ่น	bòn
querer (amar)	รัก	rák
querer (desear)	ต้องการ	dtôrng gaan

13. Los verbos más importantes. Unidad 4

recomendar (vt)	แนะนำ	náe nam
regañar, reprender (vt)	ดุด่า	dù dàa
reírse (vr)	หัวเราะ	hǔa rór
repetir (vt)	ซ้ำ	sám
reservar (~ una mesa)	จอง	jorng
responder (vi, vt)	ตอบ	dtòrp

robar (vt)	ขโมย	khà-moi
saber (~ algo mas)	รู้	róo
salir (vi)	ออกไป	òrk bpai
salvar (vt)	กู้	gôo
seguir ...	ไปตาม...	bpai dtaam...
sentarse (vr)	นั่ง	nâng

ser necesario	ต้องการ	dtôrng gaan
ser, estar (vi)	เป็น	bpen
significar (vt)	หมาย	mǎai
sonreír (vi)	ยิ้ม	yím
sorprenderse (vr)	ประหลาดใจ	bprà-làat jai

subestimar (vt)	ดูถูก	doo thòok
tener (vt)	มี	mee
tener hambre	หิว	hǐw
tener miedo	กลัว	glua

tener prisa	รีบ	rêep
tener sed	กระหายน้ำ	grà-hǎai náam
tirar, disparar (vi)	ยิง	ying
tocar (con las manos)	แตะต้อง	dtàe dtôrng
tomar (vt)	เอา	ao
tomar nota	จด	jòt

trabajar (vi)	ทำงาน	tham ngaan
traducir (vt)	แปล	bplae
unir (vt)	สมาน	sà-mǎan

vender (vt)	ขาย	khăai
ver (vt)	เห็น	hĕn
volar (pájaro, avión)	บิน	bin

14. Los colores

color (m)	สี	sĕe
matiz (m)	สีอ่อน	sĕe òrn
tono (m)	สีสัน	sĕe săn
arco (m) iris	สายรุ้ง	săai rúng

blanco (adj)	สีขาว	sĕe khăao
negro (adj)	สีดำ	sĕe dam
gris (adj)	สีเทา	sĕe thao

verde (adj)	สีเขียว	sĕe khĭeow
amarillo (adj)	สีเหลือง	sĕe lĕuang
rojo (adj)	สีแดง	sĕe daeng

azul (adj)	สีน้ำเงิน	sĕe nám ngern
azul claro (adj)	สีฟ้า	sĕe fáa
rosa (adj)	สีชมพู	sĕe chom-poo
naranja (adj)	สีส้ม	sĕe sôm
violeta (adj)	สีม่วง	sĕe mûang
marrón (adj)	สีน้ำตาล	sĕe nám dtaan

| dorado (adj) | สีทอง | sĕe thorng |
| argentado (adj) | สีเงิน | sĕe ngern |

beige (adj)	สีน้ำตาลอ่อน	sĕe nám dtaan òrn
crema (adj)	สีครีม	sĕe khreem
turquesa (adj)	สีเขียวแกม น้ำเงิน	sĕe khĭeow gaem náam ngern
rojo cereza (adj)	สีแดงเชอร์รี่	sĕe daeng cher-rêe
lila (adj)	สีม่วงอ่อน	sĕe mûang-òrn
carmesí (adj)	สีแดงเข้ม	sĕe daeng khâym

claro (adj)	อ่อน	òrn
oscuro (adj)	แก	gàe
vivo (adj)	สด	sòt

de color (lápiz ~)	สี	sĕe
en colores (película ~)	สี	sĕe
blanco y negro (adj)	ขาวดำ	khăao-dam
unicolor (adj)	สีเดียว	sĕe dieow
multicolor (adj)	หลากสี	làak sĕe

15. Las preguntas

¿Quién?	ใคร?	khrai
¿Qué?	อะไร?	a-rai
¿Dónde?	ที่ไหน?	thêe năi

¿Adónde?	ที่ไหน?	thêe năi
¿De dónde?	จากที่ไหน?	jàak thêe năi
¿Cuándo?	เมื่อไหร?	mêua rài
¿Para qué?	ทำไม?	tham-mai
¿Por qué?	ทำไม?	tham-mai

¿Por qué razón?	เพื่ออะไร?	phêua a-rai
¿Cómo?	อย่างไร?	yàang rai
¿Qué ...? (~ color)	อะไร?	a-rai
¿Cuál?	ไหน?	năi

¿A quién?	สำหรับใคร?	săm-ràp khrai
¿De quién? (~ hablan ...)	เกี่ยวกับใคร?	gìeow gàp khrai
¿De qué?	เกี่ยวกับอะไร?	gìeow gàp a-rai
¿Con quién?	กับใคร?	gàp khrai

¿Cuánto? (innum.)	เท่าไหร?	thâo rài
¿Cuánto? (num.)	กี่...?	gèe...?
¿De quién? (~ es este ...)	ของใคร?	khŏrng khrai

16. Las preposiciones

con ... (~ algn)	กับ	gàp
sin ... (~ azúcar)	ปราศจาก	bpràat-sà-jàak
a ... (p.ej. voy a México)	ไปที่	bpai thêe
de ... (hablar ~)	เกี่ยวกับ	gìeow gàp
antes de ...	ก่อน	gòrn
delante de ...	หน้า	nâa

debajo	ใต้	dtâi
sobre ..., encima de ...	เหนือ	nĕua
en, sobre (~ la mesa)	บน	bon
de (origen)	จาก	jàak
de (fabricado de)	ทำใช้	tham chái

| dentro de ... | ใน | nai |
| encima de ... | ขาม | khâam |

17. Las palabras útiles. Los adverbios. Unidad 1

¿Dónde?	ที่ไหน?	thêe năi
aquí (adv)	ที่นี่	thêe nêe
allí (adv)	ที่นั่น	thêe nân

| en alguna parte | ที่ใดที่หนึ่ง | thêe dai thêe nèung |
| en ninguna parte | ไม่มีที่ไหน | mâi mee thêe năi |

| junto a ... | ข้าง | khâang |
| junto a la ventana | ข้างหน้าต่าง | khâang nâa dtàang |

| ¿A dónde? | ที่ไหน? | thêe năi |
| aquí (venga ~) | ที่นี่ | thêe nêe |

allí (vendré ~)	ที่นั่น	thêe nân
de aquí (adv)	จากที่นี่	jàak thêe nêe
de allí (adv)	จากที่นั่น	jàak thêe nân
cerca (no lejos)	ใกล้	glâi
lejos (adv)	ไกล	glai
cerca de ...	ใกล้	glâi
al lado (de ...)	ใกล้ๆ	glâi glâi
no lejos (adv)	ไม่ไกล	mâi glai
izquierdo (adj)	ซ้าย	sáai
a la izquierda (situado ~)	ข้างซ้าย	khâang sáai
a la izquierda (girar ~)	ซ้าย	sáai
derecho (adj)	ขวา	khwǎa
a la derecha (situado ~)	ข้างขวา	khâang kwǎa
a la derecha (girar)	ขวา	khwǎa
delante (yo voy ~)	ข้างหน้า	khâang nâa
delantero (adj)	หน้า	nâa
adelante (movimiento)	หน้า	nâa
detrás de ...	ข้างหลัง	khâang lǎng
desde atrás	จากข้างหลัง	jàak khâang lǎng
atrás (da un paso ~)	หลัง	lǎng
centro (m), medio (m)	กลาง	glaang
en medio (adv)	ตรงกลาง	dtrorng glaang
de lado (adv)	ข้าง	khâang
en todas partes	ทุกที่	thúk thêe
alrededor (adv)	รอบ	rôrp
de dentro (adv)	จากข้างใน	jàak khâang nai
a alguna parte	ที่ไหน	thêe nǎi
todo derecho (adv)	ตรงไป	dtrorng bpai
atrás (muévelo para ~)	กลับ	glàp
de alguna parte (adv)	จากที่ใด	jàak thêe dai
no se sabe de dónde	จากที่ใด	jàak thêe dai
primero (adv)	ข้อที่หนึ่ง	khôr thêe nèung
segundo (adv)	ข้อที่สอง	khôr thêe sǒrng
tercero (adv)	ขอที่สาม	khôr thêe sǎam
de súbito (adv)	ในทันที	nai than thee
al principio (adv)	ตอนแรก	dtorn-râek
por primera vez	เป็นครั้งแรก	bpen khráng râek
mucho tiempo antes ...	นานก่อน	naan gòrn
de nuevo (adv)	ใหม่	mài
para siempre (adv)	ใหจบสิ้น	hâi jòp sîn
jamás, nunca (adv)	ไม่เคย	mâi khoie
de nuevo (adv)	อีกครั้งหนึ่ง	èek khráng nèung
ahora (adv)	ตอนนี้	dtorn-née

frecuentemente (adv)	บ่อย	bòi
entonces (adv)	เวลานั้น	way-laa nán
urgentemente (adv)	อย่างเร่งด่วน	yàang râyng dùan
usualmente (adv)	มักจะ	mák jà

a propósito, ...	อนึ่ง	à-nèung
es probable	เป็นไปได้	bpen bpai dâai
probablemente (adv)	อาจจะ	àat jà
tal vez	อาจจะ	àat jà
además ...	นอกจากนั้น...	nôrk jàak nán...
por eso ...	นั่นเป็นเหตุผลที่...	nân bpen hàyt phŏn thêe...
a pesar de ...	แม้ว่า...	máe wâa...
gracias a ...	เนื่องจาก...	nêuang jàak...

qué (pron)	อะไร	a-rai
que (conj)	ที่	thêe
algo (~ le ha pasado)	อะไร	a-rai
algo (~ así)	อะไรก็ตาม	a-rai gôr dtaam
nada (f)	ไม่มีอะไร	mâi mee a-rai

quien	ใคร	khrai
alguien (viene ~)	บางคน	baang khon
alguien (¿ha llamado ~?)	บางคน	baang khon

nadie	ไม่มีใคร	mâi mee khrai
a ninguna parte	ไม่ไปไหน	mâi bpai năi
de nadie	ไม่เป็นของ ของใคร	mâi bpen khŏrng khŏrng khrai
de alguien	ของคนหนึ่ง	khŏrng khon nèung

tan, tanto (adv)	มาก	mâak
también (~ habla francés)	ด้วย	dûay
también (p.ej. Yo ~)	ด้วย	dûay

18. Las palabras útiles. Los adverbios. Unidad 2

¿Por qué?	ทำไม?	tham-mai
no se sabe porqué	เพราะเหตุผลอะไร	phrór hàyt phŏn à-rai
porque ...	เพราะว่า...	phrór wâa
por cualquier razón (adv)	ด้วยจุดประสงค์อะไร	dûay jùt bprà-sŏng a-rai

y (p.ej. uno y medio)	และ	láe
o (p.ej. té o café)	หรือ	rĕu
pero (p.ej. me gusta, ~)	แต่	dtàe
para (p.ej. es para ti)	สำหรับ	săm-ràp

demasiado (adv)	เกินไป	gern bpai
sólo, solamente (adv)	เท่านั้น	thâo nán
exactamente (adv)	ตรง	dtrorng
unos ..., cerca de ... (~ 10 kg)	ประมาณ	bprà-maan

| aproximadamente | ประมาณ | bprà-maan |
| aproximado (adj) | ประมาณ | bprà-maan |

casi (adv)	เกือบ	gèuap
resto (m)	ที่เหลือ	thêe lĕua
el otro (adj)	อีก	èek
otro (p.ej. el otro día)	อื่น	èun
cada (adj)	ทุก	thúk
cualquier (adj)	ใดๆ	dai dai
mucho (innum.)	มาก	mâak
mucho (num.)	หลาย	lăai
muchos (mucha gente)	หลายคน	lăai khon
todos	ทุกๆ	thúk thúk
a cambio de ...	ที่จะเปลี่ยนเป็น	thêe jà bplìan bpen
en cambio (adv)	แทน	thaen
a mano (hecho ~)	ใช้มือ	chái meu
poco probable	แทบจะไม่	thâep jà mâi
probablemente	อาจจะ	àat jà
a propósito (adv)	โดยเจตนา	doi jàyt-dtà-naa
por accidente (adv)	บังเอิญ	bang-ern
muy (adv)	มาก	mâak
por ejemplo (adv)	ยกตัวอย่าง	yók dtua yàang
entre (~ nosotros)	ระหว่าง	rá-wàang
entre (~ otras cosas)	ท่ามกลาง	tâam-glaang
tanto (~ gente)	มากมาย	mâak maai
especialmente (adv)	โดยเฉพาะ	doi chà-phór

Conceptos básicos. Unidad 2

19. Los opuestos

rico (adj)	รวย	ruay
pobre (adj)	จน	jon
enfermo (adj)	เจ็บป่วย	jèp bpùay
sano (adj)	สบายดี	sà-baai dee
grande (adj)	ใหญ่	yài
pequeño (adj)	เล็ก	lék
rápidamente (adv)	อย่างเร็ว	yàang reo
lentamente (adv)	อยางชา	yàang cháa
rápido (adj)	เร็ว	reo
lento (adj)	ชา	cháa
alegre (adj)	ยินดี	yin dee
triste (adj)	เสียใจ	sǐa jai
juntos (adv)	ด้วยกัน	dûay gan
separadamente	ตางหาก	dtàang hàak
en voz alta	ออกเสียง	òrk sǐang
en silencio	อยางเงียบๆ	yàang ngîap ngîap
alto (adj)	สูง	sǒong
bajo (adj)	ตา	dtàm
profundo (adj)	ลึก	léuk
poco profundo (adj)	ตื้น	dtêun
sí	ใช่	châi
no	ไมใช่	mâi châi
lejano (adj)	ไกล	glai
cercano (adj)	ใกล	glâi
lejos (adv)	ไกล	glai
cerco (adv)	ใกลๆ	glâi glâi
largo (adj)	ยาว	yaao
corto (adj)	สั้น	sân
bueno (de buen corazón)	ใจดี	jai dee
malvado (adj)	เลวราย	leo ráai

| casado (adj) | แต่งงานแล้ว | dtàeng ngaan láew |
| soltero (adj) | เป็นโสด | bpen sòht |

| prohibir (vt) | ห้าม | hâam |
| permitir (vt) | อนุญาต | a-nú-yâat |

| fin (m) | จบ | jòp |
| principio (m) | จุดเริ่มต้น | jùt rêrm-dtôn |

| izquierdo (adj) | ซ้าย | sáai |
| derecho (adj) | ขวา | khwǎa |

| primero (adj) | แรก | râek |
| último (adj) | สุดทาย | sùt tháai |

| crimen (m) | อาชญากรรม | àat-yaa-gam |
| castigo (m) | การลงโทษ | gaan long thôht |

| ordenar (vt) | สั่ง | sàng |
| obedecer (vi, vt) | เชื่อฟัง | chêua fang |

| recto (adj) | ตรง | dtrorng |
| curvo (adj) | โค้ง | khóhng |

| paraíso (m) | สวรรค์ | sà-wǎn |
| infierno (m) | นรก | ná-rók |

| nacer (vi) | เกิด | gèrt |
| morir (vi) | ตาย | dtaai |

| fuerte (adj) | แข็งแรง | khǎeng raeng |
| débil (adj) | ออนแอ | òrn ae |

| viejo (adj) | แก่ | gàe |
| joven (adj) | หนุ่ม | nùm |

| viejo (adj) | เก่าแก่ | gào gàe |
| nuevo (adj) | ใหม | mài |

| duro (adj) | แข็ง | khǎeng |
| blando (adj) | ออน | òrn |

| tibio (adj) | อุ่น | ùn |
| frío (adj) | หนาว | nǎao |

| gordo (adj) | อ้วน | ûan |
| delgado (adj) | ผอม | phǒrm |

| estrecho (adj) | แคบ | khâep |
| ancho (adj) | กว้าง | gwâang |

| bueno (adj) | ดี | dee |
| malo (adj) | ไม่ดี | mâi dee |

| valiente (adj) | กล้าหาญ | glâa hǎan |
| cobarde (adj) | ขี้ขลาด | khêe khlàat |

20. Los días de la semana

lunes (m)	วันจันทร์	wan jan
martes (m)	วันอังคาร	wan ang-khaan
miércoles (m)	วันพุธ	wan phút
jueves (m)	วันพฤหัสบดี	wan phá-réu-hàt-sà-bor-dee
viernes (m)	วันศุกร์	wan sùk
sábado (m)	วันเสาร์	wan săo
domingo (m)	วันอาทิตย์	wan aa-thít
hoy (adv)	วันนี้	wan née
mañana (adv)	พรุ่งนี้	phrûng-née
pasado mañana	วันมะรืนนี้	wan má-reun née
ayer (adv)	เมื่อวานนี้	mêua waan née
anteayer (adv)	เมื่อวานซืนนี้	mêua waan-seun née
día (m)	วัน	wan
día (m) de trabajo	วันทำงาน	wan tham ngaan
día (m) de fiesta	วันนักขัตฤกษ์	wan nák-khàt-rêrk
día (m) de descanso	วันหยุด	wan yùt
fin (m) de semana	วันสุดสัปดาห์	wan sùt sàp-daa
todo el día	ทั้งวัน	tháng wan
al día siguiente	วันรุ่งขึ้น	wan rûng khêun
dos días atrás	สองวันก่อน	sŏrng wan gòrn
en vísperas (adv)	วันก่อนหน้านี้	wan gòrn nâa née
diario (adj)	รายวัน	raai wan
cada día (adv)	ทุกวัน	thúk wan
semana (f)	สัปดาห์	sàp-daa
semana (f) pasada	สัปดาห์ก่อน	sàp-daa gòrn
semana (f) que viene	สัปดาห์หน้า	sàp-daa nâa
semanal (adj)	รายสัปดาห์	raai sàp-daa
cada semana (adv)	ทุกสัปดาห์	thúk sàp-daa
2 veces por semana	สัปดาห์ละสองครั้ง	sàp-daa lá sŏrng khráng
todos los martes	ทุกวันอังคาร	túk wan ang-khaan

21. Las horas. El día y la noche

mañana (f)	เช้า	cháo
por la mañana	ตอนเช้า	dtorn cháo
mediodía (m)	เที่ยงวัน	thîang wan
por la tarde	ตอนบ่าย	dtorn bàai
noche (f)	เย็น	yen
por la noche	ตอนเย็น	dtorn yen
noche (f) (p.ej. 2:00 a.m.)	คืน	kheun
por la noche	กลางคืน	glaang kheun
medianoche (f)	เที่ยงคืน	thîang kheun
segundo (m)	วินาที	wí-naa-thee
minuto (m)	นาที	naa-thee
hora (f)	ชั่วโมง	chûa mohng

media hora (f)	ครึ่งชั่วโมง	khrêung chûa mohng
cuarto (m) de hora	สิบหูนาที	sìp hâa naa-thee
quince minutos	สิบหานาที	sìp hâa naa-thee
veinticuatro horas	24 ชั่วโมง	yêe sìp sèe · chûa mohng

salida (f) del sol	พระอาทิตย์ขึ้น	phrá aa-thít khêun
amanecer (m)	ใกล้รุ่ง	glâi rûng
madrugada (f)	เชา	cháo
puesta (f) del sol	พระอาทิตย์ตก	phrá aa-thít dtòk

de madrugada	ตอนเช้า	dtorn cháo
esta mañana	เช้านี้	cháo née
mañana por la mañana	พรุ่งนี้เช้า	phrûng-née cháo

esta tarde	บ่ายนี้	bàai née
por la tarde	ตอนบ่าย	dtorn bàai
mañana por la tarde	พรุ่งนี้บ่าย	phrûng-née bàai

esta noche (p.ej. 8:00 p.m.)	คืนนี้	kheun née
mañana por la noche	คืนพรุ่งนี้	kheun phrûng-née

a las tres en punto	3 โมงตรง	săam mohng dtrorng
a eso de las cuatro	ประมาณ 4 โมง	bprà-maan sèe mohng
para las doce	ภายใน 12 โมง	phaai nai sìp sŏng mohng

dentro de veinte minutos	อีก 20 นาที	èek yêe sìp naa-thee
dentro de una hora	อีกหนึ่งชั่วโมง	èek nèung chûa mohng
a tiempo (adv)	ทันเวลา	than way-laa

… menos cuarto	อีกสิบห้านาที	èek sìp hâa naa-thee
durante una hora	ภายในหนึ่งชั่วโมง	phaai nai nèung chûa mohng
cada quince minutos	ทุก 15 นาที	thúk sìp hâa naa-thee
día y noche	ทั้งวัน	tháng wan

22. Los meses. Las estaciones

enero (m)	มกราคม	mók-gà-raa khom
febrero (m)	กุมภาพันธ์	gum-phaa phan
marzo (m)	มีนาคม	mee-naa khom
abril (m)	เมษายน	may-săa-yon
mayo (m)	พฤษภาคม	phréut-sà-phaa khom
junio (m)	มิถุนายน	mí-thù-naa-yon

julio (m)	กรกฎาคม	gà-rá-gà-daa-khom
agosto (m)	สิงหาคม	sǐng hăa khom
septiembre (m)	กันยายน	gan-yaa-yon
octubre (m)	ตุลาคม	dtù-laa khom
noviembre (m)	พฤศจิกายน	phréut-sà-jì-gaa-yon
diciembre (m)	ธันวาคม	than-waa khom

primavera (f)	ฤดูใบไม้ผลิ	réu-doo bai máai phlì
en primavera	ฤดูใบไม้ผลิ	réu-doo bai máai phlì
de primavera (adj)	ฤดูใบไม้ผลิ	réu-doo bai máai phlì
verano (m)	ฤดูร้อน	réu-doo rórn

| en verano | ฤดูร้อน | réu-doo rórn |
| de verano (adj) | ฤดูร้อน | réu-doo rórn |

otoño (m)	ฤดูใบไม้ร่วง	réu-doo bai máai rûang
en otoño	ฤดูใบไม้ร่วง	réu-doo bai máai rûang
de otoño (adj)	ฤดูใบไมรวง	réu-doo bai máai rûang

invierno (m)	ฤดูหนาว	réu-doo nǎao
en invierno	ฤดูหนาว	réu-doo nǎao
de invierno (adj)	ฤดูหนาว	réu-doo nǎao
mes (m)	เดือน	deuan
este mes	เดือนนี้	deuan née
al mes siguiente	เดือนหน้า	deuan nâa
el mes pasado	เดือนที่แลว	deuan thêe láew

hace un mes	หนึ่งเดือนก่อนหน้านี้	nèung deuan gòrn nâa née
dentro de un mes	อีกหนึ่งเดือน	èek nèung deuan
dentro de dos meses	อีกสองเดือน	èek sǒrng deuan
todo el mes	ทั้งเดือน	tháng deuan
todo un mes	ตลอดทั้งเดือน	dtà-lòrt tháng deuan

mensual (adj)	รายเดือน	raai deuan
mensualmente (adv)	ทุกเดือน	thúk deuan
cada mes	ทุกเดือน	thúk deuan
dos veces por mes	เดือนละสองครั้ง	deuan lá sǒrng kráng

año (m)	ปี	bpee
este año	ปีนี้	bpee née
el próximo año	ปีหน้า	bpee nâa
el año pasado	ปีที่แลวๆ	bpee thêe láew
hace un año	หนึ่งปีกอน	nèung bpee gòrn
dentro de un año	อีกหนึ่งปี	èek nèung bpee
dentro de dos años	อีกสองปี	èek sǒng bpee
todo el año	ทั้งปี	tháng bpee
todo un año	ตลอดทั้งปี	dtà-lòrt tháng bpee

cada año	ทุกปี	thúk bpee
anual (adj)	รายปี	raai bpee
anualmente (adv)	ทุกปี	thúk bpee
cuatro veces por año	ปีละสี่ครั้ง	bpee lá sèe kráng

fecha (f) (la ~ de hoy es ...)	วันที่	wan thêe
fecha (f) (~ de entrega)	วันเดือนปี	wan deuan bpee
calendario (m)	ปฏิทิน	bpà-dtì-thin

medio año (m)	ครึ่งปี	khrêung bpee
seis meses	หกเดือน	hòk deuan
estación (f)	ฤดูกาล	réu-doo gaan
siglo (m)	ศตวรรษ	sà-dtà-wát

23. La hora. Miscelánea

| tiempo (m) | เวลา | way-laa |
| momento (m) | ครู่หนึ่ง | khrôo nèung |

instante (m)	ครู่เดียว	khrôo dieow
instantáneo (adj)	เพียงครู่เดียว	phiang khrôo dieow
lapso (m) de tiempo	ช่วงเวลา	chûang way-laa
vida (f)	ชีวิต	chee-wít
eternidad (f)	ตลอดกาล	dtà-lòrt gaan

época (f)	สมัย	sà-măi
era (f)	ยุค	yúk
ciclo (m)	วัฏจักร	wát-dtà-jàk
periodo (m)	ช่วง	chûang
plazo (m) (~ de tres meses)	ระยะเวลา	rá-yá way-laa

futuro (m)	อนาคต	a-naa-khót
futuro (adj)	อนาคต	a-naa-khót
la próxima vez	ครั้งหน้า	khráng nâa
pasado (m)	อดีต	a-dèet
pasado (adj)	ที่ผ่านมา	thêe phàan maa
la última vez	ครั้งที่แล้ว	khráng thêe láew
más tarde (adv)	ภายหลัง	phaai lăng
después	หลังจาก	lăng jàak
actualmente (adv)	เวลานี้	way-laa née
ahora (adv)	ตอนนี้	dtorn-née
inmediatamente	ทันที	than thee
pronto (adv)	อีกไม่นาน	èek mâi naan
de antemano (adv)	ล่วงหน้า	lûang nâa

hace mucho tiempo	นานมาแล้ว	naan maa láew
hace poco (adv)	เมื่อเร็ว ๆ นี้	mêua reo reo née
destino (m)	ชะตากรรม	chá-dtaa gam
recuerdos (m pl)	ความทรงจำ	khwaam song jam
archivo (m)	จดหมายเหตุ	jòt măai hàyt
durante ...	ระหว่าง...	rá-wàang...
mucho tiempo (adv)	นาน	naan
poco tiempo (adv)	ไม่นาน	mâi naan
temprano (adv)	ล่วงหน้า	lûang nâa
tarde (adv)	ช้า	cháa

para siempre (adv)	ตลอดกาล	dtà-lòrt gaan
comenzar (vt)	เริ่ม	rêrm
aplazar (vt)	เลื่อน	lêuan

simultáneamente	ในเวลาเดียวกัน	nai way-laa dieow gan
permanentemente	อย่างถาวร	yàang thăa-won
constante (ruido, etc.)	ต่อเนื่อง	dtòr nêuang
temporal (adj)	ชั่วคราว	chûa khraao

a veces (adv)	บางครั้ง	baang khráng
raramente (adv)	ไม่บ่อย	mâi bòi
frecuentemente	บ่อย	bòi

24. Las líneas y las formas

| cuadrado (m) | สี่เหลี่ยมจัตุรัส | sèe lìam jàt-dtù-ràt |
| cuadrado (adj) | สี่เหลี่ยมจัตุรัส | sèe lìam jàt-dtù-ràt |

círculo (m)	วงกลม	wong glom
redondo (adj)	กลม	glom
triángulo (m)	รูปสามเหลี่ยม	rôop sǎam lìam
triangular (adj)	สามเหลี่ยม	sǎam lìam

óvalo (m)	รูปกลมรี	rôop glom ree
oval (adj)	กลมรี	glom ree
rectángulo (m)	สี่เหลี่ยมมุมฉาก	sèe lìam mum chàak
rectangular (adj)	สี่เหลี่ยมมุมฉาก	sèe lìam mum chàak

pirámide (f)	พีระมิด	phee-rá-mít
rombo (m)	รูปสี่เหลี่ยมขนมเปียกปูน	rôop sèe lìam khà-nǒm bpìak bpoon
trapecio (m)	รูปสี่เหลี่ยมคางหมู	rôop sèe lìam khaang mǒo
cubo (m)	ลูกบาศก์	lôok bàat
prisma (m)	ปริซึม	bprì seum

circunferencia (f)	เส้นรอบวง	sên rôrp wong
esfera (f)	ทรงกลม	song glom
globo (m)	ลูกกลม	lôok glom
diámetro (m)	เส้นผ่านศูนย์กลาง	sên phàan sǒon-glaang
radio (m)	เส้นรัศมี	sên rát-sà-měe
perímetro (m)	เส้นรอบวง	sên rôrp wong
centro (m)	กลาง	glaang

horizontal (adj)	แนวนอน	naew norn
vertical (adj)	แนวตั้ง	naew dtâng
paralela (f)	เส้นขนาน	sên khà-nǎan
paralelo (adj)	ขนาน	khà-nǎan

línea (f)	เส้น	sên
trazo (m)	เส้น	sên
recta (f)	เส้นตรง	sên dtrorng
curva (f)	เส้นโค้ง	sên khóhng
fino (la ~a línea)	บาง	baang
contorno (m)	เส้นขอบ	sâyn khòrp

intersección (f)	เส้นตัด	sên dtàt
ángulo (m) recto	มุมฉาก	mum chàak
segmento (m)	เซกเมนต์	sâyk-mayn
sector (m)	เซกเตอร์	sâyk-dtêr
lado (m)	ข้าง	khâang
ángulo (m)	มุม	mum

25. Las unidades de medida

peso (m)	น้ำหนัก	nám nàk
longitud (f)	ความยาว	khwaam yaao
anchura (f)	ความกว้าง	khwaam gwâang
altura (f)	ความสูง	khwaam sǒong
profundidad (f)	ความลึก	khwaam léuk
volumen (m)	ปริมาณ	bpà-rí-maan
área (f)	บริเวณ	bor-rí-wayn
gramo (m)	กรัม	gram

miligramo (m)	มิลลิกรัม	min-lí gram
kilogramo (m)	กิโลกรัม	gì-loh gram
tonelada (f)	ตัน	dtan
libra (f)	ปอนด์	bporn
onza (f)	ออนซ์	orn

metro (m)	เมตร	máyt
milímetro (m)	มิลลิเมตร	min-lí mâyt
centímetro (m)	เซ็นติเมตร	sen dtì mâyt
kilómetro (m)	กิโลเมตร	gì-loh máyt
milla (f)	ไมล์	mai

pulgada (f)	นิ้ว	níw
pie (m)	ฟุต	fút
yarda (f)	หลา	lǎa

metro (m) cuadrado	ตารางเมตร	dtaa-raang máyt
hectárea (f)	เฮกตาร์	hêek dtaa

litro (m)	ลิตร	lít
grado (m)	องศา	ong-sǎa
voltio (m)	โวลต์	wohn
amperio (m)	แอมแปร์	aem-bpae
caballo (m) de fuerza	แรงม้า	raeng máa

cantidad (f)	จำนวน	jam-nuan
un poco de ...	นิดหน่อย	nít nói
mitad (f)	ครึ่ง	khrêung
docena (f)	โหล	lǒh
pieza (f)	สวน	sùan

dimensión (f)	ขนาด	khà-nàat
escala (f) (del mapa)	มาตราส่วน	mâat-dtraa sùan

mínimo (adj)	น้อยที่สุด	nói thêe sùt
el más pequeño (adj)	เล็กที่สุด	lék thêe sùt
medio (adj)	กลาง	glaang
máximo (adj)	สูงสุด	sǒong sùt
el más grande (adj)	ใหญ่ที่สุด	yài têe sùt

26. Contenedores

tarro (m) de vidrio	ขวดโหล	khùat lǒh
lata (f)	กระป๋อง	grà-bpǒrng
cubo (m)	ถัง	thǎng
barril (m)	ถัง	thǎng

palangana (f)	กะทะ	gà-thá
tanque (m)	ถังเก็บน้ำ	thǎng gèp nám
petaca (f) (de alcohol)	กระติกน้ำ	grà-dtìk nám
bidón (m) de gasolina	ภาชนะ	phaa-chá-ná
cisterna (f)	ถังบรรจุ	thǎng ban-jù
taza (f) (mug de cerámica)	แก้ว	gâew
taza (f) (~ de café)	ถ้วย	thûay

platillo (m)	จานรอง	jaan rorng
vaso (m) (~ de agua)	แก้ว	gâew
copa (f) (~ de vino)	แก้วไวน์	gâew wai
olla (f)	หม้อ	môr

| botella (f) | ขวด | khùat |
| cuello (m) de botella | ปาก | bpàak |

garrafa (f)	คนโท	khon-thoh
jarro (m) (~ de agua)	เหยือก	yèuak
recipiente (m)	ภาชนะ	phaa-chá-ná
tarro (m)	หม้อ	môr
florero (m)	แจกัน	jae-gan

frasco (m) (~ de perfume)	กระติก	grà-dtìk
frasquito (m)	ขวดเล็ก	khùat lék
tubo (m)	หลอด	lòrt

saco (m) (~ de azúcar)	ถุง	thŭng
bolsa (f) (~ plástica)	ถุง	thŭng
paquete (m) (~ de cigarrillos)	ซอง	sorng

caja (f)	กล่อง	glòrng
cajón (m) (~ de madera)	ลัง	lang
cesta (f)	ตะกร้า	dtà-grâa

27. Materiales

material (m)	วัสดุ	wát-sà-dù
madera (f)	ไม้	máai
de madera (adj)	ไม้	máai

| vidrio (m) | แก้ว | gâew |
| de vidrio (adj) | แกว | gâew |

| piedra (f) | หิน | hĭn |
| de piedra (adj) | หิน | hĭn |

| plástico (m) | พลาสติก | pláat-dtìk |
| de plástico (adj) | พลาสติก | pláat-dtìk |

| goma (f) | ยาง | yaang |
| de goma (adj) | ยาง | yaang |

| tela (f) | ผ้า | phâa |
| de tela (adj) | ผา | phâa |

| papel (m) | กระดาษ | grà-dàat |
| de papel (adj) | กระดาษ | grà-dàat |

cartón (m)	กระดาษแข็ง	grà-dàat khăeng
de cartón (adj)	กระดาษแข็ง	grà-dàat khăeng
polietileno (m)	โพลีเอทิลีน	phoh-lee-ay-thí-leen
celofán (m)	เซลโลเฟน	sayn loh-fayn

| linóleo (m) | เสื่อน้ำมัน | sèua náam man |
| contrachapado (m) | ไม้อัด | máai àt |

porcelana (f)	เครื่องเคลือบดินเผา	khrêuang khlêuap din phǎo
de porcelana (adj)	เครื่องเคลือบดินเผา	khrêuang khlêuap din phǎo
arcilla (f), barro (m)	ดินเหนียว	din nǐeow
de barro (adj)	ดินเหนียว	din nǐeow
cerámica (f)	เซรามิก	say-raa mík
de cerámica (adj)	เซรามิก	say-raa mík

28. Los metales

metal (m)	โลหะ	loh-hà
metálico (adj)	โลหะ	loh-hà
aleación (f)	โลหะสัมฤทธิ์	loh-hà sǎm-rít

oro (m)	ทอง	thorng
de oro (adj)	ทอง	thorng
plata (f)	เงิน	ngern
de plata (adj)	เงิน	ngern

hierro (m)	เหล็ก	lèk
de hierro (adj)	เหล็ก	lèk
acero (m)	เหล็กกล้า	lèk glâa
de acero (adj)	เหล็กกล้า	lèk glâa
cobre (m)	ทองแดง	thorng daeng
de cobre (adj)	ทองแดง	thorng daeng

aluminio (m)	อะลูมิเนียม	a-loo-mí-niam
de aluminio (adj)	อะลูมิเนียม	a-loo-mí-niam
bronce (m)	ทองบรอนซ์	thorng-bron
de bronce (adj)	ทองบรอนซ์	thorng-bron

latón (m)	ทองเหลือง	thorng lěuang
níquel (m)	นิกเกิล	ník-gêrn
platino (m)	ทองคำขาว	thorng kham khǎao
mercurio (m)	ปรอท	bpa -ròrt
estaño (m)	ดีบุก	dee-bùk
plomo (m)	ตะกั่ว	dtà-gùa
zinc (m)	สังกะสี	sǎng-gà-sěe

EL SER HUMANO

El ser humano. El cuerpo

ser (m) humano	มนุษย์	má-nút
hombre (m) (varón)	ผู้ชาย	phôo chaai
mujer (f)	ผู้หญิง	phôo yĭng
niño -a (m, f)	เด็ก, ลูก	dèk, lôok
niña (f)	เด็กผู้หญิง	dèk phôo yĭng
niño (m)	เด็กผู้ชาย	dèk phôo chaai
adolescente (m)	วัยรุ่น	wai rûn
viejo, anciano (m)	ชายชรา	chaai chá-raa
vieja, anciana (f)	หญิงชรา	yĭng chá-raa

organismo (m)	ร่างกาย	râang gaai
corazón (m)	หัวใจ	hŭa jai
sangre (f)	เลือด	lêuat
arteria (f)	เส้นเลือดแดง	sâyn lêuat daeng
vena (f)	เส้นเลือดดำ	sâyn lêuat dam
cerebro (m)	สมอง	sà-mŏrng
nervio (m)	เส้นประสาท	sên bprà-sàat
nervios (m pl)	เส้นประสาท	sên bprà-sàat
vértebra (f)	กระดูกสันหลัง	grà-dòok săn-lăng
columna (f) vertebral	สันหลัง	săn lăng
estómago (m)	กระเพาะอาหาร	grà phór aa-hăan
intestinos (m pl)	ลำไส้	lam sâi
intestino (m)	ลำไส้	lam sâi
hígado (m)	ตับ	dtàp
riñón (m)	ไต	dtai
hueso (m)	กระดูก	grà-dòok
esqueleto (m)	โครงกระดูก	khrohng grà-dòok
costilla (f)	ซี่โครง	sêe khrohng
cráneo (m)	กะโหลก	gà-lòhk
músculo (m)	กล้ามเนื้อ	glâam néua
bíceps (m)	กล้ามเนื้อไบเซ็ปส์	glâam néua bai-sép
tríceps (m)	กล้ามเนื้อไทรเซปส์	gglâam néua thrai-sâyp
tendón (m)	เส้นเอ็น	sâyn en
articulación (f)	ขอตอ	khôr dtòr

pulmones (m pl)	ปอด	bpòrt
genitales (m pl)	อวัยวะเพศ	a-wai-wá phâyt
piel (f)	ผิวหนัง	phǐw nǎng

31. La cabeza

cabeza (f)	หัว	hǔa
cara (f)	หน้า	nâa
nariz (f)	จมูก	jà-mòok
boca (f)	ปาก	bpàak

ojo (m)	ตา	dtaa
ojos (m pl)	ตา	dtaa
pupila (f)	รูมานตา	roo mâan dtaa
ceja (f)	คิ้ว	khíw
pestaña (f)	ขนตา	khǒn dtaa
párpado (m)	เปลือกตา	bplèuak dtaa

lengua (f)	ลิ้น	lín
diente (m)	ฟัน	fan
labios (m pl)	ริมฝีปาก	rim fěe bpàak
pómulos (m pl)	โหนกแก้ม	nòhk gâem
encía (f)	เหงือก	ngèuak
paladar (m)	เพดานปาก	phay-daan bpàak

ventanas (f pl)	รูจมูก	roo jà-mòok
mentón (m)	คาง	khaang
mandíbula (f)	ขากรรไกร	khǎa gan-grai
mejilla (f)	แก้ม	gâem

frente (f)	หน้าผาก	nâa phàak
sien (f)	ขมับ	khà-màp
oreja (f)	หู	hǒo
nuca (f)	หลังศีรษะ	lǎng sěe-sà
cuello (m)	คอ	khor
garganta (f)	ลำคอ	lam khor

pelo, cabello (m)	ผม	phǒm
peinado (m)	ทรงผม	song phǒm
corte (m) de pelo	ทรงผม	song phǒm
peluca (f)	ผมปลอม	phǒm bplorm

bigote (m)	หนวด	nùat
barba (f)	เครา	krao
tener (~ la barba)	ลองไว้	lorng wái
trenza (f)	ผมเปีย	phǒm bpia
patillas (f pl)	จอน	jorn

pelirrojo (adj)	ผมแดง	phǒm daeng
gris, canoso (adj)	ผมหงอก	phǒm ngòrk
calvo (adj)	หัวล้าน	hǔa láan
calva (f)	หัวล้าน	hǔa láan
cola (f) de caballo	ผมทรงหางม้า	phǒm song hǎang máa
flequillo (m)	ผมม้า	phǒm máa

32. El cuerpo

mano (f)	มือ	meu
brazo (m)	แขน	khǎen
dedo (m)	นิ้ว	níw
dedo (m) del pie	นิ้วเท้า	níw tháo
dedo (m) pulgar	นิ้วโป้ง	níw bpôhng
dedo (m) meñique	นิ้วก้อย	níw gôi
uña (f)	เล็บ	lép
puño (m)	กำปั้น	gam bpân
palma (f)	ฝ่ามือ	fàa meu
muñeca (f)	ข้อมือ	khôr meu
antebrazo (m)	แขนช่วงล่าง	khǎen chûang lâang
codo (m)	ข้อศอก	khôr sòrk
hombro (m)	ไหล่	lài
pierna (f)	ขา	khǎa
planta (f)	เท้า	tháo
rodilla (f)	หัวเข่า	hǔa khào
pantorrilla (f)	น่อง	nôrng
cadera (f)	สะโพก	sà-phôhk
talón (m)	สันเท้า	sôn tháo
cuerpo (m)	ร่างกาย	râang gaai
vientre (m)	ท้อง	thórng
pecho (m)	อก	òk
seno (m)	หน้าอก	nâa òk
lado (m), costado (m)	ข้าง	khâang
espalda (f)	หลัง	lǎng
zona (f) lumbar	หลังส่วนล่าง	lǎng sùan lâang
cintura (f), talle (m)	เอว	eo
ombligo (m)	สะดือ	sà-deu
nalgas (f pl)	ก้น	gôn
trasero (m)	กน	gôn
lunar (m)	ไฝเสน่ห์	fǎi sà-nàiy
marca (f) de nacimiento	ปาน	bpaan
tatuaje (m)	รอยสัก	roi sàk
cicatriz (f)	แผลเป็น	phlǎe bpen

La ropa y los accesorios

ropa (f)	เสื้อผ้า	sêua phâa
ropa (f) de calle	เสื้อนอก	sêua nôk
ropa (f) de invierno	เสื้อกันหนาว	sêua gan năao
abrigo (m)	เสื้อโค้ท	sêua khóht
abrigo (m) de piel	เสื้อโค้ทขนสัตว์	sêua khóht khŏn sàt
abrigo (m) corto de piel	แจ็คเก็ตขนสัตว์	jáek-gèt khŏn sàt
chaqueta (f) plumón	แจ็คเก็ตกันหนาว	jàek-gèt gan năao
cazadora (f)	แจ็คเก็ต	jáek-gèt
impermeable (m)	เสื้อกันฝน	sêua gan fŏn
impermeable (adj)	ซึ่งกันน้ำได้	sêung gan náam dâai

camisa (f)	เสื้อ	sêua
pantalones (m pl)	กางเกง	gaang-gayng
jeans, vaqueros (m pl)	กางเกงยีนส์	gaang-gayng yeen
chaqueta (f), saco (m)	แจ็คเก็ตสูท	jàek-gèt sòot
traje (m)	ชุดสูท	chút sòot
vestido (m)	ชุดเดรส	chút draet
falda (f)	กระโปรง	grà bprohng
blusa (f)	เสื้อ	sêua
rebeca (f), chaqueta (f) de punto	แจคเก็ตถัก	jáek-gèt thàk
chaqueta (f)	แจ็คเก็ต	jáek-gèt
camiseta (f) (T-shirt)	เสื้อยืด	sêua yêut
pantalones (m pl) cortos	กางเกงขาสั้น	gaang-gayng khăa sân
traje (m) deportivo	ชุดวอรม	chút wom
bata (f) de baño	เสื้อคลุมอาบน้ำ	sêua khlum àap náam
pijama (m)	ชุดนอน	chút norn
suéter (m)	เสื้อไหมพรม	sêua măi phrom
pulóver (m)	เสื้อกันหนาวแบบสวม	sêua gan năao bàep sŭam
chaleco (m)	เสื้อกั๊ก	sêua gák
frac (m)	เสื้อเทลโค้ต	sêua thayn-khóht
esmoquin (m)	ชุดทักซิโด	chút thák sí dôh
uniforme (m)	เครื่องแบบ	khrêuang bàep
ropa (f) de trabajo	ชุดทูงงาน	chút tam ngaan
mono (m)	ชุดเอี๊ยม	chút íam
bata (f) (p. ej. ~ blanca)	เสื้อคลุม	sêua khlum

35. La ropa. La ropa interior

ropa (f) interior	ชุดชั้นใน	chút chán nai
bóxer (m)	กางเกงในชาย	gaang-gayng nai chaai
bragas (f pl)	กางเกงในสตรี	gaang-gayng nai sàt-dtree
camiseta (f) interior	เสื้อชั้นใน	sêua chán nai
calcetines (m pl)	ถุงเท้า	thŭng tháo
camisón (m)	ชุดนอนสตรี	chút norn sàt-dtree
sostén (m)	ยกทรง	yók song
calcetines (m pl) altos	ถุงเท้ายาว	thŭng tháo yaao
pantimedias (f pl)	ถุงน่องเต็มตัว	thŭng nôrng dtem dtua
medias (f pl)	ถุงน่อง	thŭng nôrng
traje (m) de baño	ชุดว่ายน้ำ	chút wâai náam

36. Gorras

gorro (m)	หมวก	mùak
sombrero (m) de fieltro	หมวก	mùak
gorra (f) de béisbol	หมวกเบสบอล	mùak bàyt-bon
gorra (f) plana	หมวกติงลี่	mùak dting lêe
boina (f)	หูมวกเบเร่ต์	mùak bay-rây
capuchón (m)	ฮูด	hóot
panamá (m)	หมวกปานามา	mùak bpaa-naa-maa
gorro (m) de punto	หมวกไหมพรม	mùak măi phrom
pañuelo (m)	ผ้าโพกศีรษะ	phâa phôhk sĕe-sà
sombrero (m) de mujer	หมวกสตรี	mùak sàt-dtree
casco (m) (~ protector)	หมวกนิรภัย	mùak ní-rá-phai
gorro (m) de campaña	หมวกหนีบ	mùak nèep
casco (m) (~ de moto)	หมวกกันน็อค	mùak ní-rá-phai
bombín (m)	หมวกกลมทรงสูง	mùak glom song sŏong
sombrero (m) de copa	หมวกทรงสูง	mùak song sŏong

37. El calzado

calzado (m)	รองเท้า	rorng tháo
botas (f pl)	รองเท้า	rorng tháo
zapatos (m pl) (~ de tacón bajo)	รองเท้า	rorng tháo
botas (f pl) altas	รองเท้าบูท	rorng tháo bòot
zapatillas (f pl)	รองเท้าแตะในบ้าน	rorng tháo dtàe nai bâan
tenis (m pl)	รองเท้ากีฬา	rornq tháo gee-laa
zapatillas (f pl) de lona	รองเท้าผ้าใบ	rorng tháo phâa bai
sandalias (f pl)	รองเท้าแตะ	rorng tháo dtàe
zapatero (m)	คนซ่อมรองเท้า	khon sôrm rorng tháo
tacón (m)	ส้นรองเท้า	sôn rorng tháo

par (m)	คู่	khôo
cordón (m)	เชือกรองเท้า	chêuak rorng tháo
encordonar (vt)	ผูกเชือกรองเท้า	phòok chêuak rorng tháo
calzador (m)	ที่ชอนรองเท้า	thêe chón rorng tháo
betún (m)	ยาขัดรองเทา	yaa khàt rorng tháo

38. Los textiles. Las telas

algodón (m)	ฝ้าย	fâai
de algodón (adj)	ฝ้าย	fâai
lino (m)	แฟลกซ์	fláek
de lino (adj)	แฟลกซ์	fláek

seda (f)	ไหม	măi
de seda (adj)	ไหม	măi
lana (f)	ขนสัตว์	khŏn sàt
de lana (adj)	ขนสัตว์	khŏn sàt

terciopelo (m)	กำมะหยี่	gam-má-yèe
gamuza (f)	หนังกลับ	năng glàp
pana (f)	ผ้าลูกฟูก	phâa lôok fôok

nilón (m)	ไนลอน	nai-lorn
de nilón (adj)	ไนลอน	nai-lorn
poliéster (m)	โพลีเอสเตอร์	poh-lee-àyt-dtêr
de poliéster (adj)	โพลีเอสเตอร์	poh-lee-àyt-dtêr

piel (f) (cuero)	หนัง	năng
de piel (de cuero)	หนัง	năng
piel (f) (~ de zorro, etc.)	ขนสัตว์	khŏn sàt
de piel (abrigo ~)	ขนสัตว์	khŏn sàt

39. Accesorios personales

guantes (m pl)	ถุงมือ	thŭng meu
manoplas (f pl)	ถุงมือ	thŭng meu
bufanda (f)	ผ้าพันคอ	phâa phan khor

gafas (f pl)	แว่นตา	wâen dtaa
montura (f)	กรอบแว่น	gròrp wâen
paraguas (m)	ร่ม	rôm
bastón (m)	ไม้เท้า	máai tháo
cepillo (m) de pelo	แปรงหวีผม	bpraeng wĕe phŏm
abanico (m)	พัด	phát

corbata (f)	เนคไท	nâyk-thai
pajarita (f)	โบว์หูกระต่าย	boh hŏo grà-dtàai
tirantes (m pl)	สายเอี๊ยม	săai íam
moquero (m)	ผ้าเช็ดหนา	phâa chét-nâa

| peine (m) | หวี | wĕe |
| pasador (m) de pelo | ที่หนีบผม | têe nèep phŏm |

horquilla (f)	กิ๊บ	gíp
hebilla (f)	หัวเข็มขัด	hŭa khĕm khàt
cinturón (m)	เข็มขัด	khĕm khàt
correa (f) (de bolso)	สายกระเป๋า	săai grà-bpăo
bolsa (f)	กระเป๋า	grà-bpăo
bolso (m)	กระเป๋าถือ	grà-bpăo thĕu
mochila (f)	กระเป๋าสะพายหลัง	grà-bpăo sà-phaai lăng

40. La ropa. Miscelánea

moda (f)	แฟชั่น	fae-chân
de moda (adj)	คานิยม	khâa ní-yom
diseñador (m) de moda	นักออกแบบแฟชั่น	nák òrk bàep fae-chân
cuello (m)	คอปกเสื้อ	khor bpòk sêua
bolsillo (m)	กระเป๋า	grà-bpăo
de bolsillo (adj)	กระเป๋า	grà-bpăo
manga (f)	แขนเสื้อ	khăen sêua
presilla (f)	ที่แขวนเสื้อ	thêe khwăen sêua
bragueta (f)	ซิปกางเกง	síp gaang-gayng
cremallera (f)	ซิป	síp
cierre (m)	ซิป	síp
botón (m)	กระดุม	grà dum
ojal (m)	รูกระดุม	roo grà dum
saltar (un botón)	หลุดออก	lùt òrk
coser (vi, vt)	เย็บ	yép
bordar (vt)	ปัก	bpàk
bordado (m)	ลายปัก	laai bpàk
aguja (f)	เข็มเย็บผ้า	khĕm yép phâa
hilo (m)	เสนดาย	sây-dâai
costura (f)	รอยเย็บ	roi yép
ensuciarse (vr)	สกปรก	sòk-gà-bpròk
mancha (f)	รอยเปื้อน	roi bpêuan
arrugarse (vr)	พับเป็นรอยย่น	pháp bpen roi yôn
rasgar (vt)	ฉีก	chèek
polilla (f)	แมลงกินผ้า	má-laeng gin phâa

41. Productos personales. Cosméticos

pasta (f) de dientes	ยาสีฟัน	yaa sĕe fan
cepillo (m) de dientes	แปรงสีฟัน	bpraeng sĕe fan
limpiarse los dientes	แปรงฟัน	bpraeng fan
maquinilla (f) de afeitar	มีดโกน	mêet gohn
crema (f) de afeitar	ครีมโกนหนวด	khreem gohn nùat
afeitarse (vr)	โกน	gohn
jabón (m)	สบู่	sà-bòo

43

champú (m)	แชมพู	chaem-phoo
tijeras (f pl)	กรรไกร	gan-grai
lima (f) de uñas	ตะไบเล็บ	dtà-bai lép
cortaúñas (m pl)	กรรไกรตัดเล็บ	gan-grai dtàt lép
pinzas (f pl)	แหนบ	nàep

cosméticos (m pl)	เครื่องสำอาง	khrêuang săm-aang
mascarilla (f)	มาสก์หน้า	mâak nâa
manicura (f)	การแต่งเล็บ	gaan dtàeng lép
hacer la manicura	แต่งเล็บ	dtàeng lép
pedicura (f)	การแต่งเล็บเท้า	gaan dtàeng lép táo

bolsa (f) de maquillaje	กระเป๋าเครื่องสำอาง	grà-bpăo khrêuang săm-aang
polvos (m pl)	แป้งฝุ่น	bpaeng-fùn
polvera (f)	ตลับแป้ง	dtà-làp bpâeng
colorete (m), rubor (m)	แป้งทาแก้ม	bpâeng thaa gâem

perfume (m)	น้ำหอม	nám hŏrm
agua (f) de tocador	น้ำหอมออนๆ	náam hŏrm òn òn
loción (f)	โลชั่น	loh-chân
agua (f) de Colonia	โคโลญจ์	khoh-lohn

sombra (f) de ojos	อายแชโตว์	aai-chae-doh
lápiz (m) de ojos	อายไลเนอร์	aai lai-ner
rímel (m)	มาสคารา	mâat-khaa-râa

pintalabios (m)	ลิปสติก	líp-sà-dtìk
esmalte (m) de uñas	น้ำยาทาเล็บ	nám yaa-thaa lép
fijador (m) para el pelo	สเปรย์ฉีดผม	sà-bpray chèet phŏm
desodorante (m)	ยาดับกลิ่น	yaa dàp glìn

crema (f)	ครีม	khreem
crema (f) de belleza	ครีมทาหน้า	khreem thaa nâa
crema (f) de manos	ครีมทามือ	khreem thaa meu
crema (f) antiarrugas	ครีมลดริ้วรอย	khreem lót ríw roi
crema (f) de día	ครีมกลางวัน	khreem klaang wan
crema (f) de noche	ครีมกลางคืน	khreem klaang kheun
de día (adj)	กลางวัน	glaang wan
de noche (adj)	กลางคืน	glaang kheun

tampón (m)	ผ้าอนามัยแบบสอด	phâa a-naa-mai bàep sòrt
papel (m) higiénico	กระดาษชำระ	grà-dàat cham-rá
secador (m) de pelo	เครื่องเป่าผม	khrêuang bpào phŏm

42. Las joyas

joyas (f pl)	เครื่องเพชรพลอย	khrêuang phét phloi
precioso (adj)	เพชรพลอย	phét phloi
contraste (m)	ตราฮอลมาร์ค	dtraa hon-mâak

anillo (m)	แหวน	wăen
anillo (m) de boda	แหวนแต่งงาน	wăen dtàeng ngaan
pulsera (f)	กำไลขอมือ	gam-lai khôr meu
pendientes (m pl)	ตุ้มหู	dtûm hŏo

collar (m) (~ de perlas)	สร้อยคอ	sôi khor
corona (f)	มงกุฎ	mong-gùt
collar (m) de abalorios	สร้อยคอลูกปัด	sôi khor lôok bpàt

diamante (m)	เพชร	phét
esmeralda (f)	มรกต	mor-rá-gòt
rubí (m)	พลอยสีทับทิม	phloi sěe tháp-thim
zafiro (m)	ไพลิน	phai-lin
perla (f)	ไข่มุก	khài múk
ámbar (m)	อำพัน	am phan

43. Los relojes

reloj (m)	นาฬิกา	naa-lí-gaa
esfera (f)	หน้าปัด	nâa bpàt
aguja (f)	เข็ม	khěm
pulsera (f)	สายนาฬิกาข้อมือ	sǎai naa-lí-gaa khôr meu
correa (f) (del reloj)	สายรัดข้อมือ	sǎai rát khôr meu

pila (f)	แบตเตอรี่	bàet-dter-rêe
descargarse (vr)	หมด	mòt
cambiar la pila	เปลี่ยนแบตเตอรี่	bplìan bàet-dter-rêe
adelantarse (vr)	เดินเร็วเกินไป	dern reo gern bpai
retrasarse (vr)	เดินช้า	dern cháa

reloj (m) de pared	นาฬิกาแขวนผนัง	naa-lí-gaa khwǎen phà-nǎng
reloj (m) de arena	นาฬิกาทราย	naa-lí-gaa saai
reloj (m) de sol	นาฬิกาแดด	naa-lí-gaa dàet
despertador (m)	นาฬิกาปลุก	naa-lí-gaa bplùk
relojero (m)	ช่างซ่อมนาฬิกา	châang sôrm naa-lí-gaa
reparar (vt)	ซ่อม	sôrm

La comida y la nutrición

carne (f)	เนื้อ	néua
gallina (f)	ไก่	gài
pollo (m)	เนื้อลูกไก่	néua lôok gài
pato (m)	เป็ด	bpèt
ganso (m)	ห่าน	hàan
caza (f) menor	สัตว์ที่ล่า	sàt thêe lâa
pava (f)	ไก่งวง	gài nguang
carne (f) de cerdo	เนื้อหมู	néua mǒo
carne (f) de ternera	เนื้อลูกวัว	néua lôok wua
carne (f) de carnero	เนื้อแกะ	néua gàe
carne (f) de vaca	เนื้อวัว	néua wua
conejo (m)	เนื้อกระต่าย	néua grà-dtàai
salchichón (m)	ไส้กรอก	sâi gròrk
salchicha (f)	ไส้กรอกเวียนนา	sâi gròrk wian-naa
beicon (m)	หมูเบคอน	mǒo bay-khorn
jamón (m)	แฮม	haem
jamón (m) fresco	แฮมแกมมอน	haem gaem-morn
paté (m)	ปาเต	bpaa dtay
hígado (m)	ตับ	dtàp
carne (f) picada	เนื้อสับ	néua sàp
lengua (f)	ลิ้น	lín
huevo (m)	ไข่	khài
huevos (m pl)	ไข่	khài
clara (f)	ไข่ขาว	khài khǎao
yema (f)	ไข่แดง	khài daeng
pescado (m)	ปลา	bplaa
mariscos (m pl)	อาหารทะเล	aa hǎan thá-lay
crustáceos (m pl)	สัตว์พวกกุ้งกั้งปู	sàt phûak gûng gâng bpoo
caviar (m)	ไข่ปลา	khài-bplaa
cangrejo (m) de mar	ปู	bpoo
camarón (m)	กุ้ง	gûng
ostra (f)	หอยนางรม	hǒi naang rom
langosta (f)	กุ้งมังกร	gûng mang-gon
pulpo (m)	ปลาหมึก	bplaa mèuk
calamar (m)	ปลาหมึกกล้วย	bplaa mèuk-glûay
esturión (m)	ปลาสเตอร์เจียน	bpláa sà-dtêr jian
salmón (m)	ปลาแซลมอน	bplaa saen-morn
fletán (m)	ปลาตาเดียว	bplaa dtaa-dieow
bacalao (m)	ปลาค็อด	bplaa khót

caballa (f)	ปลาแม็คเคอเร็ล	bplaa máek-kay-a-rĕn
atún (m)	ปลาทูน่า	bplaa thoo-nâa
anguila (f)	ปลาไหล	bplaa lăi

trucha (f)	ปลาเทราท์	bplaa thrau
sardina (f)	ปลาซาร์ดีน	bplaa saa-deen
lucio (m)	ปลาไพค์	bplaa phai
arenque (m)	ปลาเฮอร์ริ่ง	bplaa her-ring

pan (m)	ขนมปัง	khà-nŏm bpang
queso (m)	เนยแข็ง	noie khăeng
azúcar (m)	น้ำตาล	nám dtaan
sal (f)	เกลือ	gleua

arroz (m)	ข้าว	khâao
macarrones (m pl)	พาสต้า	phâat-dtâa
tallarines (m pl)	กวยเตี๋ยว	gŭay-dtĭeow

mantequilla (f)	เนย	noie
aceite (m) vegetal	น้ำมันพืช	nám man phêut
aceite (m) de girasol	น้ำมันดอกทานตะวัน	nám man dòrk thaan dtà-wan
margarina (f)	เนยเทียม	noie thiam

| olivas, aceitunas (f pl) | มะกอก | má-gòrk |
| aceite (m) de oliva | น้ำมันมะกอก | nám man má-gòrk |

leche (f)	นม	nom
leche (f) condensada	นมข้น	nom khôn
yogur (m)	โยเกิร์ต	yoh-gèrt
nata (f) agria	ชาวรครีม	saao khreem
nata (f) líquida	ครีม	khreem

| mayonesa (f) | มาย็องเนส | maa-yorng-nâyt |
| crema (f) de mantequilla | สวนผสมของเนย
และน้ำตาล | sùan phà-sŏm khŏrng
noie láe nám dtaan |

cereales (m pl) integrales	เมล็ดธัญพืช	má-lét than-yá-phêut
harina (f)	แป้ง	bpâeng
conservas (f pl)	อาหารกระป๋อง	aa-hăan grà-bpŏrng

copos (m pl) de maíz	คอร์นเฟลค	khorn-flâyk
miel (f)	น้ำผึ้ง	nám phêung
confitura (f)	แยม	yaem
chicle (m)	หมากฝรั่ง	màak fà-ràng

45. Las bebidas

agua (f)	น้ำ	nám
agua (f) potable	น้ำดื่ม	nám dèum
agua (f) mineral	น้ำแร่	nám râe

sin gas	ไม่มีฟอง	mâi mee forng
gaseoso (adj)	น้ำอัดลม	nám àt lom
con gas	มีฟอง	mee forng

hielo (m)	น้ำแข็ง	nám khǎeng
con hielo	ใส่น้ำแข็ง	sài nám khǎeng
sin alcohol	ไม่มีแอลกอฮอล์	mâi mee aen-gor-hor
bebida (f) sin alcohol	เครื่องดื่มที่ไม่มี	krêuang dèum têe mâi mee
	แอลกอฮอล์	aen-gor-hor
refresco (m)	เครื่องดื่มให้	khrêuang dèum hâi
	ความสดชื่น	khwaam sòt chêun
limonada (f)	น้ำเลมอนเนด	nám lay-morn-nâyt
bebidas (f pl) alcohólicas	เหล้า	lǎu
vino (m)	ไวน์	wai
vino (m) blanco	ไวน์ขาว	wai khǎao
vino (m) tinto	ไวน์แดง	wai daeng
licor (m)	สุรา	sù-raa
champaña (f)	แชมเปญ	chaem-bpayn
vermú (m)	เหลาองุ่นขาวซึ่งมี	lâo a-ngùn khǎao sêung mee
	กลิ่นหอม	glìn hǒrm
whisky (m)	เหล้าวิสกี้	lǎu wít-sa -gêe
vodka (m)	เหล้าวอดกา	lǎu wórt-gâa
ginebra (f)	เหล้ายิน	lǎu yin
coñac (m)	เหล้าคอนยัก	lǎu khorn yák
ron (m)	เหล้ารัม	lǎu ram
café (m)	กาแฟ	gaa-fae
café (m) solo	กาแฟดำ	gaa-fae dam
café (m) con leche	กาแฟใสนม	gaa-fae sài nom
capuchino (m)	กาแฟคาปูชิโน	gaa-fae khaa bpoo chí noh
café (m) soluble	กาแฟสำเร็จรูป	gaa-fae sǎm-rèt rôop
leche (f)	นม	nom
cóctel (m)	ค็อกเทล	khók-tayn
batido (m)	มิลค์เชค	min-châyk
zumo (m), jugo (m)	น้ำผลไม้	nám phǒn-lá-máai
jugo (m) de tomate	น้ำมะเขือเทศ	nám má-khěua thâyt
zumo (m) de naranja	น้ำส้ม	nám sôm
zumo (m) fresco	น้ำผลไม้คั้นสด	nám phǒn-lá-máai khán sòt
cerveza (f)	เบียร์	bia
cerveza (f) rubia	เบียร์ไลท์	bia lai
cerveza (f) negra	เบียรดารค	bia dàak
té (m)	ชา	chaa
té (m) negro	ชาดำ	chaa dam
té (m) verde	ชาเขียว	chaa khǐeow

46. Las verduras

legumbres (f pl)	ผัก	phàk
verduras (f pl)	ผักใบเขียว	phàk bai khǐeow
tomate (m)	มะเขือเทศ	má-khěua thâyt

pepino (m)	แตงกวา	dtaeng-gwaa
zanahoria (f)	แครอท	khae-rót
patata (f)	มันฝรั่ง	man fà-ràng
cebolla (f)	หัวหอม	hǔa hǒrm
ajo (m)	กระเทียม	grà-thiam
col (f)	กะหล่ำปลี	gà-làm bplee
coliflor (f)	ดอกกะหล่ำ	dòrk gà-làm
col (f) de Bruselas	กะหล่ำดาว	gà-làm-daao
brócoli (m)	บร็อคโคลี่	bròrk-khoh-lêe
remolacha (f)	บีทรูท	bee-trôot
berenjena (f)	มะเขือยาว	má-khěua-yaao
calabacín (m)	แตงซูคินี	dtaeng soo-khí-nee
calabaza (f)	ฟักทอง	fák-thorng
nabo (m)	หัวผักกาด	hǔa-phàk-gàat
perejil (m)	ผักชีฝรั่ง	phàk chee fà-ràng
eneldo (m)	ผักชีลาว	phàk-chee-laao
lechuga (f)	ผักกาดหอม	phàk gàat hǒrm
apio (m)	คื่นช่าย	khêun-châai
espárrago (m)	หน่อไม้ฝรั่ง	nòr máai fà-ràng
espinaca (f)	ผักขม	phàk khǒm
guisante (m)	ถั่วลันเตา	thùa-lan-dtao
habas (f pl)	ถั่ว	thùa
maíz (m)	ข้าวโพด	khâao-phôht
fréjol (m)	ถั่วรูปใต	thùa rôop dtai
pimiento (m) dulce	พริกหยวก	phrík-yùak
rábano (m)	หัวไชเท้า	hǔa chai tháo
alcachofa (f)	อาร์ติโชค	aa dtì chôhk

47. Las frutas. Las nueces

fruto (m)	ผลไม้	phǒn-lá-máai
manzana (f)	แอปเปิ้ล	àep-bpêrn
pera (f)	แพร	phae
limón (m)	มะนาว	má-naao
naranja (f)	ส้ม	sôm
fresa (f)	สตรอว์เบอร์รี่	sà-dtror-ber-rêe
mandarina (f)	ส้มแมนดาริน	sôm maen daa rin
ciruela (f)	พลัม	phlam
melocotón (m)	ลูกทอ	lôok thór
albaricoque (m)	แอปริคอท	ae-bprì-khôrt
frambuesa (f)	ราสเบอร์รี่	râat-ber-rêe
piña (f)	สับปะรด	sàp-bpà-rót
banana (f)	กล้วย	glûay
sandía (f)	แตงโม	dtaeng moh
uva (f)	องุ่น	a-ngùn
guinda (f)	เชอรี่	cher-rêe
cereza (f)	เชอรี่ป่า	cher-rêe bpàa

melón (m)	เมลอน	may-lorn
pomelo (m)	ส้มโอ	sôm oh
aguacate (m)	อะโวคาโด	a-who-khaa-doh
papaya (f)	มะละกอ	má-lá-gor
mango (m)	มะม่วง	má-mûang
granada (f)	ทับทิม	tháp-thim

grosella (f) roja	เรดเคอร์แรนท์	râyt-khêr-raen
grosella (f) negra	แบล็คเคอรแรนท์	blàek khêr-raen
grosella (f) espinosa	กูสเบอร์รี่	gòot-ber-rêe
arándano (m)	บิลเบอร์รี่	bil-ber-rêe
zarzamoras (f pl)	แบล็คเบอร์รี่	blàek ber-rêe

pasas (f pl)	ลูกเกด	lôok gàyt
higo (m)	มะเดื่อฝรั่ง	má dèua fà-ràng
dátil (m)	ลูกอินทผลัม	lôok in-thá-plăm

cacahuete (m)	ถั่วลิสง	thùa-lí-sŏng
almendra (f)	อัลมอนด์	an-morn
nuez (f)	วอลนัต	wor-lá-nát
avellana (f)	เฮเซลนัท	hay sayn nát
nuez (f) de coco	มะพร้าว	má-phráao
pistachos (m pl)	ถั่วพิสตาชิโอ	thùa phít dtaa chí oh

48. El pan. Los dulces

pasteles (m pl)	ขนม	khà-nŏm
pan (m)	ขนมปัง	khà-nŏm bpang
galletas (f pl)	คุกกี้	khúk-gêe

chocolate (m)	ช็อกโกแลต	chók-goh-láet
de chocolate (adj)	ช็อกโกแลต	chók-goh-láet
caramelo (m)	ลูกกวาด	lôok gwàat
tarta (f) (pequeña)	ขนมเค้ก	khà-nŏm kháyk
tarta (f) (~ de cumpleaños)	ขนมเค้ก	khà-nŏm kháyk

tarta (f) (~ de manzana)	ขนมพาย	khà-nŏm phaai
relleno (m)	ไส้ในขนม	sâi nai khà-nŏm

confitura (f)	แยม	yaem
mermelada (f)	แยมผิวส้ม	yaem phǐw sôm
gofre (m)	วาฟเฟิล	waaf-fern
helado (m)	ไอศกรีม	ai-sà-greem
pudin (m)	พุดดิ้ง	phút-dîng

49. Los platos

plato (m)	มื้ออาหาร	méu aa-hăan
cocina (f)	อาหาร	aa-hăan
receta (f)	ตำราอาหาร	dtam-raa aa-hăan
porción (f)	ส่วน	sùan
ensalada (f)	สลัด	sà-làt

sopa (f)	ซุป	súp
caldo (m)	ซุปน้ำใส	súp nám-săi
bocadillo (m)	แซนด์วิช	saen-wít
huevos (m pl) fritos	ไข่ทอด	khài thôrt

hamburguesa (f)	แฮมเบอร์เกอร์	haem-ber-gêr
bistec (m)	สเต็กเนื้อ	sà-dtèk néua

guarnición (f)	เครื่องเคียง	khrêuang khiang
espagueti (m)	สปาเก็ตตี้	sà-bpaa-gèt-dtêe
puré (m) de patatas	มันฝรั่งบด	man fà-ràng bòt
pizza (f)	พิซซ่า	phít-sâa
gachas (f pl)	ข้าวต้ม	khâao-dtôm
tortilla (f) francesa	ไข่เจียว	khài jieow

cocido en agua (adj)	ต้ม	dtôm
ahumado (adj)	รมควัน	rom khwan
frito (adj)	ทอด	thôrt
seco (adj)	ตากแห้ง	dtàak hâeng
congelado (adj)	แช่แข็ง	châe khăeng
marinado (adj)	ดอง	dorng

azucarado, dulce (adj)	หวาน	wăan
salado (adj)	เค็ม	khem
frío (adj)	เย็น	yen
caliente (adj)	ร้อน	rórn
amargo (adj)	ขม	khŏm
sabroso (adj)	อร่อย	à-ròi

cocer en agua	ต้ม	dtôm
preparar (la cena)	ทำอาหาร	tham aa-hăan
freír (vt)	ทอด	thôrt
calentar (vt)	อุ่น	ùn

salar (vt)	ใส่เกลือ	sài gleua
poner pimienta	ใส่พริกไทย	sài phrík thai
rallar (vt)	ขูด	khòot
piel (f)	เปลือก	bplèuak
pelar (vt)	ปอกเปลือก	bpòrk bplêuak

50. Las especias

sal (f)	เกลือ	gleua
salado (adj)	เค็ม	khem
salar (vt)	ใส่เกลือ	sài gleua

pimienta (f) negra	พริกไทย	phrík thai
pimienta (f) roja	พริกแดง	phrík daeng
mostaza (f)	มัสตาร์ด	mát-dtàat
rábano (m) picante	ฮอสแรดิช	hórt rae dìt

condimento (m)	เครื่องปรุงรส	khrêuang bprung rót
especia (f)	เครื่องเทศ	khrêuang thâyt
salsa (f)	ซอส	sós

vinagre (m)	น้ำส้มสายชู	nám sôm săai choo
anís (m)	เทียนสัตตบุษย์	thian-sàt-dtà-bùt
albahaca (f)	ใบโหระพา	bai hŏh rá phaa
clavo (m)	กานพลู	gaan-phloo
jengibre (m)	ขิง	khĭng
cilantro (m)	ผักชีลา	pàk-chee-laa
canela (f)	อบเชย	òp-choie

sésamo (m)	งา	ngaa
hoja (f) de laurel	ใบกระวาน	bai grà-waan
paprika (f)	พริกป่น	phrík bpòn
comino (m)	เทียนตากบ	thian dtaa gòp
azafrán (m)	หญ้าฝรั่น	yâa fà-ràn

51. Las comidas

| comida (f) | อาหาร | aa-hăan |
| comer (vi, vt) | กิน | gin |

desayuno (m)	อาหารเช้า	aa-hăan cháo
desayunar (vi)	ทานอาหารเช้า	thaan aa-hăan cháo
almuerzo (m)	ข้าวเที่ยง	khâao thîang
almorzar (vi)	ทานอาหารเที่ยง	thaan aa-hăan thîang
cena (f)	อาหารเย็น	aa-hăan yen
cenar (vi)	ทานอาหารเย็น	thaan aa-hăan yen

| apetito (m) | ความอยากอาหาร | kwaam yàak aa hăan |
| ¡Que aproveche! | กินให้อร่อย! | gin hâi a-ròi |

abrir (vt)	เปิด	bpèrt
derramar (líquido)	ทำหก	tham hòk
derramarse (líquido)	ทำหกออกมา	tham hòk òrk maa
hervir (vi)	ตูม	dtôm
hervir (vt)	ตูม	dtôm
hervido (agua ~a)	ตมุ	dtôm
enfriar (vt)	แช่เย็น	châe yen
enfriarse (vr)	แช่เย็น	châe yen

| sabor (m) | รสชาติ | rót châat |
| regusto (m) | รส | rót |

adelgazar (vi)	ลดน้ำหนัก	lót nám nàk
dieta (f)	อาหารพิเศษ	aa-hăan phí-sàyt
vitamina (f)	วิตามิน	wí-dtaa-min
caloría (f)	แคลอรี่	khae-lor-rêe
vegetariano (m)	คนกินเจ	khon gin jay
vegetariano (adj)	มังสวิรัติ	mang-sà-wí-rát

grasas (f pl)	ไขมัน	khăi man
proteínas (f pl)	โปรตีน	bproh-dteen
carbohidratos (m pl)	คาร์โบไฮเดรต	kaa-boh-hai-dràyt
loncha (f)	แผน	phàen
pedazo (m)	ชิ้น	chín
miga (f)	เศษ	sàyt

52. Los cubiertos

cuchara (f)	ช้อน	chórn
cuchillo (m)	มีด	mêet
tenedor (m)	ส้อม	sôrm
taza (f)	แก้ว	gâew
plato (m)	จาน	jaan
platillo (m)	จานรอง	jaan rorng
servilleta (f)	ผ้าเช็ดปาก	phâa chét bpàak
mondadientes (m)	ไม้จิ้มฟัน	máai jîm fan

53. El restaurante

restaurante (m)	ร้านอาหาร	ráan aa-hǎan
cafetería (f)	ร้านกาแฟ	ráan gaa-fae
bar (m)	ร้านเหล้า	ráan lâo
salón (m) de té	รานน้ำชา	ráan nám chaa
camarero (m)	คนเสิร์ฟชาย	khon sèrf chaai
camarera (f)	คนเสิร์ฟหญิง	khon sèrf yǐng
barman (m)	บาร์เทนเดอร์	baa-thayn-dêr
carta (f), menú (m)	เมนู	may-noo
carta (f) de vinos	รายการไวน์	raai gaan wai
reservar una mesa	จองโต๊ะ	jorng dtó
plato (m)	มื้ออาหาร	méu aa-hǎan
pedir (vt)	สั่ง	sàng
hacer un pedido	สั่งอาหาร	sàng aa-hǎan
aperitivo (m)	เครื่องดื่มเหล้า กอนอาหาร	khrêuang dèum lâo gòrn aa-hǎan
entremés (m)	ของกินเล่น	khǒrng gin lâyn
postre (m)	ของหวาน	khǒrng wǎan
cuenta (f)	คิดเงิน	khít ngern
pagar la cuenta	จ่ายค่าอาหาร	jàai khâa aa hǎan
dar la vuelta	ให้เงินทอน	hâi ngern thorn
propina (f)	เงินทิป	ngern thíp

La familia nuclear, los parientes y los amigos

54. La información personal. Los formularios

nombre (m)	ชื่อ	chêu
apellido (m)	นามสกุล	naam sà-gun
fecha (f) de nacimiento	วันเกิด	wan gèrt
lugar (m) de nacimiento	สถานที่เกิด	sà-thăan thêe gèrt
nacionalidad (f)	สัญชาติ	săn-châat
domicilio (m)	ที่อยู่อาศัย	thêe yòo aa-săi
país (m)	ประเทศ	bprà-thâyt
profesión (f)	อาชีพ	aa-chêep
sexo (m)	เพศ	phâyt
estatura (f)	ความสูง	khwaam sŏong
peso (m)	น้ำหนัก	nám nàk

55. Los familiares. Los parientes

madre (f)	มารดา	maan-daa
padre (m)	บิดา	bì-daa
hijo (m)	ลูกชาย	lôok chaai
hija (f)	ลูกสาว	lôok săao
hija (f) menor	ลูกสาวคนเล็ก	lôok săao khon lék
hijo (m) menor	ลูกชายคนเล็ก	lôok chaai khon lék
hija (f) mayor	ลูกสาวคนโต	lôok săao khon dtoh
hijo (m) mayor	ลูกชายคนโต	lôok chaai khon dtoh
hermano (m) mayor	พี่ชาย	phêe chaai
hermano (m) menor	น้องชาย	nórng chaai
hermana (f) mayor	พี่สาว	phêe săao
hermana (f) menor	น้องสาว	nórng săao
primo (m)	ลูกพี่ลูกน้อง	lôok phêe lôok nórng
prima (f)	ลูกพี่ลูกน้อง	lôok phêe lôok nórng
mamá (f)	แม่	mâe
papá (m)	พ่อ	phôr
padres (pl)	พ่อแม่	phôr mâe
niño -a (m, f)	เด็ก, ลูก	dèk, lôok
niños (pl)	เด็กๆ	dèk dèk
abuela (f)	ย่า, ยาย	yâa, yaai
abuelo (m)	ปู่, ตา	bpòo, dtaa
nieto (m)	หลานชาย	lăan chaai
nieta (f)	หลานสาว	lăan săao

nietos (pl)	หลานๆ	lǎan
tío (m)	ลุง	lung
tía (f)	ป้า	bpâa
sobrino (m)	หลานชาย	lǎan chaai
sobrina (f)	หลานสาว	lǎan sǎao

suegra (f)	แม่ยาย	mâe yaai
suegro (m)	พ่อสามี	phôr sǎa-mee
yerno (m)	ลูกเขย	lôok khǒie
madrastra (f)	แม่เลี้ยง	mâe líang
padrastro (m)	พ่อเลี้ยง	phôr líang

niño (m) de pecho	ทารก	thaa-rók
bebé (m)	เด็กเล็ก	dèk lék
chico (m)	เด็ก	dèk

mujer (f)	ภรรยา	phan-rá-yaa
marido (m)	สามี	sǎa-mee
esposo (m)	สามี	sǎa-mee
esposa (f)	ภรรยา	phan-rá-yaa

casado (adj)	แต่งงานแล้ว	dtàeng ngaan láew
casada (adj)	แต่งงานแลว	dtàeng ngaan láew
soltero (adj)	เป็นโสด	bpen sòht
soltero (m)	ชายโสด	chaai sòht
divorciado (adj)	หย่าแล้ว	yàa láew
viuda (f)	แม่หม้าย	mâe mâai
viudo (m)	พ่อหม้าย	phôr mâai

pariente (m)	ญาติ	yâat
pariente (m) cercano	ญาติใกล้ชิด	yâat glâi chít
pariente (m) lejano	ญาติห่างๆ	yâat hàang hàang
parientes (pl)	ญาติๆ	yâat

huérfano (m)	เด็กชายกำพร้า	dèk chaai gam phráa
huérfana (f)	เด็กหญิงกำพรา	dèk yǐng gam phráa
tutor (m)	ผู้ปกครอง	phôo bpòk khrorng
adoptar (un niño)	บุญธรรม	bun tham
adoptar (una niña)	บุญธรรม	bun tham

56. Los amigos. Los compañeros del trabajo

amigo (m)	เพื่อน	phêuan
amiga (f)	เพื่อน	phêuan
amistad (f)	มิตรภาพ	mít-dtrà-phâap
ser amigo	เป็นเพื่อน	bpen phêuan

amigote (m)	เพื่อนสนิท	phêuan sà-nìt
amiguete (f)	เพื่อนสนิท	phêuan sà-nìt
compañero (m)	หุ้นส่วน	hûn sùan

jefe (m)	หัวหน้า	hǔa-nâa
superior (m)	ผู้บังคับบัญชา	phôo bang-kháp ban-chaa
propietario (m)	เจ้าของ	jâo khǒrng

| subordinado (m) | ลูกน้อง | lôok nórng |
| colega (m, f) | เพื่อนรวมงาน | phêuan rûam ngaan |

conocido (m)	ผู้คุ้นเคย	phôo khún khoie
compañero (m) de viaje	เพื่อนรวมทาง	pêuan rûam thaang
condiscípulo (m)	เพื่อนรุ่น	phêuan rûn

vecino (m)	เพื่อนบ้านผู้ชาย	phêuan bâan pôo chaai
vecina (f)	เพื่อนบ้านผู้หญิง	phêuan bâan phôo yǐng
vecinos (pl)	เพื่อนบ้าน	phêuan bâan

57. El hombre. La mujer

mujer (f)	ผู้หญิง	phôo yǐng
muchacha (f)	หญิงสาว	yǐng sǎao
novia (f)	เจาสาว	jâo sǎao

guapa (adj)	สวย	sǔay
alta (adj)	สูง	sǒong
esbelta (adj)	ผอม	phǒrm
de estatura mediana	เตี้ย	dtîa

| rubia (f) | ผมสีทอง | phǒm sěe thorng |
| morena (f) | ผมสีคล้ำ | phǒm sěe khlám |

de señora (adj)	สตรี	sàt-dtree
virgen (f)	บริสุทธิ์	bor-rí-sùt
embarazada (adj)	ตั้งครรภ์	dtâng khan

hombre (m) (varón)	ผู้ชาย	phôo chaai
rubio (m)	ผมสีทอง	phǒm sěe thorng
moreno (m)	ผมสีคล้ำ	phǒm sěe khlám
alto (adj)	สูง	sǒong
de estatura mediana	เตี้ย	dtîa

grosero (adj)	หยาบคาย	yàap kaai
rechoncho (adj)	แข็งแรง	khǎeng raeng
robusto (adj)	กำยำ	gam-yam
fuerte (adj)	แข็งแรง	khǎeng raeng
fuerza (f)	ความแข็งแรง	khwaam khǎeng raeng

gordo (adj)	ท้วม	thúam
moreno (adj)	ผิวดำ	phǐw dam
esbelto (adj)	ผอม	phǒrm
elegante (adj)	สง่า	sà-ngàa

58. La edad

edad (f)	อายุ	aa-yú
juventud (f)	วัยเยาว์	wai yao
joven (adj)	หนุ่ม	nùm
menor (adj)	อายุน้อยกว่า	aa-yú nói gwàa

mayor (adj)	อายุสูงกว่า	aa-yú sŏong gwàa
joven (m)	ชายหนุ่ม	chaai nùm
adolescente (m)	วัยรุ่น	wai rûn
muchacho (m)	คนหนุ่ม	khon nùm

anciano (m)	ชายชรา	chaai chá-raa
anciana (f)	หญิงชรา	yĭng chá-raa

adulto	ผู้ใหญ่	phôo yài
de edad media (adj)	วัยกลาง	wai glaang
anciano, mayor (adj)	วัยชรา	wai chá-raa
viejo (adj)	แก่	gàe

jubilación (f)	การเกษียณอายุ	gaan gà-sĭan aa-yú
jubilarse	เกษียณ	gà-sĭan
jubilado (m)	ผู้เกษียณอายุ	phôo gà-sĭan aa-yú

59. Los niños

niño -a (m, f)	เด็ก, ลูก	dèk, lôok
niños (pl)	เด็กๆ	dèk dèk
gemelos (pl)	แฝด	fàet

cuna (f)	เปล	bplay
sonajero (m)	ของเล่นกุ๋งกิ๋ง	khŏrng lên gúng-gîng
pañal (m)	ผ้าอ้อม	phâa ôrm

chupete (m)	จุกนม	jùk-nom
cochecito (m)	รถเข็นเด็ก	rót khěn dèk
jardín (m) de infancia	โรงเรียนอนุบาล	rohng rian a-nú-baan
niñera (f)	คนเฝ้าเด็ก	khon fâo dèk

infancia (f)	วัยเด็ก	wai dèk
muñeca (f)	ตุ๊กตา	dtúk-dtaa
juguete (m)	ของเล่น	khŏrng lên
mecano (m)	ชุดของเล่นก่อสร้าง	chút khŏrng lên gòr sâang

bien criado (adj)	มีกิริยา มารยาทดี	mee gì-rí-yaa maa-rá-yâat dee
mal criado (adj)	ไม่มีมารยาท	mâi mee maa-rá-yâat
mimado (adj)	เสียคน	sĭa khon

hacer travesuras	ซน	son
travieso (adj)	ซน	son

travesura (f)	ความเกเร	kwaam gay-ray
travieso (m)	เด็กเกเร	dèk gay-ray

obediente (adj)	ที่เชื่อฟัง	thêe chêua fang
desobediente (adj)	ที่ไม่เชื่อฟัง	thêe mâi chêua fang

dócil (adj)	ที่เชื่อฟังผู้ใหญ่	thée chêua fang phôo yài
inteligente (adj)	ฉลาด	chà-làat
niño (m) prodigio	เด็กมีพรสวรรค์	dèk mee phon sà-wǎn

60. El matrimonio. La vida familiar

besar (vt)	จูบ	jòop
besarse (vr)	จูบ	jòop
familia (f)	ครอบครัว	khrôrp khrua
familiar (adj)	ครอบครัว	khrôrp khrua
pareja (f)	ผัวเมีย	phǔa mia
matrimonio (m)	การแต่งงาน	gaan dtàeng ngaan
hogar (m) familiar	บ้าน	bâan
dinastía (f)	วงศ์ตระกูล	wong dtrà-goon
cita (f)	การออกเดท	gaan òrk dàyt
beso (m)	การจูบ	gaan jòop
amor (m)	ความรัก	khwaam rák
querer (amar)	รัก	rák
querido (adj)	ที่รัก	thêe rák
ternura (f)	ความละเมียดละไม	khwaam lá-mîat lá-mai
tierno (afectuoso)	ละเมียดละไม	lá-mîat lá-mai
fidelidad (f)	ความซื่อ	khwaam sêu
fiel (adj)	ซื่อ	sêu
cuidado (m)	การดูแล	gaan doo lae
cariñoso (un padre ~)	ชอบดูแล	chôrp doo lae
recién casados (pl)	คู่แต่งงานใหม่	khôo dtàeng ngaan mài
luna (f) de miel	ฮันนีมูน	han-nee-moon
estar casada	แต่งงาน	dtàeng ngaan
casarse (con una mujer)	แต่งงาน	dtàeng ngaan
boda (f)	การสมรส	gaan sǒm rót
bodas (f pl) de oro	การสมรส ครบรอบ50ปี	gaan sǒm rót khróp rôrp hâa-sìp bpee
aniversario (m)	วันครบรอบ	wan khróp rôrp
amante (m)	คู่รัก	khôo rák
amante (f)	เมียน้อย	mia nói
adulterio (m)	การคบชู้	gaan khóp chóo
cometer adulterio	คบชู้	khóp chóo
celoso (adj)	หึงหวง	hěung hǔang
tener celos	หึง	hěung
divorcio (m)	การหย่าร้าง	gaan yàa ráang
divorciarse (vr)	หย่า	yàa
reñir (vi)	ทะเลาะ	thá-lór
reconciliarse (vr)	ประนีประนอม	bprà-nee-bprà-nom
juntos (adv)	ด้วยกัน	dûay gan
sexo (m)	เพศสัมพันธ์	phâyt sǎm-phan
felicidad (f)	ความสุข	khwaam sùk
feliz (adj)	มีความสุข	mee khwaam sùk
desgracia (f)	เหตุร้าย	hàyt ráai
desgraciado (adj)	ไม่มีความสุข	mâi mee khwaam sùk

Las características de personalidad. Los sentimientos

61. Los sentimientos. Las emociones

sentimiento (m)	ความรู้สึก	khwaam róo sèuk
sentimientos (m pl)	ความรู้สึก	khwaam róo sèuk
sentir (vt)	รู้สึก	róo sèuk
hambre (f)	ความหิว	khwaam hǐw
tener hambre	หิว	hǐw
sed (f)	ความกระหาย	khwaam grà-hǎai
tener sed	กระหาย	grà-hǎai
somnolencia (f)	ความง่วง	khwaam ngûang
tener sueño	ง่วง	ngûang
cansancio (m)	ความเหนื่อย	khwaam nèuay
cansado (adj)	เหนื่อย	nèuay
estar cansado	เหนื่อย	nèuay
humor (m) (de buen ~)	อารมณ์	aa-rom
aburrimiento (m)	ความเบื่อ	khwaam bèua
aburrirse (vr)	เบื่อ	bèua
soledad (f)	ความเหงา	khwaam ngǎo
aislarse (vr)	ปลีกวิเวก	bplèek wí-wâyk
inquietar (vt)	ทำให้...เป็นห่วง	tham hâi...bpen hùang
inquietarse (vr)	กังวล	gang-won
inquietud (f)	ความเป็นห่วง	khwaam bpen hùang
preocupación (f)	ความวิตกกังวล	khwaam wí-dtòk gang-won
preocupado (adj)	เป็นห่วงใหญ่	bpen hùang yài
estar nervioso	กระวนกระวาย	grà won grà waai
darse al pánico	ตื่นตระหนก	dtèun dtrà-nòk
esperanza (f)	ความหวัง	khwaam wǎng
esperar (tener esperanza)	หวัง	wǎng
seguridad (f)	ความแน่ใจ	khwaam nâe jai
seguro (adj)	แน่ใจ	nâe jai
inseguridad (f)	ความไม่มั่นใจ	khwaam mâi mân jai
inseguro (adj)	ไม่มั่นใจ	mâi mân jai
borracho (adj)	เมา	mao
sobrio (adj)	ไม่เมา	mâi mao
débil (adj)	อ่อนแอ	òrn ae
feliz (adj)	มีความสุข	mee khwaam sùk
asustar (vt)	ทำให้...กลัว	tham hâi...glua
furia (f)	ความโกรธเคือง	khwaam gròht kheuang
rabia (f)	ความเดือดดาล	khwaam dèuat daan
depresión (f)	ความหดหู่	khwaam hòt-hòo
incomodidad (f)	อึดอัด	èut àt

comodidad (f)	สบาย	sà-baai
arrepentirse (vr)	เสียดาย	sǐa daai
arrepentimiento (m)	ความเสียดาย	khwaam sǐa daai
mala suerte (f)	โชคราย	chôhk ráai
tristeza (f)	ความเศรา	khwaam sâo

vergüenza (f)	ความละอายใจ	khwaam lá-aai jai
júbilo (m)	ความปิติ	khwaam bpì-dtì
entusiasmo (m)	ความกระตือรือรน	khwaam grà-dteu-reu-rón
entusiasta (m)	คนที่กระตือรือรน	khon thêe grà-dteu-reu-rón
mostrar entusiasmo	แสดงความ กระตือรือรน	sà-daeng khwaam grà-dteu-reu-rón

62. El carácter. La personalidad

carácter (m)	นิสัย	ní-sǎi
defecto (m)	ขอเสีย	khôr sǐa
mente (f)	สติ	sà-dtì
razón (f)	สติ	sà-dtì

consciencia (f)	มโนธรรม	má-noh tham
hábito (m)	นิสัย	ní-sǎi
habilidad (f)	ความสามารถ	khwaam sǎa-mâat
poder (~ nadar, etc.)	สามารถ	sǎa-mâat

paciente (adj)	อดทน	òt thon
impaciente (adj)	ใจรอนใจเร็ว	jai rórn jai reo
curioso (adj)	อยากรูอยากเห็น	yàak róo yàak hěn
curiosidad (f)	ความอยากรูอยากเห็น	khwaam yàak róo yàak hěn

modestia (f)	ความถอมตน	khwaam thòrm dton
modesto (adj)	ถอมตน	thòrm dton
inmodesto (adj)	หยาบโลน	yàap lohn

pereza (f)	ความขี้เกียจ	khwaam khêe gìat
perezoso (adj)	ขี้เกียจ	khêe gìat
perezoso (m)	คนขี้เกียจ	khon khêe gìat

astucia (f)	ความเจ้าเลห์	khwaam jâo lây
astuto (adj)	เจาเลห	jâo lây
desconfianza (f)	ความหวาดระแวง	khwaam wàat rá-waeng
desconfiado (adj)	เคลือบแคลง	khlêuap-khlaeng

generosidad (f)	ความเอื้อเฟื้อ	khwaam êua féua
generoso (adj)	มีน้ำใจ	mee nám jai
talentoso (adj)	มีพรสวรรค์	mee phon sà-wǎn
talento (m)	พรสวรรค	phon sà-wǎn

valiente (adj)	กลาหาญ	glâa hǎan
coraje (m)	ความกลาหาญ	khwaam glâa hǎan
honesto (adj)	ซื่อสัตย	sêu sàt
honestidad (f)	ความซื่อสัตย	khwaam sêu sàt
prudente (adj)	ระมัดระวัง	rá mát rá-wang
valeroso (adj)	กลา	glâa

| serio (adj) | เอาจริงเอาจัง | ao jing ao jang |
| severo (adj) | เขมงวด | khêm ngûat |

decidido (adj)	เด็ดเดี่ยว	dèt dìeow
indeciso (adj)	ไม่เด็ดขาด	mâi dèt khàat
tímido (adj)	อาย	aai
timidez (f)	ความขวยอาย	khwaam khǔay aai

confianza (f)	ความไว้ใจ	khwaam wái jai
creer (créeme)	ไว้เนื้อเชื่อใจ	wái néua chêua jai
confiado (crédulo)	เชื่อใจ	chêua jai

sinceramente (adv)	อย่างจริงใจ	yàang jing jai
sincero (adj)	จริงใจ	jing jai
sinceridad (f)	ความจริงใจ	khwaam jing jai
abierto (adj)	เปิดเผย	bpèrt phǒie

calmado (adj)	ใจเย็น	jai yen
franco (sincero)	จริงใจ	jing jai
ingenuo (adj)	หลงเชื่อ	lǒng chêua
distraído (adj)	ใจลอย	jai loi
gracioso (adj)	ตลก	dtà-lòk

avaricia (f)	ความโลภ	khwaam lôhp
avaro (adj)	โลภ	lôhp
tacaño (adj)	ขี้เหนียว	khêe nǐeow
malvado (adj)	เลว	leo
terco (adj)	ดื้อ	dêu
desagradable (adj)	ไม่น่าพึงพอใจ	mâi nâa pheung phor jai

egoísta (m)	คนที่เห็นแก่ตัว	khon thêe hěn gàe dtua
egoísta (adj)	เห็นแก่ตัว	hěn gàe dtua
cobarde (m)	คนขี้ขลาด	khon khêe khlàat
cobarde (adj)	ขี้ขลาด	khêe khlàat

63. El sueño. Los sueños

dormir (vi)	นอน	norn
sueño (m) (estado)	ความนอน	khwaam norn
sueño (m) (dulces ~s)	ความฝัน	khwaam fǎn
soñar (vi)	ฝัน	fǎn
adormilado (adj)	งวง	ngûang

cama (f)	เตียง	dtiang
colchón (m)	ฟูกนอน	fôok norn
manta (f)	ผ้าห่ม	phâa hòm
almohada (f)	หมอน	mǒrn
sábana (f)	ผ้าปูที่นอน	phâa bpoo thêe norn

insomnio (m)	อาการนอนไม่หลับ	aa-gaan norn mâi làp
de insomnio (adj)	นอนไม่หลับ	norn mâi làp
somnífero (m)	ยานอนหลับ	yaa-norn-làp
tomar el somnífero	กินยานอนหลับ	gin yaa-norn-làp
tener sueño	งวง	ngûang

bostezar (vi)	หาว	hǎao
irse a la cama	ไปนอน	bpai norn
hacer la cama	ปูที่นอน	bpoo thêe norn
dormirse (vr)	หลับ	làp

pesadilla (f)	ฝันร้าย	fǎn ráai
ronquido (m)	การกรน	gaan-kron
roncar (vi)	กรน	gron

despertador (m)	นาฬิกาปลุก	naa-lí-gaa bplùk
despertar (vt)	ปลุก	bplùk
despertarse (vr)	ตื่น	dtèun
levantarse (vr)	ลุกขึ้น	lúk khêun
lavarse (vr)	ล้างหน้าล้างตา	láang nâa láang dtaa

64. El humor. La risa. La alegría

humor (m)	อารมณ์ขัน	aa-rom khǎn
sentido (m) del humor	อารมณ์	aa-rom
divertirse (vr)	เริงรื่น	rerng rêun
alegre (adj)	เริงรื่น	rerng rêun
júbilo (m)	ความรื่นเริง	khwaam rêun-rerng

sonrisa (f)	รอยยิ้ม	roi yím
sonreír (vi)	ยิ้ม	yím
echarse a reír	เริ่มหัวเราะ	rêrm hǔa rór
reírse (vr)	หัวเราะ	hǔa rór
risa (f)	การหัวเราะ	gaan hǔa rór

anécdota (f)	เรื่องขำขัน	rêuang khǎm khǎn
gracioso (adj)	ตลก	dtà-lòk
ridículo (adj)	ขบขัน	khòp khǎn

bromear (vi)	ล้อเล่น	lór lên
broma (f)	ตลก	dtà-lòk
alegría (f) (emoción)	ความสุขสันต์	khwaam sùk-sǎn
alegrarse (vr)	โมทนา	moh-thá-naa
alegre (~ de que ...)	ยินดี	yin dee

65. La discusión y la conversación. Unidad 1

comunicación (f)	การสื่อสาร	gaan sèu sǎan
comunicarse (vr)	สื่อสาร	sèu sǎan

conversación (f)	การสนทนา	gaan sǒn-thá-naa
diálogo (m)	บทสนทนา	bòt sǒn-thá-naa
discusión (f) (debate)	การหารือ	gaan hǎa-reu
debate (m)	การโต้แยง	gaan dtôh yáeng
debatir (vi)	โต้แยง	dtôh yáeng

interlocutor (m)	คู่สนทนา	khôo sǒn-tá-naa
tema (m)	หัวข้อ	hǔa khôr

punto (m) de vista	แง่คิด	ngâe khít
opinión (f)	ความคิดเห็น	khwaam khít hĕn
discurso (m)	สุนทรพจน์	sŭn tha ra phót
discusión (f) (del informe, etc.)	การหารือ	gaan hăa-reu
discutir (vt)	หารือ	hăa-reu
conversación (f)	การสนทนา	gaan sŏn-thá-naa
conversar (vi)	คุยกัน	khui gan
reunión (f)	การพบกัน	gaan phóp gan
encontrarse (vr)	พบ	phóp
proverbio (m)	สุภาษิต	sù-phaa-sìt
dicho (m)	คำกล่าว	kham glàao
adivinanza (f)	ปริศนา	bprìt-sà-năa
contar una adivinanza	ถามปริศนา	thăam bprìt-sà-năa
contraseña (f)	รหัสผ่าน	rá-hàt phàan
secreto (m)	ความลับ	khwaam láp
juramento (m)	คำสาบาน	kham săa-baan
jurar (vt)	สาบาน	săa baan
promesa (f)	คำสัญญา	kham săn-yaa
prometer (vt)	สัญญา	săn-yaa
consejo (m)	คำแนะนำ	kham náe nam
aconsejar (vt)	แนะนำ	náe nam
seguir el consejo	ทำตามคำแนะนำ	tham dtaam kham náe nam
escuchar (a los padres)	เชื่อฟัง	chêua fang
noticias (f pl)	ข่าว	khàao
sensación (f)	ข่าวดัง	khàao dang
información (f)	ข้อมูล	khôr moon
conclusión (f)	ข้อสรุป	khôr sà-rùp
voz (f)	เสียง	sĭang
cumplido (m)	คำชมเชย	kham chom choie
amable (adj)	ใจดี	jai dee
palabra (f)	คำ	kham
frase (f)	วลี	wá-lee
respuesta (f)	คำตอบ	kham dtòrp
verdad (f)	ความจริง	khwaam jing
mentira (f)	การโกหก	gaan goh-hòk
pensamiento (m)	ความคิด	khwaam khít
idea (f)	ความคิด	khwaam khít
fantasía (f)	จินตนาการ	jin-dtà-naa gaan

66. La discusión y la conversación. Unidad 2

respetado (adj)	ที่นับถือ	thêe náp thĕu
respetar (vt)	นับถือ	náp thĕu
respeto (m)	ความนับถือ	khwaam náp thĕu
Estimado ...	ท่าน	thâan
presentar (~ a sus padres)	แนะนำ	náe nam

conocer a alguien	รู้จัก	róo jàk
intención (f)	ความตั้งใจ	khwaam dtâng jai
tener intención (de ...)	ตั้งใจ	dtâng jai
deseo (m)	การขอพร	gaan khŏr phon
desear (vt) (~ buena suerte)	ขอ	khŏr

sorpresa (f)	ความประหลาดใจ	khwaam bprà-làat jai
sorprender (vt)	ทำให้...ประหลาดใจ	tham hâi...bprà-làat jai
sorprenderse (vr)	ประหลาดใจ	bprà-làat jai

dar (vt)	ให้	hâi
tomar (vt)	รับ	ráp
devolver (vt)	ให้คืน	hâi kheun
retornar (vt)	เอาคืน	ao kheun

disculparse (vr)	ขอโทษ	khŏr thôht
disculpa (f)	คำขอโทษ	kham khŏr thôht
perdonar (vt)	ให้อภัย	hâi a-phai

hablar (vi)	คุยกัน	khui gan
escuchar (vt)	ฟัง	fang
escuchar hasta el final	ฟังจนจบ	fang jon jòp
comprender (vt)	เขาใจ	khâo jai

mostrar (vt)	แสดง	sà-daeng
mirar a ...	ดู	doo
llamar (vt)	เรียก	rîak
distraer (molestar)	รบกวน	róp guan
molestar (vt)	รุบกวน	róp guan
pasar (~ un mensaje)	สง	sòng

petición (f)	ข้อร้องขอ	khôr rórng khŏr
pedir (vt)	รองขอ	rórng khŏr
exigencia (f)	ขอเรียกร้อง	khôr rîak rórng
exigir (vt)	เรียกรอง	rîak rórng

motejar (vr)	แซว	saew
burlarse (vr)	ลอเลียน	lór lian
burla (f)	ขอลอเลียน	khôr lór lian
apodo (m)	ชื่อเลน	chêu lên

alusión (f)	การพูดเป็นนัย	gaan phôot bpen nai
aludir (vi)	พูดเป็นนัย	phôot bpen nai
sobrentender (vt)	หมายความวา	măai khwaam wâa

descripción (f)	คำพรรณนา	kham phan-ná-naa
describir (vt)	พรรณนา	phan-ná-naa
elogio (m)	คำชม	kham chom
elogiar (vt)	ชม	chom

decepción (f)	ความผิดหวัง	khwaam phìt wăng
decepcionar (vt)	ทำให้...ผิดหวัง	tham hâi...phìt wăng
estar decepcionado	ผิดหวัง	phìt wăng

| suposición (f) | ข้อสมมุติ | khôr sŏm mút |
| suponer (vt) | สมมุติ | sŏm mút |

| advertencia (f) | คำเตือน | kham dteuan |
| prevenir (vt) | เตือน | dteuan |

67. La discusión y la conversación. Unidad 3

| convencer (vt) | เกลี้ยกล่อม | glîak-glôrm |
| calmar (vt) | ทำให้...สงบ | tham hâi...sà-ngòp |

silencio (m) (~ es oro)	ความเงียบ	khwaam ngîap
callarse (vr)	เงียบ	ngîap
susurrar (vi, vt)	กระซิบ	grà síp
susurro (m)	เสียงกระซิบ	sǐang grà síp

francamente (adv)	พูดตรงๆ	phôot dtrorng dtrorng
en mi opinión ...	ในสายตาของ	nai sǎai dtaa-kǒrng
	ผม/ฉัน...	phǒm/chǎn...

detalle (m) (de la historia)	รายละเอียด	raai lá-ìat
detallado (adj)	โดยละเอียด	doi lá-ìat
detalladamente (adv)	อย่างละเอียด	yàang lá-ìat

| pista (f) | คำบอกใบ้ | kham bòrk bâi |
| dar una pista | บอกใบ้ | bòrk bâi |

mirada (f)	การมอง	gaan morng
echar una mirada	มอง	morng
fija (mirada ~)	จ้อง	jôrng
parpadear (vi)	กระพริบตา	grà phríp dtaa
guiñar un ojo	ขยิบตา	khà-yìp dtaa
asentir con la cabeza	พยักหน้า	phá-yák nâa

suspiro (m)	การถอนหายใจ	gaan thǒrn hǎai jai
suspirar (vi)	ถอนหายใจ	thǒrn hǎai-jai
estremecerse (vr)	สั่น	sàn
gesto (m)	อิริยาบถ	i-rí-yaa-bòt
tocar (con la mano)	สัมผัส	sǎm-phàt
asir (~ de la mano)	จับ	jàp
palmear (~ la espalda)	แตะ	dtàe

¡Cuidado!	ระวัง!	rá-wang
¿De veras?	จริงหรือ?	jing rěu
¿Estás seguro?	คุณแน่ใจหรือ?	khun nâe jai rěu
¡Suerte!	ขอให้โชคดี!	khǒr hâi chôhk dee
¡Ya veo!	ฉันเข้าใจ!	chǎn khâo jai
¡Es una lástima!	น่าเสียดาย!	nâa sǐa-daai

68. El acuerdo. El rechazo

acuerdo (m)	การยินยอม	gaan yin yorm
estar de acuerdo	ยินยอม	yin yorm
aprobación (f)	คำอนุมัติ	kham a-nú-mát
aprobar (vt)	อนุมัติ	a-nú-mát

| rechazo (m) | คำปฏิเสธ | kham bpà-dtì-sàyt |
| negarse (vr) | ปฏิเสธ | bpà-dtì-sàyt |

¡Excelente!	เยี่ยม!	yîam
¡De acuerdo!	ดีเลย!	dee loie
¡Vale!	โอเค!	oh-khay

prohibido (adj)	ไม่ได้รับอนุญาต	mâi dâai ráp a-nú-yâat
está prohibido	ห้าม	hâam
es imposible	มันเป็นไปไม่ได้	man bpen bpai mâi dâai
incorrecto (adj)	ไม่ถูกต้อง	mâi thòok dtôrng

rechazar (vt)	ปฏิเสธ	bpà-dtì-sàyt
apoyar (la decisión)	สนับสนุน	sà-nàp-sà-nǔn
aceptar (vt)	ยอมรับ	yorm ráp

confirmar (vt)	ยืนยัน	yeun yan
confirmación (f)	คำยืนยัน	kham yeun yan
permiso (m)	คำอนุญาต	kham a-nú-yâat
permitir (vt)	อนุญาต	a-nú-yâat
decisión (f)	การตัดสินใจ	gaan dtàt sǐn jai
no decir nada	ไม่พูดอะไร	mâi phôot a-rai

condición (f)	เงื่อนไข	ngêuan khǎi
excusa (f) (pretexto)	ข้ออ้าง	khôr âang
elogio (m)	คำชม	kham chom
elogiar (vt)	ชม	chom

69. El éxito. La buena suerte. El fracaso

éxito (m)	ความสำเร็จ	khwaam sǎm-rèt
con éxito (adv)	ให้เป็นผลสำเร็จ	hâi bpen phǒn sǎm-rèt
exitoso (adj)	ที่สำเร็จ	thêe sǎm-rèt

suerte (f)	โชค	chôhk
¡Suerte!	ขอให้โชคดี!	khǒr hâi chôhk dee
de suerte (día ~)	มีโชค	mee chôhk
afortunado (adj)	มีโชคดี	mee chôhk dee

fiasco (m)	ความล้มเหลว	khwaam lóm lěo
infortunio (m)	โชคร้าย	chôhk ráai
mala suerte (f)	โชคร้าย	chôhk ráai
fracasado (adj)	ไม่ประสบ	mâi bprà-sòp
	ความสำเร็จ	khwaam sǎm-rèt
catástrofe (f)	ความล้มเหลว	khwaam lóm lěo

orgullo (m)	ความภาคภูมิใจ	khwaam phâak phoom jai
orgulloso (adj)	ภูมิใจ	phoom jai
estar orgulloso	ภูมิใจ	phoom jai

ganador (m)	ผู้ชนะ	phôo chá-ná
ganar (vi)	ชนะ	chá-ná
perder (vi)	แพ้	pháe
tentativa (f)	ความพยายาม	khwaam phá-yaa-yaam

| intentar (tratar) | พยายาม | phá-yaa-yaam |
| chance (f) | โอกาส | oh-gàat |

70. Las discusiones. Las emociones negativas

grito (m)	เสียงตะโกน	sĭang dtà-gohn
gritar (vi)	ตะโกน	dtà-gohn
comenzar a gritar	เริ่มตะโกน	rêrm dtà-gohn

disputa (f), riña (f)	การทะเลาะ	gaan thá-lór
reñir (vi)	ทะเลาะ	thá-lór
escándalo (m) (riña)	ความทะเลาะ	khwaam thá-lór
causar escándalo	ตีโพยตีพาย	dtee phoi dtee phaai
conflicto (m)	ความขัดแย้ง	khwaam khàt yáeng
malentendido (m)	การเขาใจผิด	gaan khâo jai phìt

insulto (m)	คำดูถูก	kham doo thòok
insultar (vt)	ดูถูก	doo thòok
insultado (adj)	โดนดูถูก	dohn doo thòok
ofensa (f)	ความเคียดแค้น	khwaam khîat-kháen
ofender (vt)	ลวงเกิน	lûang gern
ofenderse (vr)	ถือสา	thĕu sǎa

indignación (f)	ความโกรธแค้น	khwaam gròht kháen
indignarse (vr)	ขุนเคือง	khùn kheuang
queja (f)	คำร้อง	kham rórng
quejarse (vr)	บน	bòn

disculpa (f)	คำขอโทษ	kham khŏr thôht
disculparse (vr)	ขอโทษ	khŏr thôht
pedir perdón	ขออภัย	khŏr a-phai

crítica (f)	คำวิจารณ์	kham wí-jaan
criticar (vt)	วิจารณ	wí-jaan
acusación (f)	การกลาวหา	gaan glàao hǎa
acusar (vt)	กลาวหา	glàao hǎa

venganza (f)	การแก้แค้น	gaan gâe kháen
vengar (vt)	แก้แค้น	gâe kháen
pagar (vt)	แกแค้น	gâe kháen

desprecio (m)	ความดูหมิ่น	khwaam doo mìn
despreciar (vt)	ดูหมิน	doo mìn
odio (m)	ความเกลียดชัง	khwaam glìat chang
odiar (vt)	เกลียด	glìat

nervioso (adj)	กระวนกระวาย	grà won grà waai
estar nervioso	กระวนกระวาย	grà won grà waai
onfadado (adj)	โกรธ	gròht
enfadar (vt)	ทำให้...โกรธ	tham hâi...gròht

humillación (f)	ความเสียดเย้ย	khwaam sìat yóie
humillar (vt)	ฉีกหน้า	chèek nâa
humillarse (vr)	ฉีกหน้าตนเอง	chèek nâa dton ayng

choque (m)	ความตกตะลึง	khwaam dtòk dtà-leung
chocar (vi)	ทำให้...ตกตะลึง	tham hâi...dtòk dtà-leung
molestia (f) (problema)	ปัญหา	bpan-hăa
desagradable (adj)	ไม่น่าฟังพอใจ	mâi nâa pheung phor jai
miedo (m)	ความกลัว	khwaam glua
terrible (tormenta, etc.)	แย	yâe
de miedo (historia ~)	น่ากลัว	nâa glua
horror (m)	ความกลัว	khwaam glua
horrible (adj)	แยมาก	yâe mâak
empezar a temblar	เริ่มตัวสั่น	rêrm dtua sàn
llorar (vi)	ร้องไห้	rórng hâi
comenzar a llorar	เริ่มร้องไห้	rêrm rórng hâi
lágrima (f)	น้ำตา	nám dtaa
culpa (f)	ความผิด	khwaam phìt
remordimiento (m)	ผิด	phìt
deshonra (f)	เสียเกียรติ	sĭa glat
protesta (f)	การประท้วง	gaan bprà-thúang
estrés (m)	ความว้าวุ่นใจ	khwaam wáa-wûn-jai
molestar (vt)	รบกวน	róp guan
estar furioso	โกรธจัด	gròht jàt
enfadado (adj)	โกรธ	gròht
terminar (vt)	ยุติ	yút-dtì
regañar (vt)	ดุด่า	dù dàa
asustarse (vr)	ตกใจ	dtòk jai
golpear (vt)	ตี	dtee
pelear (vi)	สู	sôo
resolver (~ la discusión)	ยุติ	yút-dtì
descontento (adj)	ไม่พอใจ	mâi phor jai
furioso (adj)	โกรธจัด	gròht jàt
¡No está bien!	มันไม่ค่อยดี	man mâi khôi dee
¡Está mal!	มันไม่ดีเลย	man mâi dee loie

La medicina

enfermedad (f)	โรค	rôhk
estar enfermo	ป่วย	bpùay
salud (f)	สุขภาพ	sùk-khà-phâap
resfriado (m) (coriza)	น้ำมูกไหล	nám môok lăi
angina (f)	ตอมทอนซิลอักเสบ	dtòm thorn-sin àk-sàyp
resfriado (m)	หวัด	wàt
resfriarse (vr)	เป็นหวัด	bpen wàt
bronquitis (f)	โรคหลอดลมอักเสบ	rôhk lòrt lom àk-sàyp
pulmonía (f)	โรคปอดบวม	rôhk bpòrt-buam
gripe (f)	ไขหวัดใหญ	khâi wàt yài
miope (adj)	สายตาสั้น	săai dtaa sân
présbita (adj)	สายตายาว	săai dtaa yaao
estrabismo (m)	ตาเหล	dtaa lày
estrábico (m) (adj)	เป็นตาเหล่	bpen dtaa kăy rĕu lày
catarata (f)	ตุอกระจก	dtôr grà-jòk
glaucoma (m)	ตอหิน	dtôr hĭn
insulto (m)	โรคหลอดเลือดสมอง	rôhk lòrt lêuat sà-mŏrng
ataque (m) cardiaco	อาการหัวใจวาย	aa-gaan hŭa jai waai
infarto (m) de miocardio	กลามเนื้อหัวใจตาย	glâam néua hŭa jai dtaai
	เหตุขาดเลือด	hàyt khàat lêuat
parálisis (f)	อัมพาต	am-má-phâat
paralizar (vt)	ทำใหเป็นอัมพาต	tham hâi bpen am-má-phâat
alergia (f)	ภูมิแพ้	phoom pháe
asma (f)	โรคหืด	rôhk hèut
diabetes (f)	โรคเบาหวาน	rôhk bao wăan
dolor (m) de muelas	อาการปวดฟัน	aa-gaan bpùat fan
caries (f)	ฟันผุ	fan phù
diarrea (f)	อาการทองเสีย	aa-gaan thórng sĭa
estreñimiento (m)	อาการทองผูก	aa-gaan thórng phòok
molestia (f) estomacal	อาการปวดทอง	aa-gaan bpùat thórng
envenenamiento (m)	ภาวะอาหารเป็นพิษ	phaa-wá aa hăan bpen pít
envenenarse (vr)	กินอาหารเป็นพิษ	gin aa hăan bpen phít
artritis (f)	โรคข้ออักเสบ	rôhk khôr àk-sàyp
raquitismo (m)	โรคกระดูกออน	rôhk grà-dòok òrn
reumatismo (m)	โรครูมาติก	rôhk roo-maa-dtìk
ateroesclerosis (f)	ภาวะหลอดเลือดแข็ง	phaa-wá lòrt lêuat khăeng
gastritis (f)	โรคกระเพาะอาหาร	rôhk grà-phór aa-hăan
apendicitis (f)	ไสติ่งอักเสบ	sâi dtìng àk-sàyp

colecistitis (f)	โรคถุงน้ำดีอักเสบ	rôhk thŭng nám dee àk-sàyp
úlcera (f)	แผลเปื่อย	phlăe bpèuay

sarampión (m)	โรคหัด	rôhk hàt
rubeola (f)	โรคหัดเยอรมัน	rôhk hàt yer-rá-man
ictericia (f)	โรคดีซ่าน	rôhk dee sâan
hepatitis (f)	โรคตับอักเสบ	rôhk dtàp àk-sàyp

esquizofrenia (f)	โรคจิตเภท	rôhk jìt-dtà-phâyt
rabia (f) (hidrofobia)	โรคพิษสุนัขบ้า	rôhk phít sù-nák bâa
neurosis (f)	โรคประสาท	rôhk bprà-sàat
conmoción (f) cerebral	สมองกระทบ กระเทือน	sà-mŏrng grà-thóp grà-theuan

cáncer (m)	มะเร็ง	má-reng
esclerosis (f)	การแข็งตัวของ เนื้อเยื่อรางกาย	gaan kăeng dtua kŏng néua yêua râang gaai
esclerosis (m) múltiple	โรคปลอกประสาท เสื่อมแข็ง	rôhk bplòk bprà-sàat sèuam kăeng

alcoholismo (m)	โรคพิษสุราเรื้อรัง	rôhk phít sù-raa réua rang
alcohólico (m)	คนขี้เหล้า	khon khêe lâo
sífilis (f)	โรคซิฟิลิส	rôhk sí-fí-lít
SIDA (m)	โรคเอดส์	rôhk àyt

tumor (m)	เนื้องอก	néua ngôk
maligno (adj)	ราย	ráai
benigno (adj)	ไมราย	mâi ráai

fiebre (f)	ไข้	khâi
malaria (f)	ไข้มาลาเรีย	kâi maa-laa-ria
gangrena (f)	เนื้อตายเน่า	néua dtaai nâo
mareo (m)	ภาวะเมาคลื่น	phaa-wá mao khlêun
epilepsia (f)	โรคลมบ้าหมู	rôhk lom bâa-mŏo

epidemia (f)	โรคระบาด	rôhk rá-bàat
tifus (m)	โรครากสาดใหญ่	rôhk râak-sàat yài
tuberculosis (f)	วัณโรค	wan-ná-rôhk
cólera (f)	อหิวาตกโรค	a-hì-wâat-gà-rôhk
peste (f)	กาฬโรค	gaan-lá-rôhk

72. Los síntomas. Los tratamientos. Unidad 1

síntoma (m)	อาการ	aa-gaan
temperatura (f)	อุณหภูมิ	un-hà-phoom
fiebre (f)	อุณหภูมิสูง	un-hà-phoom sŏong
pulso (m)	ชีพจร	chêep-phá-jon

mareo (m) (vértigo)	อาการเวียนหัว	aa-gaan wian hŭa
caliente (adj)	รอน	rórn
escalofrío (m)	หนาวสั่น	năao sàn
pálido (adj)	หนาเซียว	nâa sieow
tos (f)	การไอ	gaan ai
toser (vi)	ไอ	ai

estornudar (vi)	จาม	jaam
desmayo (m)	การเป็นลม	gaan bpen lom
desmayarse (vr)	เป็นลม	bpen lom

moradura (f)	ฟกช้ำ	fók chám
chichón (m)	บวม	buam
golpearse (vr)	ชน	chon
magulladura (f)	รอยฟกช้ำ	roi fók chám
magullarse (vr)	ได้รอยช้ำ	dâai roi chám

cojear (vi)	กะเผลกกะเผลก	gà-phlòhk-gà-phlàyk
dislocación (f)	ขอหลุด	khôr lùt
dislocar (vt)	ทำขอหลุด	tham khôr lùt
fractura (f)	กระดูกหัก	grà-dòok hàk
tener una fractura	หักกระดูก	hàk grà-dòok

corte (m) (tajo)	รอยบาด	roi bàat
cortarse (vr)	ทำบาด	tham bàat
hemorragia (f)	การเลือดไหล	gaan lêuat lǎi

| quemadura (f) | แผลไฟไหม้ | phlǎe fai mâi |
| quemarse (vr) | ได้รับแผลไฟไหม้ | dâai ráp phlǎe fai mâi |

pincharse (~ el dedo)	ตำ	dtam
pincharse (vr)	ตำตัวเอง	dtam dtua ayng
herir (vt)	ทำให้บาดเจ็บ	tham hâi bàat jèp
herida (f)	การบาดเจ็บ	gaan bàat jèp
lesión (f) (herida)	แผล	phlǎe
trauma (m)	แผลบาดเจ็บ	phlǎe bàat jèp

delirar (vi)	คลุ้มคลั่ง	khlúm khlâng
tartamudear (vi)	พูดตะกุกตะกัก	phôot dtà-gùk-dtà-gàk
insolación (f)	โรคลมแดด	rôhk lom dàet

73. Los síntomas. Los tratamientos. Unidad 2

| dolor (m) | ความเจ็บปวด | khwaam jèp bpùat |
| astilla (f) | เสี้ยน | sîan |

sudor (m)	เหงื่อ	ngèua
sudar (vi)	เหงื่อออก	ngèua òrk
vómito (m)	การอาเจียน	gaan aa-jian
convulsiones (f pl)	การชัก	gaan chák

embarazada (adj)	ตั้งครรภ์	dtâng khan
nacer (vi)	เกิด	gèrt
parto (m)	การคลอด	gaan khlôrt
dar a luz	คลอดบุตร	khlôrt bùt
aborto (m)	การแทงบุตร	gaan tháeng bùt

respiración (f)	การหายใจ	gaan hǎai-jai
inspiración (f)	การหายใจเข้า	gaan hǎai-jai khâo
espiración (f)	การหายใจออก	gaan hǎai-jai òrk
espirar (vi)	หายใจออก	hǎai-jai òrk

71

inspirar (vi)	หายใจเข้า	hǎai-jai khâo
inválido (m)	คนพิการ	khon phí-gaan
mutilado (m)	พิการ	phí-gaan
drogadicto (m)	ผู้ติดยาเสพติด	phôo dtìt yaa-sàyp-dtìt

sordo (adj)	หูหนวก	hǒo nùak
mudo (adj)	เป็นใบ	bpen bâi
sordomudo (adj)	หูหนวกเป็นใบ	hǒo nùak bpen bâi

loco (adj)	บ้า	bâa
loco (m)	คนบ้า	khon bâa
loca (f)	คนบ้า	khon bâa
volverse loco	เสียสติ	sǐa sà-dtì

gen (m)	ยีน	yeun
inmunidad (f)	ภูมิคุ้มกัน	phoom khúm gan
hereditario (adj)	เป็นกรรมพันธุ์	bpen gam-má-phan
de nacimiento (adj)	แต่กำเนิด	dtàe gam-nèrt

virus (m)	เชื้อไวรัส	chéua wai-rát
microbio (m)	จุลินทรีย์	jù-lin-see
bacteria (f)	แบคทีเรีย	bàek-tee-ria
infección (f)	การติดเชื้อ	gaan dtìt chéua

74. Los síntomas. Los tratamientos. Unidad 3

| hospital (m) | โรงพยาบาล | rohng phá-yaa-baan |
| paciente (m) | ผู้ป่วย | phôo bpùay |

diagnosis (f)	การวินิจฉัยโรค	gaan wí-nít-chǎi rôhk
cura (f)	การรักษา	gaan rák-sǎa
tratamiento (m)	การรักษา ทางการแพทย์	gaan rák-sǎa thaang gaan phâet

curarse (vr)	รับการรักษา	ráp gaan rák-sǎa
tratar (vt)	รักษา	rák-sǎa
cuidar (a un enfermo)	รักษา	rák-sǎa
cuidados (m pl)	การดูแลรักษา	gaan doo lae rák-sǎa

operación (f)	การผ่าตัด	gaan phàa dtàt
vendar (vt)	พันแผล	phan phlǎe
vendaje (m)	การพันแผล	gaan phan phlǎe

vacunación (f)	การฉีดวัคซีน	gaan chèet wák-seen
vacunar (vt)	ฉีดวัคซีน	chèet wák-seen
inyección (f)	การฉีดยา	gaan chèet yaa
aplicar una inyección	ฉีดยา	chèet yaa

ataque (m)	มีอาการเฉียบพลัน	mee aa-gaan chìap phlan
amputación (f)	การตัดอวัยวะออก	gaan dtàt a-wai-wá òrk
amputar (vt)	ตัด	dtàt
coma (m)	อาการโคม่า	aa-gaan khoh-mâa
estar en coma	อยู่ในอาการโคม่า	yòo nai aa-gaan khoh-mâa
revitalización (f)	หน่วยอภิบาล	nùay à-phí-baan
recuperarse (vr)	ฟื้นตัว	féun dtua

estado (m) (de salud)	อาการ	aa-gaan
consciencia (f)	สติสัมปชัญญะ	sà-dtì sǎm-bpà-chan-yá
memoria (f)	ความทรงจำ	khwaam song jam

extraer (un diente)	ถอน	thǒrn
empaste (m)	การอุด	gaan ùt
empastar (vt)	อุด	ùt

| hipnosis (f) | การสะกดจิต | gaan sà-gòt jìt |
| hipnotizar (vt) | สะกดจิต | sà-gòt jìt |

75. Los médicos

médico (m)	แพทย์	phâet
enfermera (f)	พยาบาล	phá-yaa-baan
médico (m) personal	แพทย์ส่วนตัว	phâet sùan dtua

dentista (m)	ทันตแพทย์	than-dtà phâet
oftalmólogo (m)	จักษุแพทย์	jàk-sù phâet
internista (m)	อายุรแพทย์	aa-yú-rá-phâet
cirujano (m)	ศัลยแพทย์	sǎn-yá-phâet

psiquiatra (m)	จิตแพทย์	jìt-dtà-phâet
pediatra (m)	กุมารแพทย์	gù-maan phâet
psicólogo (m)	นักจิตวิทยา	nák jìt wít-thá-yaa
ginecólogo (m)	นรีแพทย์	ná-ree phâet
cardiólogo (m)	หทัยแพทย์	hà-thai phâet

76. La medicina. Las drogas. Los accesorios

medicamento (m), droga (f)	ยา	yaa
remedio (m)	ยา	yaa
prescribir (vt)	จ่ายยา	jàai yaa
receta (f)	ใบสั่งยา	bai sàng yaa

tableta (f)	ยาเม็ด	yaa mét
ungüento (m)	ยาทา	yaa thaa
ampolla (f)	หลอดยา	lòrt yaa
mixtura (f), mezcla (f)	ยาส่วนผสม	yaa sùan phà-sǒm
sirope (m)	น้ำเชื่อม	nám chêuam
píldora (f)	ยาเม็ด	yaa mét
polvo (m)	ยาผง	yaa phǒng

venda (f)	ผ้าพันแผล	phâa phan phlǎe
algodón (m) (discos de ~)	สำลี	sǎm-lee
yodo (m)	ไอโอดีน	ai oh-deen

tirita (f), curita (f)	พลาสเตอร์	phláat-dtêr
pipeta (f)	ที่หยอดตา	thêe yòrt dtaa
termómetro (m)	ปรอท	bpa -ròrt
jeringa (f)	เข็มฉีดยา	khěm chèet-yaa
silla (f) de ruedas	รถเข็นคนพิการ	rót khěn khon phí-gaan

muletas (f pl)	ไม้ค้ำยัน	máai khám yan
anestésico (m)	ยาแก้ปวด	yaa gâe bpùat
purgante (m)	ยาระบาย	yaa rá-baai
alcohol (m)	เอธานอล	ay-thaa-norn
hierba (f) medicinal	สมุนไพร ทางการแพทย์	sà-mǔn phrai thaang gaan phâet
de hierbas (té ~)	สมุนไพร	sà-mǔn phrai

77. El tabaquismo. Los productos del tabaco

tabaco (m)	ยาสูบ	yaa sòop
cigarrillo (m)	บุหรี่	bù rèe
cigarro (m)	ซิการ์	sí-gâa
pipa (f)	ไปป์	bpai
paquete (m)	ซอง	sorng
cerillas (f pl)	ไม้ขีด	máai khèet
caja (f) de cerillas	กล่องไม้ขีด	glòrng máai khèet
encendedor (m)	ไฟแช็ก	fai cháek
cenicero (m)	ที่เขี่ยบุหรี่	thêe khìa bù rèe
pitillera (f)	กล่องใส่บุหรี่	glòrng sài bù rèe
boquilla (f)	ที่ต่อบุหรี่	thêe dtòr bù rèe
filtro (m)	ตัวกรองบุหรี่	dtua grorng bù rèe
fumar (vi, vt)	สูบ	sòop
encender un cigarrillo	จุดบุหรี่	jùt bù rèe
tabaquismo (m)	การสูบบุหรี่	gaan sòop bù rèe
fumador (m)	ผู้สูบบุหรี่	pôo sòop bù rèe
colilla (f)	ก้นบุหรี่	gôn bù rèe
humo (m)	ควันบุหรี่	khwan bù rèe
ceniza (f)	ขี้บุหรี่	khêe bù rèe

EL AMBIENTE HUMANO

La ciudad

78. La ciudad. La vida en la ciudad

ciudad (f)	เมือง	meuang
capital (f)	เมืองหลวง	meuang lǔang
aldea (f)	หมูบาน	mòo bâan
plano (m) de la ciudad	แผนที่เมือง	phǎen thêe meuang
centro (m) de la ciudad	ใจกลางเมือง	jai glaang-meuang
suburbio (m)	ชานเมือง	chaan meuang
suburbano (adj)	ชานเมือง	chaan meuang
arrabal (m)	รอบนอกเมือง	rôrp nôrk meuang
afueras (f pl)	เขตรอบเมือง	khàyt rôrp-meuang
barrio (m)	บล็อกผังเมือง	blòrk phǎng meuang
zona (f) de viviendas	บล็อกที่อยูอาศัย	blòrk thêe yòo aa-sǎi
tráfico (m)	การจราจร	gaan jà-raa-jon
semáforo (m)	ไฟจราจร	fai jà-raa-jon
transporte (m) urbano	ขนสงมวลชน	khǒn sòng muan chon
cruce (m)	สี่แยก	sèe yâek
paso (m) de peatones	ทางมาลาย	thaang máa laai
paso (m) subterráneo	อุโมงคคนเดิน	u-mohng kon dern
cruzar (vt)	ขาม	khâam
peatón (m)	คนเดินเทา	khon dern tháo
acera (f)	ทางเทา	thaang tháo
puente (m)	สะพาน	sà-phaan
muelle (m)	ทางเลียบแมน้ำ	thaang lîap mâe náam
fuente (f)	น้ำพุ	nám phú
alameda (f)	ทางเลียบสวน	thaang lîap sǔan
parque (m)	สวน	sǔan
bulevar (m)	ถนนกวาง	thà-nǒn gwâang
plaza (f)	จัตุรัส	jàt-dtù-ràt
avenida (f)	ถนนใหญ่	thà-nǒn yài
calle (f)	ถนน	thà-nǒn
callejón (m)	ซอย	soi
callejón (m) sin salida	ทางตัน	thaang dtan
casa (f)	บาน	bâan
edificio (m)	อาคาร	aa-khaan
rascacielos (m)	ตึกระฟา	dtèuk rá-fáa
fachada (f)	ดานหนาอาคาร	dâan-nâa aa-khaan
techo (m)	หลังคา	lǎng khaa

ventana (f)	หน้าต่าง	nâa dtàang
arco (m)	ซุ้มประตู	súm bprà-dtoo
columna (f)	เสา	sǎo
esquina (f)	มุม	mum

escaparate (f)	หน้าต่างร้านค้า	nâa dtàang ráan kháa
letrero (m) (~ luminoso)	ป้ายร้าน	bpâai ráan
cartel (m)	โปสเตอร์	bpòht-dtêr
cartel (m) publicitario	ป้ายโฆษณา	bpâai khôht-sà-naa
valla (f) publicitaria	กระดานปิดประกาศ	grà-daan bpìt bprà-gàat
	โฆษณา	khôht-sà-naa

basura (f)	ขยะ	khà-yà
cajón (m) de basura	ถังขยะ	thǎng khà-yà
tirar basura	ทิ้งขยะ	thíng khà-yà
basurero (m)	ที่ทิ้งขยะ	thêe thíng khà-yà

cabina (f) telefónica	ตู้โทรศัพท์	dtôo thoh-rá-sàp
farola (f)	เสาโคม	sǎo khohm
banco (m) (del parque)	ม้านั่ง	máa nâng

policía (m)	เจ้าหน้าที่ตำรวจ	jâo nâa-thêe dtam-rùat
policía (f) (~ nacional)	ตำรวจ	dtam-rùat
mendigo (m)	ขอทาน	khǒr thaan
persona (f) sin hogar	คนไร้บ้าน	khon rái bâan

79. Las instituciones urbanas

tienda (f)	ร้านค้า	ráan kháa
farmacia (f)	ร้านขายยา	ráan khǎai yaa
óptica (f)	ร้านตัดแว่น	ráan dtàt wâen
centro (m) comercial	ศูนย์การค้า	sǒon gaan kháa
supermercado (m)	ซูเปอร์มาร์เก็ต	soo-bper-maa-gèt

panadería (f)	ร้านขนมปัง	ráan khà-nǒm bpang
panadero (m)	คนอบขนมปัง	khon òp khà-nǒm bpang
pastelería (f)	ร้านขนม	ráan khà-nǒm
tienda (f) de comestibles	ร้านขายของชำ	ráan khǎai khǒrng cham
carnicería (f)	ร้านขายเนื้อ	ráan khǎai néua

| verdulería (f) | ร้านขายผัก | ráan khǎai phàk |
| mercado (m) | ตลาด | dtà-làat |

cafetería (f)	ร้านกาแฟ	ráan gaa-fae
restaurante (m)	ร้านอาหาร	ráan aa-hǎan
cervecería (f)	บาร์	baa
pizzería (f)	ร้านพิซซ่า	ráan phís-sâa

peluquería (f)	ร้านทำผม	ráan tham phǒm
oficina (f) de correos	โรงไปรษณีย์	rohng bprai-sà-nee
tintorería (f)	ร้านซักแห้ง	ráan sák hâeng
estudio (m) fotográfico	ห้องถ่ายภาพ	hôrng thàai phâap
zapatería (f)	ร้านขายรองเท้า	ráan khǎai rorng táo
librería (f)	ร้านขายหนังสือ	ráan khǎai nǎng-sěu

tienda (f) deportiva	ร้านขายอุปกรณ์กีฬา	ráan khăai u-bpà-gon gee-laa
arreglos (m pl) de ropa	ร้านซ่อมเสื้อผ้า	ráan sôrm sêua phâa
alquiler (m) de ropa	ร้านเช่าเสื้อออกงาน	ráan châo sêua òrk ngaan
videoclub (m)	รานเชาวิดีโอ	ráan châo wí-dee-oh

circo (m)	โรงละครสัตว์	rohng lá-khon sàt
zoológico (m)	สวนสัตว์	sŭan sàt
cine (m)	โรงภาพยนตร์	rohng phâap-phá-yon
museo (m)	พิพิธภัณฑ์	phí-phítha phan
biblioteca (f)	หองสมุด	hôrng sà-mùt

teatro (m)	โรงละคร	rohng lá-khon
ópera (f)	โรงอุปรากร	rohng ù-bpà-raa-gon
club (m) nocturno	ไนท์คลับ	nai-khláp
casino (m)	คาสิโน	khaa-sì-noh

mezquita (f)	สุเหร่า	sù-rào
sinagoga (f)	โบสถ์ยิว	bòht yiw
catedral (f)	อาสนวิหาร	aa sŏn wí-hăan
templo (m)	วิหาร	wí-hăan
iglesia (f)	โบสถ์	bòht

instituto (m)	วิทยาลัย	wít-thá-yaa-lai
universidad (f)	มหาวิทยาลัย	má-hăa wít-thá-yaa-lai
escuela (f)	โรงเรียน	rohng rian

prefectura (f)	ศาลากลางจังหวัด	săa-laa glaang jang-wàt
alcaldía (f)	ศาลาเทศบาล	săa-laa thâyt-sà-baan
hotel (m)	โรงแรม	rohng raem
banco (m)	ธนาคาร	thá-naa-khaan

embajada (f)	สถานทูต	sà-thăan thôot
agencia (f) de viajes	บริษัททัวร์	bor-rí-sàt thua
oficina (f) de información	สำนักงาน	săm-nák ngaan
	ศูนย์ขอมูล	sŏon khôr moon
oficina (f) de cambio	รานแลกเงิน	ráan lâek ngern

| metro (m) | รถไฟใต้ดิน | rót fai dtâi din |
| hospital (m) | โรงพยาบาล | rohng phá-yaa-baan |

| gasolinera (f) | ปั๊มน้ำมัน | bpám náam man |
| aparcamiento (m) | ลานจอดรถ | laan jòrt rót |

80. Los avisos

letrero (m) (~ luminoso)	ป้ายร้าน	bpâai ráan
cartel (m) (texto escrito)	ป้ายเตือน	bpâai dteuan
pancarta (f)	โปสเตอร์	bpòht-dtêr
señal (m) de dirección	ป้ายบอกทาง	bpâai bòrk thaang
flecha (f) (signo)	ลูกศร	lôok sŏn

advertencia (f)	คำเตือน	kham dteuan
aviso (m)	ป้ายเตือน	bpâai dteuan
advertir (vt)	เตือน	dteuan

día (m) de descanso	วันหยุด	wan yùt
horario (m)	ตารางเวลา	dtaa-raang way-laa
horario (m) de apertura	เวลาทำการ	way-laa tham gaan
¡BIENVENIDOS!	ยินดีต้อนรับ!	yin dee dtôrn ráp
ENTRADA	ทางเข้า	thaang khâo
SALIDA	ทางออก	thaang òrk
EMPUJAR	ผลัก	phlàk
TIRAR	ดึง	deung
ABIERTO	เปิด	bpèrt
CERRADO	ปิด	bpìt
MUJERES	หญิง	yǐng
HOMBRES	ชาย	chaai
REBAJAS	ลดราคา	lót raa-khaa
SALDOS	ขายของลดราคา	khǎai khǒrng lót raa-khaa
NOVEDAD	ใหม่!	mài
GRATIS	ฟรี	free
¡ATENCIÓN!	โปรดทราบ!	bpròht sâap
COMPLETO	ไม่มีห้องว่าง	mâi mee hôrng wâang
RESERVADO	จองแล้ว	jorng láew
ADMINISTRACIÓN	สำนักงาน	sǎm-nák ngaan
SÓLO PERSONAL AUTORIZADO	เฉพาะพนักงาน	chà-phór phá-nák ngaan
CUIDADO CON EL PERRO	ระวังสุนัข!	rá-wang sù-nák
PROHIBIDO FUMAR	ห้ามสูบบุหรี่	hâam sòop bù rèe
NO TOCAR	ห้ามแตะ!	hâam dtàe
PELIGROSO	อันตราย	an-dtà-raai
PELIGRO	อันตราย	an-dtà-raai
ALTA TENSIÓN	ไฟฟ้าแรงสูง	fai fáa raeng sǒong
PROHIBIDO BAÑARSE	ห้ามว่ายน้ำ!	hâam wâai náam
NO FUNCIONA	เสีย	sǐa
INFLAMABLE	อันตรายติดไฟ	an-dtà-raai dtìt fai
PROHIBIDO	ห้าม	hâam
PROHIBIDO EL PASO	ห้ามผ่าน!	hâam phàan
RECIÉN PINTADO	สีพื้นเปียก	sǎe phéun bpìak

81. El transporte urbano

autobús (m)	รถเมล์	rót may
tranvía (m)	รถราง	rót raang
trolebús (m)	รถโดยสารประจำ ทางไฟฟ้า	rót doi sǎan bprà-jam thaang fai fáa
itinerario (m)	เส้นทาง	sên thaang
número (m)	หมายเลข	mǎai lâyk
ir en ...	ไปด้วย	bpai dûay
tomar (~ el autobús)	ขึ้น	khêun

bajar (~ del tren)	ลง	long
parada (f)	ป้าย	bpâai
próxima parada (f)	ป้ายถัดไป	bpâai thàt bpai
parada (f) final	ป้ายสุดท้าย	bpâai sùt tháai
horario (m)	ตารางเวลา	dtaa-raang way-laa
esperar (aguardar)	รอ	ror
billete (m)	ตั๋ว	dtǔa
precio (m) del billete	ค่าตั๋ว	khâa dtǔa
cajero (m)	คนขายตั๋ว	khon khǎai dtǔa
control (m) de billetes	การตรวจตั๋ว	gaan dtrùat dtǔa
revisor (m)	พนักงานตรวจตั๋ว	phá-nák ngaan dtrùat dtǔa
llegar tarde (vi)	ไปสาย	bpai sǎai
perder (~ el tren)	พลาด	phlâat
tener prisa	รีบเร่ง	rêep râyng
taxi (m)	แท็กซี่	tháek-sêe
taxista (m)	คนขับแท็กซี่	khon khàp tháek-sêe
en taxi	โดยแท็กซี่	doi tháek-sêe
parada (f) de taxi	ป้ายจอดแท็กซี่	bpâai jòrt tháek sêe
llamar un taxi	เรียกแท็กซี่	rîak tháek sêe
tomar un taxi	ขึ้นรถแท็กซี่	khêun rót tháek-sêe
tráfico (m)	การจราจร	gaan jà-raa-jon
atasco (m)	การจราจรติดขัด	gaan jà-raa-jon dtìt khàt
horas (f pl) de punta	ชั่วโมงเร่งด่วน	chûa mohng râyng dùan
aparcar (vi)	จอด	jòrt
aparcar (vt)	จอด	jòrt
aparcamiento (m)	ลานจอดรถ	laan jòrt rót
metro (m)	รถไฟใต้ดิน	rót fai dtâi din
estación (f)	สถานี	sà-thǎa-nee
ir en el metro	ขึ้นรถไฟใต้ดิน	khêun rót fai dtâi din
tren (m)	รถไฟ	rót fai
estación (f)	สถานีรถไฟ	sà-thǎa-nee rót fai

82. El turismo. La excursión

monumento (m)	อนุสาวรีย์	a-nú-sǎa-wá-ree
fortaleza (f)	ป้อม	bpôrm
palacio (m)	วัง	wang
castillo (m)	ปราสาท	bpraa-sàat
torre (f)	หอ	hǒr
mausoleo (m)	สุสาน	sù-sǎan
arquitectura (f)	สถาปัตยกรรม	sà-thǎa-bpàt-dtà-yá-gam
medieval (adj)	ยุคกลาง	yúk glaang
antiguo (adj)	โบราณ	boh-raan
nacional (adj)	แห่งชาติ	hàeng châat
conocido (adj)	ที่มีชื่อเสียง	thêe mee chêu-sǐang
turista (m)	นักท่องเที่ยว	nák thôrng thîeow
guía (m) (persona)	มัคคุเทศก์	mák-khú-thâyt

excursión (f)	ทัศนศึกษา	thát-sà-ná-sèuk-sǎa
mostrar (vt)	แสดง	sà-daeng
contar (una historia)	เล่า	lâo

encontrar (hallar)	หาพบ	hǎa phóp
perderse (vr)	หลงทาง	lǒng thaang
plano (m) (~ de metro)	แผนที่	phǎen thêe
mapa (m) (~ de la ciudad)	แผนที่	phǎen thêe

recuerdo (m)	ของที่ระลึก	khǒrng thêe rá-léuk
tienda (f) de regalos	ร้านขาย ของที่ระลึก	ráan khǎai khǒrng thêe rá-léuk
hacer fotos	ถ่ายภาพ	thàai phâap
fotografiarse (vr)	ได้รับการ ถ่ายภาพให้	dâai ráp gaan thàai phâap hâi

83. Las compras

comprar (vt)	ซื้อ	séu
compra (f)	ของซื้อ	khǒrng séu
hacer compras	ไปซื้อของ	bpai séu khǒrng
compras (f pl)	การช้อปปิ้ง	gaan chóp bping

| estar abierto (tienda) | เปิด | bpèrt |
| estar cerrado | ปิด | bpìt |

calzado (m)	รองเท้า	rorng tháo
ropa (f)	เสื้อผ้า	sêua phâa
cosméticos (m pl)	เครื่องสำอาง	khrêuang sǎm-aang
productos alimenticios	อาหาร	aa-hǎan
regalo (m)	ของขวัญ	khǒrng khwǎn

| vendedor (m) | พนักงานขาย | phá-nák ngaan khǎai |
| vendedora (f) | พนักงานขาย | phá-nák ngaan khǎai |

caja (f)	ที่จ่ายเงิน	thêe jàai ngern
espejo (m)	กระจก	grà-jòk
mostrador (m)	เคาน์เตอร์	khao-dtêr
probador (m)	ห้องลองเสื้อผ้า	hôrng lorng sêua phâa

probar (un vestido)	ลอง	lorng
quedar (una ropa, etc.)	เหมาะ	mò
gustar (vi)	ชอบ	chôrp

precio (m)	ราคา	raa-khaa
etiqueta (f) de precio	ป้ายราคา	bpâai raa-khaa
costar (vt)	ราคา	raa-khaa
¿Cuánto?	ราคาเท่าไหร่?	raa-khaa thâo rài
descuento (m)	ลดราคา	lót raa-khaa

no costoso (adj)	ไม่แพง	mâi phaeng
barato (adj)	ถูก	thòok
caro (adj)	แพง	phaeng
Es caro	มันราคาแพง	man raa-khaa phaeng

alquiler (m)	การเช่า	gaan châo
alquilar (vt)	เช่า	châo
crédito (m)	สินเชื่อ	sĭn chêua
a crédito (adv)	ซื้อเงินเชื่อ	séu ngern chêua

84. El dinero

dinero (m)	เงิน	ngern
cambio (m)	การแลกเปลี่ยน สกุลเงิน	gaan lăek bplìan sà-gun ngern
curso (m)	อัตราแลกเปลี่ยน สกุลเงิน	àt-dtraa lâek bplìan sà-gun ngern
cajero (m) automático	เอทีเอ็ม	ay-thee-em
moneda (f)	เหรียญ	rĭan

| dólar (m) | ดอลลาร์ | dorn-lâa |
| euro (m) | ยูโร | yoo-roh |

lira (f)	ลีราอิตาลี	lee-raa ì-dtaa-lee
marco (m) alemán	มาร์ค	mâak
franco (m)	ฟรังค์	frang
libra esterlina (f)	ปอนด์สเตอร์ลิง	bporn sà-dtêr-ling
yen (m)	เยน	yayn

deuda (f)	หนี้	nêe
deudor (m)	ลูกหนี้	lôok nêe
prestar (vt)	ให้ยืม	hâi yeum
tomar prestado	ขอยืม	khŏr yeum

banco (m)	ธนาคาร	thá-naa-khaan
cuenta (f)	บัญชี	ban-chee
ingresar (~ en la cuenta)	ฝาก	fàak
ingresar en la cuenta	ฝากเงินเข้าบัญชี	fàak ngern khâo ban-chee
sacar de la cuenta	ถอน	thŏrn

tarjeta (f) de crédito	บัตรเครดิต	bàt khray-dìt
dinero (m) en efectivo	เงินสด	ngern sòt
cheque (m)	เช็ค	chék
sacar un cheque	เขียนเช็ค	khĭan chék
talonario (m)	สมุดเช็ค	sà-mùt chék

cartera (f)	กระเป๋าเงิน	grà-bpăo ngern
monedero (m)	กระเป๋าสตางค์	grà-bpăo sà-dtaang
caja (f) fuerte	ตู้เซฟ	dtôo sâyf

heredero (m)	ทายาท	thaa-yâat
herencia (f)	มรดก	mor-rá-dòrk
fortuna (f)	เงินจำนวนมาก	ngern jam-nuan mâak

arriendo (m)	สัญญาเช่า	săn-yaa châo
alquiler (m) (dinero)	ค่าเช่า	kâa châo
alquilar (~ una casa)	เช่า	châo
precio (m)	ราคา	raa-khaa
coste (m)	ราคา	raa-khaa

suma (f)	จำนวนเงินรวม	jam-nuan ngern ruam
gastar (vt)	จ่าย	jàai
gastos (m pl)	ค่าจ่าย	khâa jàai
economizar (vi, vt)	ประหยัด	bprà-yàt
económico (adj)	ประหยัด	bprà-yàt

pagar (vi, vt)	จ่าย	jàai
pago (m)	การจ่ายเงิน	gaan jàai ngern
cambio (m) (devolver el ~)	เงินทอน	ngern thorn

impuesto (m)	ภาษี	phaa-sěe
multa (f)	ค่าปรับ	khâa bpràp
multar (vt)	ปรับ	bpràp

85. La oficina de correos

oficina (f) de correos	โรงไปรษณีย์	rohng bprai-sà-nee
correo (m) (cartas, etc.)	จดหมาย	jòt mǎai
cartero (m)	บุรุษไปรษณีย์	bù-rùt bprai-sà-nee
horario (m) de apertura	เวลาทำการ	way-laa tham gaan

carta (f)	จดหมาย	jòt mǎai
carta (f) certificada	จดหมายลงทะเบียน	jòt mǎai long thá-bian
tarjeta (f) postal	ไปรษณียบัตร	bprai-sà-nee-yá-bàt
telegrama (m)	โทรเลข	thoh-rá-lâyk
paquete (m) postal	พัสดุ	phát-sà-dù
giro (m) postal	การโอนเงิน	gaan ohn ngern

recibir (vt)	รับ	ráp
enviar (vt)	ฝาก	fàak
envío (m)	การฝาก	gaan fàak

dirección (f)	ที่อยู่	thêe yòo
código (m) postal	รหัสไปรษณีย์	rá-hàt bprai-sà-nee
expedidor (m)	ผู้ฝาก	phôo fàak
destinatario (m)	ผู้รับ	phôo ráp

nombre (m)	ชื่อ	chêu
apellido (m)	นามสกุล	naam sà-gun

tarifa (f)	อัตราค่าส่งไปรษณีย์	àt-dtraa khâa sòng bprai-sà-nee
ordinario (adj)	มาตรฐาน	mâat-dtrà-thǎan
económico (adj)	ประหยัด	bprà-yàt

peso (m)	น้ำหนัก	nám nàk
pesar (~ una carta)	มีน้ำหนัก	mee nám nàk
sobre (m)	ซอง	sorng
sello (m)	แสตมป์ไปรษณีย์	sà-dtaem bprai-sà-nee
poner un sello	แสตมป์ตราประทับบนซอง	sà-dtaem dtraa bprà-tháp bon song

La vivienda. La casa. El hogar

casa (f)	บ้าน	bâan
en casa (adv)	ที่บ้าน	thêe bâan
patio (m)	สนาม	sà-năam
verja (f)	รั้ว	rúa
ladrillo (m)	อิฐ	ìt
de ladrillo (adj)	อิฐ	ìt
piedra (f)	หิน	hĭn
de piedra (adj)	หิน	hĭn
hormigón (m)	คอนกรีต	khorn-grèet
de hormigón (adj)	คอนกรีต	khorn-grèet
nuevo (adj)	ใหม่	mài
viejo (adj)	เก่า	gào
deteriorado (adj)	เสื่อมสภาพ	sèuam sà-phâap
moderno (adj)	ทันสมัย	than sà-măi
de muchos pisos	ที่มีหลายชั้น	thêe mee lăai chán
alto (adj)	สูง	sŏong
piso (m), planta (f)	ชั้น	chán
de una sola planta	ชั้นเดียว	chán dieow
piso (m) bajo	ชั้นล่าง	chán lâang
piso (m) alto	ชั้นบนสุด	chán bon sùt
techo (m)	หลังคา	lăng khaa
chimenea (f)	ปล่องควัน	bplòrng khwan
tejas (f pl)	กระเบื้องหลังคา	grà-bêuang lăng khaa
de tejas (adj)	กระเบื้อง	grà-bêuang
desván (m)	ห้องใต้หลังคา	hôrng dtâi lăng-khaa
ventana (f)	หน้าต่าง	nâa dtàang
vidrio (m)	แก้ว	gâew
alféizar (m)	ชั้นติดผนัง	chán dtìt phà-năng
	ใต้หน้าต่าง	dtâi nâa dtàang
contraventanas (f pl)	ชัตเตอร์	chát-dtêr
pared (f)	ฝาผนัง	făa phà-năng
balcón (m)	ระเบียง	rá-biang
gotera (f)	รางน้ำ	raang náam
arriba (estar ~)	ชั้นบน	chán bon
subir (vi)	ขึ้นไปข้างบน	khêun bpai khâang bon
descender (vi)	ลง	long
mudarse (vr)	ย้ายไป	yáai bpai

87. La casa. La entrada. El ascensor

entrada (f)	ทางเข้า	thaang khâo
escalera (f)	บันได	ban-dai
escalones (m pl)	ขั้นบันได	khân ban-dai
baranda (f)	ราวบันได	raao ban-dai
vestíbulo (m)	หองโถง	hôrng thŏhng
buzón (m)	ตู้จดหมาย	dtôo jòt măai
contenedor (m) de basura	ถังขยะ	thăng khà-yà
bajante (f) de basura	ชองทิ้งขยะ	chôrng thíng khà-yà
ascensor (m)	ลิฟต์	líf
ascensor (m) de carga	ลิฟต์ขนของ	líf khŏn khŏrng
cabina (f)	กรงลิฟต์	grorng líf
ir en el ascensor	ขึ้นลิฟต์	khêun líf
apartamento (m)	อูพาร์ตเมนต์	a-phâat-mayn
inquilinos (pl)	ผูอาศัย	phôo aa-săi
vecino (m)	เพื่อนบาน	phêuan bâan
vecina (f)	เพื่อนบาน	phêuan bâan
vecinos (pl)	เพื่อนบาน	phêuan bâan

88. La casa. La electricidad

electricidad (f)	ไฟฟ้า	fai fáa
bombilla (f)	หลอดไฟฟ้า	lòrt fai fáa
interruptor (m)	ปุ่มปิดเปิดไฟ	bpùm bpìt bpèrt fai
fusible (m)	ฟิวส์	fiw
cable, hilo (m)	สายไฟฟ้า	săai fai fáa
instalación (f) eléctrica	การเดินสายไฟ	gaan dern săai fai
contador (m) de luz	มิเตอร์วัดไฟฟ้า	mí-dtêr wát fai fáa
lectura (f) (~ del contador)	คามิเตอร	khâa mí-dtêr

89. La casa. La puerta. La cerradura

puerta (f)	ประตู	bprà-dtoo
portón (m)	ประตูรั้ว	bprà-dtoo rúa
tirador (m)	ลูกบิดประตู	lôok bìt bprà-dtoo
abrir el cerrojo	ไข	khăi
abrir (vt)	เปิด	bpèrt
cerrar (vt)	ปิด	bpìt
llave (f)	ลูกกุญแจ	lôok gun-jae
manojo (m) de llaves	พวง	phuang
crujir (vi)	ออดแอด	órt-áet
crujido (m)	เสียงออดแอด	sĭang órt-áet
gozne (m)	บานพับ	baan pháp
felpudo (m)	ที่เช็ดเทา	thêe chét tháo
cerradura (f)	แมกุญแจ	mâe gun-jae

ojo (m) de cerradura	รูกุญแจ	roo gun-jae
cerrojo (m)	ไม้ที่วางขวาง	máai thêe waang khwǎang
pestillo (m)	กลอนประตู	glorn bprà-dtoo
candado (m)	ดอกกุญแจ	dòrk gun-jae

tocar el timbre	กดออด	gòt òrt
campanillazo (m)	เสียงดัง	sĭang dang
timbre (m)	กระดิ่งประตู	grà-dìng bprà-dtoo
botón (m)	ปุ่มออดหน้าประตู	bpùm òrt nâa bprà-dtoo
toque (m) a la puerta	เสียงเคาะ	sĭang khór
tocar la puerta	เคาะ	khór

código (m)	รหัส	rá-hàt
cerradura (f) de contraseña	กุญแจรหัส	gun-jae rá-hàt
telefonillo (m)	อินเตอร์คอม	in-dtêr-khom
número (m)	เลข	lâyk
placa (f) de puerta	ป้ายหน้าประตู	bpâai nâa bprà-dtoo
mirilla (f)	ช่องตาแมว	chôrng dtaa maew

90. La casa de campo

aldea (f)	หมู่บ้าน	mòo bâan
huerta (f)	สวนผัก	sŭan phàk
empalizada (f)	รั้ว	rúa
valla (f)	รั้วปักดิน	rúa bpàk din
puertecilla (f)	ประตูรั้วเล็กๆ	bprà-dtoo rúa lék lék

granero (m)	ยุ้งฉาง	yúng chǎang
sótano (m)	ห้องใต้ดิน	hôrng dtâi din
cobertizo (m)	โรงนา	rohng naa
pozo (m)	บ่อน้ำ	bòr náam

estufa (f)	เตา	dtao
calentar la estufa	จุดไฟ	jùt fai
leña (f)	ฟืน	feun
leño (m)	ท่อน	thôrn

veranda (f)	เฉลียงหน้าบ้าน	chà-lĭang nâa bâan
terraza (f)	ระเบียง	rá-biang
porche (m)	บันไดทางเข้าบ้าน	ban-dai thaang khâo bâan
columpio (m)	ชิงช้า	ching cháa

91. La villa. La mansión

casa (f) de campo	บ้านสไตล์คันทรี่	bâan sà-dtai khan trêe
villa (f)	คฤหาสน์	khá-réu-hàat
ala (f)	สวน	sùan

jardín (m)	สวน	sŭan
parque (m)	สวน	sŭan
invernadero (m) tropical	เรือนกระจกเขตร้อน	reuan grà-jòk khàyt rórn
cuidar (~ el jardín, etc.)	ดูแล	doo lae

piscina (f)	สระว่ายน้ำ	зà wâai náam
gimnasio (m)	โรงยิม	rohng-yim
cancha (f) de tenis	สนามเทนนิส	sà-nǎam then-nít
sala (f) de cine	หองฉายหนัง	hôrng chǎai nǎng
garaje (m)	โรงรถ	rohng rót

| propiedad (f) privada | ทรัพย์สินส่วนบุคคล | sáp sǐn sùan bùk-khon |
| terreno (m) privado | ที่ดินสวนบุคคล | thêe din sùan bùk-khon |

| advertencia (f) | คำเตือน | kham dteuan |
| letrero (m) de aviso | ป้ายเตือน | bpâai dteuan |

seguridad (f)	ผู้รักษา	phôo rák-sǎa
	ความปลอดภัย	khwaam bplòrt phai
guardia (m) de seguridad	ยาม	yaam
alarma (f) antirrobo	สัญญาณกันขโมย	sǎn-yaan gan khà-moi

92. El castillo. El palacio

castillo (m)	ปราสาท	bpraa-sàat
palacio (m)	วัง	wang
fortaleza (f)	ป้อม	bpôrm

muralla (f)	กำแพง	gam-phaeng
torre (f)	หอ	hǒr
torre (f) principal	หอกลาง	hǒr klaang

rastrillo (m)	ประตูชักรอก	bprà-dtoo chák rôrk
pasaje (m) subterráneo	ทางใต้ดิน	taang dtâi din
foso (m) del castillo	ดูเมือง	khoo meuang
cadena (f)	โซ่	sôh
aspillera (f)	ชองยิงธนู	chôrng ying thá-noo

magnífico (adj)	ภัทร	phát
majestuoso (adj)	โอโถง	òh thǒhng
inexpugnable (adj)	ที่ไมสามารถ	thêe mâi sǎa-mâat
	เจาะเขาไปถึง	jòr khâo bpai thěung
medieval (adj)	ยุคกลาง	yúk glaang

93. El apartamento

apartamento (m)	อพาร์ตเมนต์	a-phâat-mayn
habitación (f)	หอง	hôrng
dormitorio (m)	หองนอน	hôrng norn
comedor (m)	หองรับประทาน	hôrng ráp bprà-thaan
	อาหาร	aa-hǎan
salón (m)	หองนั่งเลน	hôrng nâng lên
despacho (m)	หองทำงาน	hôrng tham ngaan

antecámara (f)	หองเขา	hôrng khâo
cuarto (m) de baño	หองน้ำ	hôrng náam
servicio (m)	หองสวม	hôrng sûam

techo (m)	เพดาน	phay-daan
suelo (m)	พื้น	phéun
rincón (m)	มุม	mum

94. El apartamento. La limpieza

| hacer la limpieza | ทำความสะอาด | tham khwaam sà-àat |
| quitar (retirar) | เก็บ | gèp |

polvo (m)	ฝุ่น	fùn
polvoriento (adj)	มีฝุ่นเยอะ	mee fùn yúh
limpiar el polvo	ปัดกวาด	bpàt gwàat
aspirador (m), aspiradora (f)	เครื่องดูดฝุ่น	khrêuang dòot fùn
limpiar con la aspiradora	ดูดฝุ่น	dòot fùn

barrer (vi, vt)	กวาด	gwàat
barreduras (f pl)	ฝุ่นกวาด	fùn gwàat
orden (m)	ความสะอาด	khwaam sà-àat
desorden (m)	ความไม่เป็นระเบียบ	khwaam mâi bpen rá-bìap

fregona (f)	ไม้ถูพื้น	mái thŏo phéun
trapo (m)	ผ้าเช็ดพื้น	phâa chét phéun
escoba (f)	ไม้กวาดสั้น	máai gwàat sân
cogedor (m)	ที่ตักผง	têe dtàk phŏng

95. Los muebles. El interior

muebles (m pl)	เครื่องเรือน	khrêuang reuan
mesa (f)	โต๊ะ	dtó
silla (f)	เก้าอี้	gâo-êe
cama (f)	เตียง	dtiang
sofá (m)	โซฟา	soh-faa
sillón (m)	เก้าอี้เท้าแขน	gâo-êe tháo khăen

| librería (f) | ตู้หนังสือ | dtôo năng-sĕu |
| estante (m) | ชั้นวาง | chán waang |

armario (m)	ตู้เสื้อผ้า	dtôo sêua phâa
percha (f)	ที่แขวนเสื้อ	thêe khwăen sêua
perchero (m) de pie	ไม้แขวนเสื้อ	mái khwăen sêua

| cómoda (f) | ตู้ลิ้นชัก | dtôo lín chák |
| mesa (f) de café | โต๊ะกาแฟ | dtó gaa-fae |

espejo (m)	กระจก	grà-jòk
tapiz (m)	พรม	phrom
alfombra (f)	พรมเช็ดเท้า	phrom chét tháo

chimenea (f)	เตาผิง	dtao phĭng
vela (f)	เทียน	thian
candelero (m)	เชิงเทียน	cherng thian
cortinas (f pl)	ผ้าแขวน	phâa khwăen

| empapelado (m) | วอลเปเปอร์ | worn-bpay-bper |
| estor (m) de láminas | บานเกล็ดหน้าต่าง | baan glèt nâa dtàang |

lámpara (f) de mesa	โคมไฟตั้งโต๊ะ	khohm fai dtâng dtó
aplique (m)	ไฟติดผนัง	fai dtìt phà-năng
lámpara (f) de pie	โคมไฟตั้งพื้น	khohm fai dtâng phéun
lámpara (f) de araña	โคมระย้า	khohm rá-yáa

pata (f) (~ de la mesa)	ขา	khăa
brazo (m)	ที่พักแขน	thêe phák khăen
espaldar (m)	พนักพิง	phá-nák phing
cajón (m)	ลิ้นชัก	lín chák

96. Los accesorios de cama

ropa (f) de cama	ชุดผ้าปูที่นอน	chút phâa bpoo thêe norn
almohada (f)	หมอน	mŏrn
funda (f)	ปลอกหมอน	bplòk mŏrn
manta (f)	ผ้าห่วย	phâa phŭay
sábana (f)	ผ้าปู	phâa bpoo
sobrecama (f)	ผ้าคลุมเตียง	phâa khlum dtiang

97. La cocina

cocina (f)	ห้องครัว	hôrng khrua
gas (m)	แกส	gáet
cocina (f) de gas	เตาแก๊ส	dtao gàet
cocina (f) eléctrica	เตาไฟฟ้า	dtao fai-fáa
horno (m)	เตาอบ	dtao òp
horno (m) microondas	เตาอบไมโครเวฟ	dtao òp mai-khroh-we p

frigorífico (m)	ตู้เย็น	dtôo yen
congelador (m)	ตูแชแข็ง	dtôo châe khăeng
lavavajillas (m)	เครื่องล้างจาน	khrêuang láang jaan

picadora (f) de carne	เครื่องบดเนื้อ	khrêuang bòt néua
exprimidor (m)	เครื่องคั้น	khrêuang khán
	น้ำผลไม้	náam phŏn-lá-mái
tostador (m)	เครื่องปิ้ง	khrêuang bpîng
	ขนมปัง	khà-nŏm bpang
batidora (f)	เครื่องปั่น	khrêuang bpàn

cafetera (f)	เครื่องชงกาแฟ	khrêuang chong gaa-fae
(aparato de cocina)		
cafetera (f) (para servir)	หม้อกาแฟ	môr gaa-fae
molinillo (m) de café	เครื่องบดกาแฟ	khrêuang bòt gaa-fae

hervidor (m) de agua	กาน้ำ	gaa náam
tetera (f)	กาน้ำชา	gaa náam chaa
tapa (f)	ฝา	făa
colador (m) de té	ที่กรองชา	thêe grorng chaa
cuchara (f)	ช้อน	chórn

cucharilla (f)	ช้อนชา	chórn chaa
cuchara (f) de sopa	ช้อนซุป	chórn súp
tenedor (m)	ส้อม	sôrm
cuchillo (m)	มีด	mêet

vajilla (f)	ถ้วยชาม	thûay chaam
plato (m)	จาน	jaan
platillo (m)	จานรอง	jaan rorng

vaso (m) de chupito	แก้วช็อต	gâew chórt
vaso (m) (~ de agua)	แก้ว	gâew
taza (f)	ถ้วย	thûay

azucarera (f)	โถน้ำตาล	thŏh náam dtaan
salero (m)	กระปุกเกลือ	grà-bpùk gleua
pimentero (m)	กระปุกพริกไท	grà-bpùk phrík thai
mantequera (f)	ที่ใส่เนย	thêe sài noie

cacerola (f)	หม้อต้ม	môr dtôm
sartén (f)	กระทะ	grà-thá
cucharón (m)	กระบวย	grà-buay
colador (m)	กระชอน	grà chorn
bandeja (f)	ถาด	thàat

botella (f)	ขวด	khùat
tarro (m) de vidrio	ขวดโหล	khùat lŏh
lata (f)	กระป๋อง	grà-bpŏrng

abrebotellas (m)	ที่เปิดขวด	thêe bpèrt khùat
abrelatas (m)	ที่เปิดกระป๋อง	thêe bpèrt grà-bpŏrng
sacacorchos (m)	ที่เปิดจุก	thêe bpèrt jùk
filtro (m)	ที่กรอง	thêe grorng
filtrar (vt)	กรอง	grorng

| basura (f) | ขยะ | khà-yà |
| cubo (m) de basura | ถังขยะ | thăng khà-yà |

98. El baño

cuarto (m) de baño	ห้องน้ำ	hôrng náam
agua (f)	น้ำ	nám
grifo (m)	ก๊อกน้ำ	gòk náam
agua (f) caliente	น้ำร้อน	nám rórn
agua (f) fría	น้ำเย็น	nám yen

pasta (f) de dientes	ยาสีฟัน	yaa sĕe fan
limpiarse los dientes	แปรงฟัน	bpraeng fan
cepillo (m) de dientes	แปรงสีฟัน	bpraeng sĕe fan

afeitarse (vi)	โกน	gohn
espuma (f) de afeitar	โฟมโกนหนวด	fohm gohn nùat
maquinilla (f) de afeitar	มีดโกน	mêet gohn
lavar (vt)	ล้าง	láang
darse un baño	อาบ	àap

ducha (f)	ฝักบัว	fàk bua
darse una ducha	อาบน้ำฝักบัว	àap náam fàk bua
bañera (f)	อ่างอาบน้ำ	àang àap náam
inodoro (m)	โถชักโครก	thŏh chák khrôhk
lavabo (m)	อางลางหน้า	àang láang-nâa
jabón (m)	สบู่	sà-bòo
jabonera (f)	ที่ใส่สบู่	thêe sài sà-bòo
esponja (f)	ฟองน้ำ	forng náam
champú (m)	แชมพู	chaem-phoo
toalla (f)	ผ้าเช็ดตัว	phâa chét dtua
bata (f) de baño	เสื้อคลุมอาบน้ำ	sêua khlum àap náam
colada (f), lavado (m)	การซักผ้า	gaan sák phâa
lavadora (f)	เครื่องซักผ้า	khrêuang sák phâa
lavar la ropa	ซักผ้า	sák phâa
detergente (m) en polvo	ผงซักฟอก	phŏng sák-fôrk

99. Los aparatos domésticos

televisor (m)	ทีวี	thee-wee
magnetófono (m)	เครื่องบันทึกเทป	khrêuang ban-théuk thâyp
vídeo (m)	เครื่องบันทึก วิดีโอ	khrêuang ban-théuk wí-dee-oh
radio (m)	วิทยุ	wít-thá-yú
reproductor (m) (~ MP3)	เครื่องเล่น	khrêuang lên
proyector (m) de vídeo	โปรเจ็คเตอร์	bproh-jèk-dtêr
sistema (m) home cinema	เครื่องฉายภาพ ยนตร์ที่บ้าน	khhrêuang chăai phâap-phá-yon thêe bâan
reproductor (m) de DVD	เครื่องเล่น DVD	khrêuang lên dee-wee-dee
amplificador (m)	เครื่องขยายเสียง	khrêuang khà-yăai sĭang
videoconsola (f)	เครื่องเกมคอนโซล	khrêuang gaym khorn sohn
cámara (f) de vídeo	กล้องถ่ายวิดีโอ	glôrng thàai wí-dee-oh
cámara (f) fotográfica	กล้องถ่ายรูป	glôrng thàai rôop
cámara (f) digital	กล้องดิจิตอล	glôrng dì-jì-dton
aspirador (m), aspiradora (f)	เครื่องดูดฝุ่น	khrêuang dòot fùn
plancha (f)	เตารีด	dtao rêet
tabla (f) de planchar	กระดานรองรีด	grà-daan rorng rêet
teléfono (m)	โทรศัพท์	thoh-rá-sàp
teléfono (m) móvil	มือถือ	meu thĕu
máquina (f) de escribir	เครื่องพิมพ์ดีด	khrêuang phim dèet
máquina (f) de coser	จักรเย็บผ้า	jàk yép phâa
micrófono (m)	ไมโครโฟน	mai-khroh-fohn
auriculares (m pl)	หูฟัง	hŏo fang
mando (m) a distancia	รีโมตทีวี	ree môht thee wee
CD (m)	CD	see-dee
casete (m)	เทป	thâyp
disco (m) de vinilo	จานเสียง	jaan sĭang

100. Los arreglos. La renovación

renovación (f)	การซ่อมแซม	gaan sôrm saem
renovar (vt)	ซ่อมแซม	sôrm saem
reparar (vt)	ซ่อมแซม	sôrm saem
poner en orden	สะสาง	sà-săang
rehacer (vt)	ทำใหม่	tham mài
pintura (f)	สี	sĕe
pintar (las paredes)	ทาสี	thaa sĕe
pintor (m)	ช่างทาสีบ้าน	châang thaa sĕe bâan
brocha (f)	แปรงทาสี	bpraeng thaa sĕe
cal (f)	สารฟอกขาว	săan fôrk khăao
encalar (vt)	ฟอกขาว	fôrk khăao
empapelado (m)	วอลเปเปอร์	worn-bpay-bper
empapelar (vt)	ติดวอลเปเปอร์	dtìt wor lá-bpay-bper
barniz (m)	น้ำมันชักเงา	náam man chák ngao
cubrir con barniz	เคลือบ	khlêuap

101. La plomería

agua (f)	น้ำ	nám
agua (f) caliente	น้ำร้อน	nám rórn
agua (f) fría	น้ำเย็น	nám yen
grifo (m)	ก็อกน้ำ	gòk náam
gota (f)	หยด	yòt
gotear (el grifo)	ตก	dtòk
gotear (cañería)	รั่ว	rûa
escape (m) de agua	การรั่ว	gaan rûa
charco (m)	หลมน้ำ	lòm náam
tubo (m)	ท่อ	thôr
válvula (f)	วาล์ว	waao
estar atascado	อุดตัน	ùt dtan
instrumentos (m pl)	เครื่องมือ	khrêuang meu
llave (f) inglesa	ประแจคอม้า	bprà-jae kor máa
destornillar (vt)	คลายเกลียวออก	khlaai glieow òrk
atornillar (vt)	ขันให้แน่น	khăn hâi nâen
desatascar (vt)	แก้การอุดตัน	gâe gaan ùt dtan
fontanero (m)	ช่างประปา	châang bprà-bpaa
sótano (m)	ชั้นใต้ดิน	chán dtâi din
alcantarillado (m)	ระบบทอน้ำทิ้ง	rá-bòp thôr náam thíng

102. El fuego. El incendio

incendio (m)	ไฟไหม้	fai mâi
llama (f)	เปลวไฟ	bpleo fai

chispa (f)	ประกายไฟ	bprà-gaai fai
humo (m)	ควัน	khwan
antorcha (f)	คบเพลิง	khóp phlerng
hoguera (f)	กองไฟ	gorng fai

gasolina (f)	น้ำมันเชื้อเพลิง	nám man chéua phlerng
queroseno (m)	น้ำมันกูด	nám man gáat
inflamable (adj)	ติดไฟได้	dtìt fai dâai
explosivo (adj)	ที่ระเบิดได้	thêe rá-bèrt dâai
PROHIBIDO FUMAR	ห้ามสูบบุหรี่	hâam sòop bù rèe

seguridad (f)	ความปลอดภัย	khwaam bplòrt phai
peligro (m)	อันตราย	an-dtà-raai
peligroso (adj)	อันตราย	an-dtà-raai

prenderse fuego	ติดไฟ	dtìt fai
explosión (f)	การระเบิด	gaan rá-bèrt
incendiar (vt)	เผา	phăo
incendiario (m)	ผู้ลอบวางเพลิง	phôo lôp waang phlerng
incendio (m) provocado	การลอบวางเพลิง	gaan lôp waang phlerng

estar en llamas	ไฟลุกโชน	fai lúk-chohn
arder (vi)	ไหม้	mâi
incendiarse (vr)	เผาให้ราบ	phăo hâi râap

llamar a los bomberos	เรียกนักดับเพลิง	rîak nák dàp phlerng
bombero (m)	นักดับเพลิง	nák dàp phlerng
coche (m) de bomberos	รถดับเพลิง	rót dàp phlerng
cuerpo (m) de bomberos	สถานีดับเพลิง	sà-thăa-nee dàp phlerng
escalera (f) telescópica	บันไดรถดับเพลิง	ban-dai rót dàp phlerng

manguera (f)	ท่อดับเพลิง	thôr dàp phlerng
extintor (m)	ที่ดับเพลิง	thêe dàp phlerng
casco (m)	หมวกนิรภัย	mùak ní-rá-phai
sirena (f)	สัญญาณเตือนภัย	săn-yaan dteuan phai

gritar (vi)	ร้อง,	rórng
pedir socorro	ขอช่วย	khŏr chûay
socorrista (m)	นักกูภัย	nák gôo phai
salvar (vt)	ช่วยชีวิต	chûay chee-wít

llegar (vi)	มา	maa
apagar (~ el incendio)	ดับเพลิง	dàp phlerng
agua (f)	น้ำ	nám
arena (f)	ทราย	saai

ruinas (f pl)	ซาก	sâak
colapsarse (vr)	ถล่ม	thà-lòm
hundirse (vr)	ถล่มทลาย	thà-lòm thá-laai
derrumbarse (vr)	ถล่ม	thà-lòm

| trozo (m) (~ del muro) | ส่วนสะเก็ด | sùan sà-gèt |
| ceniza (f) | ขี้เถา | khêe thâo |

| morir asfixiado | ขาดอากาศตาย | khàat aa-gàat dtaai |
| perecer (vi) | เสียชีวิต | sĭa chee-wít |

LAS ACTIVIDADES DE LA GENTE

El trabajo. Los negocios. Unidad 1

103. La oficina. El trabajo de oficina

oficina (f)	สำนักงาน	săm-nák ngaan
despacho (m)	หองทำงาน	hôrng tham ngaan
recepción (f)	แผนกตอนรับ	phà-nàek dtôrn ráp
secretario (m)	เลขา	lay-khăa
secretaria (f)	เลขา	lay-khăa
director (m)	ผู้อำนวยการ	phôo am-nuay gaan
manager (m)	ผูจัดการ	phôo jàt gaan
contable (m)	คนทำบัญชี	khon tham ban-chee
colaborador (m)	พนักงาน	phá-nák ngaan
muebles (m pl)	เครื่องเรือน	khrêuang reuan
escritorio (m)	โตะ	dtó
silla (f)	เกาอี้สำนักงาน	gâo-êe săm-nák ngaan
cajonera (f)	ตูมีลิ้นชัก	dtôo mee lín chák
perchero (m) de pie	ไมแขวนเสื้อ	mái khwăen sêua
ordenador (m)	คอมพิวเตอร์	khorm-phiw-dtêr
impresora (f)	เครื่องพิมพ	khrêuang phim
fax (m)	เครื่องโทรสาร	khrêuang thoh-rá-săan
fotocopiadora (f)	เครื่องอัดสำเนา	khrêuang àt săm-nao
papel (m)	กระดาษ	grà-dàat
papelería (f)	เครื่องใช	khrêuang chái
	สำนักงาน	săm-nák ngaan
alfombrilla (f) para ratón	แผนรองเมาส	phàen rorng mao
hoja (f) de papel	ใบ	bai
carpeta (f)	แฟม	fáem
catálogo (m)	บัญชีรายชื่อ	ban-chee raai chêu
directorio (m) telefónico	สมุดโทรศัพท	sà-mùt thoh-rá-sàp
documentación (f)	เอกสาร	àyk săan
folleto (m)	โบรชัวร	broh-chua
prospecto (m)	ใบปลิว	bai bpliw
muestra (f)	ตัวอยาง	dtua yàang
reunión (f) de formación	การประชุมฝกอบรม	gaan bprà-chum fèuk òp-rom
reunión (f)	การประชุม	gaan bprà-chum
pausa (f) del almuerzo	การพักเที่ยง	gaan phák thîang
hacer una copia	ทำสำเนา	tham săm-nao
hacer copias	ทำสำเนาหลายฉบับ	tham săm-nao lăai chà-bàp
recibir un fax	รับโทรสาร	ráp thoh-rá-săan

enviar un fax	ส่งโทรสาร	sòng thoh-rá-sǎan
llamar por teléfono	โทรศัพท์	thoh-rá-sàp
responder (vi, vt)	รับสาย	ráp sǎai
poner en comunicación	โอนสาย	ohn sǎai
fijar (~ una reunión)	นัด	nát
demostrar (vt)	สาธิต	sǎa-thít
estar ausente	ขาด	khàat
ausencia (f)	การขาด	gaan khàat

104. Los procesos de negocio. Unidad 1

negocio (m), comercio (m)	ธุรกิจ	thú-rá gìt
ocupación (f)	อาชีพ	aa-chêep
firma (f)	บริษัท	bor-rí-sàt
compañía (f)	บริษัท	bor-rí-sàt
corporación (f)	บริษัท	bor-rí-sàt
empresa (f)	บริษัท	bor-rí-sàt
agencia (f)	สำนักงาน	sǎm-nák ngaan
acuerdo (m)	ข้อตกลง	khôr dtòk long
contrato (m)	สัญญา	sǎn-yaa
trato (m), acuerdo (m)	ขอตกลง	khôr dtòk long
pedido (m)	การสั่ง	gaan sàng
condición (f) del contrato	เงื่อนไข	ngêuan khǎi
al por mayor (adv)	ขายส่ง	khǎai sòng
al por mayor (adj)	ขายส่ง	khǎai sòng
venta (f) al por mayor	การขายส่ง	gaan khǎai sòng
al por menor (adj)	ขายปลีก	khǎai bplèek
venta (f) al por menor	การขายปลีก	gaan khǎai bplèek
competidor (m)	คู่แข่ง	khôo khàeng
competencia (f)	การแข่งขัน	gaan khàeng khǎn
competir (vi)	แข่งขัน	khàeng khǎn
socio (m)	พันธมิตร	phan-thá-mít
sociedad (f)	หางหุนส่วน	hâang hûn sùan
crisis (f)	วิกฤติ	wí-grìt
bancarrota (f)	การล้มละลาย	gaan lóm lá-laai
ir a la bancarrota	ล้มละลาย	lóm lá-laai
dificultad (f)	ความยากลำบาก	khwaam yâak lam-bàak
problema (m)	ปัญหา	bpan-hǎa
catástrofe (f)	ความหายนะ	khwaam hǎa-yá-ná
economía (f)	เศรษฐกิจ	sàyt-thà-gìt
económico (adj)	ทางเศรษฐกิจ	thaang sàyt-thà-gìt
recesión (f) económica	เศรษฐกิจถดถอย	sàyt-thà-gìt thòt thǒi
meta (f)	เป้าหมาย	bpâo mǎai
objetivo (m)	งาน	ngaan
comerciar (vi)	แลกเปลี่ยน	lâek bplìan

red (f) (~ comercial)	เครือข่าย	khreua khàai
existencias (f pl)	คลังสินค้า	khlang sǐn kháa
surtido (m)	ประเภทสินค้า ตางๆ	bprà-phâyt sǐn kháa dtàang dtàang

líder (m)	ผู้นำ	phôo nam
grande (empresa ~)	ขนาดใหญ่	khà-nàat yài
monopolio (m)	การผูกขาด	gaan phòok khàat

teoría (f)	ทฤษฎี	thrít-sà-dee
práctica (f)	การดำเนินการ	gaan dam-nern gaan
experiencia (f)	ประสบการณ์	bprà-sòp gaan
tendencia (f)	แนวโน้ม	naew nóhm
desarrollo (m)	การพัฒนา	gaan phát-thá-naa

105. Los procesos de negocio. Unidad 2

| rentabilidad (f) | กำไร | gam-rai |
| rentable (adj) | กำไร | gam-rai |

delegación (f)	คณะผู้แทน	khá-ná phôo thaen
salario (m)	เงินเดือน	ngern deuan
corregir (un error)	แก้ไข	gâe khǎi
viaje (m) de negocios	การเดินทางไป ทำธุรกิจ	gaan dern taang bpai tham thú-rá gìt
comisión (f)	คณะ	khá-ná

controlar (vt)	ควบคุม	khûap khum
conferencia (f)	งานประชุม	ngaan bprà-chum
licencia (f)	ใบอนุญาต	bai a-nú-yâat
fiable (socio ~)	พึ่งพาได้	phêung phaa dâai

iniciativa (f)	การริเริ่ม	gaan rí-rêrm
norma (f)	มาตรฐาน	mâat-dtrà-thǎan
circunstancia (f)	ภาวะ	phaa-wá
deber (m)	หน้าที่	nâa thêe

empresa (f)	องค์การ	ong gaan
organización (f) (proceso)	การจัด	gaan jàt
organizado (adj)	ที่ถูกจัด	thêe thòok jàt
anulación (f)	การยกเลิก	gaan yók lêrk
anular (vt)	ยกเลิก	yók lêrk
informe (m)	รายงาน	raai ngaan

patente (m)	สิทธิบัตร	sìt-thí bàt
patentar (vt)	จดสิทธิบัตร	jòt sìt-thí bàt
planear (vt)	วางแผน	waang phǎen

premio (m)	โบนัส	boh-nát
profesional (adj)	ทางวิชาชีพ	thaang wí-chaa chêep
procedimiento (m)	กระบวนการ	grà-buan gaan

| examinar (vt) | ปรึกษาหารือ | bprèuk-sǎa hǎa-reu |
| cálculo (m) | การนับ | gaan náp |

| reputación (f) | ความมีหน้ามีตา | khwaam mee nâa mee dtaa |
| riesgo (m) | ความเสี่ยง | khwaam sìang |

dirigir (administrar)	บริหาร	bor-rí-hǎan
información (f)	ขอมูล	khôr moon
propiedad (f)	ทรัพย์สิน	sáp sǐn
unión (f)	สหภาพ	sà-hà phâap

seguro (m) de vida	การประกันชีวิต	gaan bprà-gan chee-wít
asegurar (vt)	ประกันภัย	bprà-gan phai
seguro (m)	การประกันภัย	gaan bprà-gan phai

subasta (f)	กูรขายเลหลัง	gaan khǎai lay-lǎng
notificar (informar)	แจง	jâeng
gestión (f)	การบริหาร	gaan bor-rí-hǎan
servicio (m)	บริการ	bor-rí-gaan

foro (m)	การประชุมฟอรั่ม	gaan bprà-chum for-râm
funcionar (vi)	ดำเนินการ	dam-nern gaan
etapa (f)	ขึ้น	khân
jurídico (servicios ~s)	ทางกฎหมาย	thaang gòt mǎai
jurista (m)	ทนายความ	thá-naai khwaam

106. La producción. Los trabajos

planta (f)	โรงงาน	rohng ngaan
fábrica (f)	โรงงาน	rohng ngaan
taller (m)	หองทำงาน	hôrng tham ngaan
planta (f) de producción	ที่ผลิต	thêe phà-lìt

industria (f)	อุตสาหกรรม	út-saa há-gam
industrial (adj)	ทางอุตสาหกรรม	thaang ùt-sǎa-hà-gam
industria (f) pesada	อุตสาหกรรมหนัก	ùt-sǎa-hà-gam nàk
industria (f) ligera	อุตสาหกรรมเบา	ùt-sǎa-hà-gam bao

producción (f)	ผลิตภัณฑ์	phà-lìt-dtà-phan
producir (vt)	ผลิต	phà-lìt
materias (f pl) primas	วัตถุดิบ	wát-thù dìp

jefe (m) de brigada	คนคุมงาน	khon khum ngaan
brigada (f)	ทีมคนงาน	theem khon ngaan
obrero (m)	คนงาน	khon ngaan

día (m) de trabajo	วันทำงาน	wan tham ngaan
descanso (m)	หยุดพัก	yùt phák
reunión (f)	การประชุม	gaan bprà-chum
discutir (vt)	หารือ	hǎa-reu
plan (m)	แผน	phǎen
cumplir el plan	ทำตามแผน	tham dtaam pǎen
tasa (f) de producción	อัตราผลลัพธ์	àt-dtraa phǒn láp
calidad (f)	คุณภาพ	khun-ná-phâap
control (m)	การควบคุม	gaan khûap khum
control (m) de calidad	การควบคุมคุณภาพ	gaan khûap khum khun-ná-phâap

seguridad (f) de trabajo	ความปลอดภัย ในที่ทำงาน	khwaam bplòrt phai nai thêe tham ngaan
disciplina (f)	วินัย	wí-nai
infracción (f)	การละเมิด	gaan lá-mêrt
violar (las reglas)	ละเมิด	lá-mêrt

huelga (f)	การประท้วงหยุดงาน	gaan bprà-thúang yùt ngaan
huelguista (m)	ผู้ประท้วงหยุดงาน	phôo bprà-thúang yùt ngaan
estar en huelga	ประท้วงหยุดงาน	bprà-thúang yùt ngaan
sindicato (m)	สหภาพแรงงาน	sà-hà-phâap raeng ngaan

inventar (máquina, etc.)	ประดิษฐ์	bprà-dìt
invención (f)	สิ่งประดิษฐ์	sìng bprà-dìt
investigación (f)	การวิจัย	gaan wí-jai
mejorar (vt)	ทำให้ดีขึ้น	tham hâi dee khêun
tecnología (f)	เทคโนโลยี	thék-noh-loh-yee
dibujo (m) técnico	ภาพร่างทางเทคนิค	phâap-râang thaang thék-nìk

cargamento (m)	ของบรรทุก	khǒrng ban-thúk
cargador (m)	คนงานยกของ	khon ngaan yók khǒrng
cargar (camión, etc.)	บรรทุก	ban-thúk
carga (f) (proceso)	การบรรทุก	gaan ban-thúk
descargar (vt)	ขนออก	khǒn òrk
descarga (f)	การขนออก	gaan khǒn òrk

transporte (m)	การขนส่ง	gaan khǒn sòng
compañía (f) de transporte	บริษัทขนสง	bor-rí-sàt khǒn sòng
transportar (vt)	ขนสง	khǒn sòng

vagón (m)	ตู้รถไฟรถ	dtôo rót fai
cisterna (f)	ถัง	thǎng
camión (m)	รถบรรทุก	rót ban-thúk

| máquina (f) herramienta | เครื่องมือกล | khrêuang meu gon |
| mecanismo (m) | กลไก | gon-gai |

desperdicios (m pl)	ของเสียจากโรงงาน	khǒrng sǐa jàak rohng ngaan
empaquetado (m)	การทำหีบห่อ	gaan tham hèep hòr
empaquetar (vt)	แพ็คหีบห่อ	pháek hèep hòr

107. El contrato. El acuerdo

contrato (m)	สัญญา	sǎn-yaa
acuerdo (m)	ข้อตกลง	khôr dtòk long
anexo (m)	ภาคผนวก	phâak phà-nùak

firmar un contrato	ลงนามในสัญญา	long naam nai sǎn-yaa
firma (f) (nombre)	ลายมือชื่อ	laai meu chêu
firmar (vt)	ลงนาม	long naam
sello (m)	ตราประทับ	dtraa bprà-tháp

objeto (m) del acuerdo	หัวข้อของสัญญา	hǔa khôr khǒrng sǎn-yaa
cláusula (f)	ข้อ	khôr
partes (f pl)	ฝ่าย	fàai

domicilio (m) legal	ที่อยู่ตามกฎหมาย	thêe yòo dtaam gòt măai
violar el contrato	การละเมิดสัญญา	gaan lá-mêrt săn-yaa
obligación (f)	พันธสัญญา	phan-thá-săn-yaa
responsabilidad (f)	ความรับผิดชอบ	khwaam ráp phìt chôp
fuerza mayor (f)	เหตุสุดวิสัย	hàyt sùt wí-săi
disputa (f)	ความขัดแย้ง	khwaam khàt yáeng
penalidades (f pl)	บทลงโทษ	bòt long thôht

108. Importación y exportación

importación (f)	การนำเข้า	gaan nam khâo
importador (m)	ผู้นำเข้า	phôo nam khâo
importar (vt)	นำเข้า	nam khâo
de importación (adj)	นำเข้า	nam khâo

exportación (f)	การส่งออก	gaan sòng òrk
exportador (m)	ผู้ส่งออก	phôo sòng òrk
exportar (vt)	ส่งออก	sòng òrk
de exportación (adj)	ส่งออก	sòng òrk

| mercancía (f) | สินค้า | sĭn kháa |
| lote (m) de mercancías | สินค้าที่ส่งไป | sĭn kháa thêe sòng bpai |

peso (m)	น้ำหนัก	nám nàk
volumen (m)	ปริมาณ	bpà-rí-maan
metro (m) cúbico	ลูกบาศก์เมตร	lôok bàat máyt

productor (m)	ผู้ผลิต	phôo phà-lìt
compañía (f) de transporte	บริษัทขนส่ง	bor-rí-sàt khŏn sòng
contenedor (m)	ตู้คอนเทนเนอร์	dtôo khorn thay ná-ner

frontera (f)	ชายแดน	chaai daen
aduana (f)	ด่านศุลกากร	dàan sŭn-lá-gaa-gon
derechos (m pl) arancelarios	ภาษีศุลกากร	phaa-sĕe sŭn-lá-gaa-gon
aduanero (m)	เจ้าหน้าที่ศุลกากร	jâo nâa-thêe sŭn-lá-gaa-gon
contrabandismo (m)	การลักลอบ	gaan lák-lôrp
contrabando (m)	สินค้าที่ผิดกฎหมาย	sĭn kháa thêe phìt gòt măai

109. Las finanzas

acción (f)	หุ้น	hûn
bono (m), obligación (f)	ตราสารหนี้	dtraa săan nêe
letra (f) de cambio	ตัวสัญญาใช้เงิน	dtŭa săn-yaa chái ngern

| bolsa (f) | ตลาดหลักทรัพย์ | dtà-làat làk sáp |
| cotización (f) de valores | ราคาหุ้น | raa-khaa hûn |

abaratarse (vr)	ถูกลง	thòok long
encarecerse (vr)	แพงขึ้น	phaeng khêun
parte (f)	ปันผล	bpan phŏn
interés (m) mayoritario	ส่วนได้เสียที่ มีอำนาจควบคุม	sùan dâai sĭa têe mee am-nâat khûap khum

inversiones (f pl)	การลงทุน	gaan long thun
invertir (vi, vt)	ลงทุน	long thun
porcentaje (m)	เปอร์เซ็นต์	bper-sen
interés (m)	ดอกเบี้ย	dòrk bîa

beneficio (m)	กำไร	gam-rai
beneficioso (adj)	ได้กำไร	dâai gam-rai
impuesto (m)	ภาษี	phaa-sěe

divisa (f)	สกุลเงิน	sà-gun ngern
nacional (adj)	แห่งชาติ	hàeng châat
cambio (m)	การแลกเปลี่ยน	gaan lâek bplìan

| contable (m) | นักบัญชี | nák ban-chee |
| contaduría (f) | การทำบัญชี | gaan tham ban-chee |

bancarrota (f)	การล้มละลาย	gaan lóm lá-laai
quiebra (f)	การพังพินาศ	gaan phang phí-nâat
ruina (f)	ความพินาศ	khwaam phí-nâat
arruinarse (vr)	ล้มละลาย	lóm lá-laai
inflación (f)	เงินเฟ้อ	ngern fér
devaluación (f)	การลดค่าเงิน	gaan lót khâa ngern

capital (m)	เงินทุน	ngern thun
ingresos (m pl)	รายได้	raai dâai
volumen (m) de negocio	การหมุนเวียน	gaan mǔn wian
recursos (m pl)	ทรัพยากร	sáp-pá-yaa-gon
recursos (m pl) monetarios	แหล่งเงินทุน	làeng ngern thun

| gastos (m pl) accesorios | ค่าใช้จ่าย | khâa chái jàai |
| reducir (vt) | ลด | lót |

110. La mercadotecnia

mercadotecnia (f)	การตลาด	gaan dtà-làat
mercado (m)	ตลาด	dtà-làat
segmento (m) del mercado	ส่วนตลาด	sùan dtà-làat
producto (m)	ผลิตภัณฑ์	phà-lìt-dtà-phan
mercancía (f)	สินค้า	sǐn kháa

marca (f)	ยี่ห้อ	yêe hôr
marca (f) comercial	เครื่องหมายการค้า	khrêuang mǎai gaan kháa
logotipo (m)	โลโก้	loh-gôh
logo (m)	โลโก	loh-gôh

demanda (f)	อุปสงค์	u-bpà-sǒng
oferta (f)	อุปทาน	u-bpà-thaan
necesidad (f)	ความต้องการ	khwaam dtôrng gaan
consumidor (m)	ผู้บริโภค	phôo bor-rí-phôhk

análisis (m)	การวิเคราะห์	gaan wí-khrór
analizar (vt)	วิเคราะห์	wí-khrór
posicionamiento (m)	การวางตำแหน่งผลิตภัณฑ์	gaan waang dtam-nàeng phà-lìt-dtà-phan

posicionar (vt)	วางตำแหน่ง ผลิตภัณฑ์	waang dtam-nàeng phà-lìt-dtà-phan
precio (m)	ราคา	raa-khaa
política (f) de precios	นโยบาย การตั้งราคา	ná-yoh-baai gaan dtâng raa-khaa
formación (f) de precios	การตั้งราคา	gaan dtâng raa-khaa

111. La publicidad

publicidad (f)	การโฆษณา	gaan khôht-sà-naa
publicitar (vt)	โฆษณา	khôht-sà-naa
presupuesto (m)	งบประมาณ	ngóp bprà-maan
anuncio (m) publicitario	การโฆษณา	gaan khôht-sà-naa
publicidad (f) televisiva	การโฆษณา ทางทีวี	gaan khôht-sà-naa thaang thee wee
publicidad (f) radiofónica	การโฆษณา ทางวิทยุ	gaan khôht-sà-naa thaang wít-thá-yú
publicidad (f) exterior	การโฆษณา แบบกลางแจ้ง	gaan khôht-sà-naa bàep glaang jâeng
medios (m pl) de comunicación de masas	สื่อสารมวลชน	sèu sǎan muan chon
periódico (m)	หนังสือรายคาบ	nǎng-sěu raai khâap
imagen (f)	ภาพลักษณ์	phâap-lák
consigna (f)	คำขวัญ	kham khwǎn
divisa (f)	คติพจน์	khá-dtì phót
campaña (f)	การรณรงค์	gaan ron-ná-rorng
campaña (f) publicitaria	การรณรงค์ โฆษณา	gaan ron-ná-rorng khôht-sà-naa
auditorio (m) objetivo	กลุ่มเป้าหมาย	glùm bpâo-mǎai
tarjeta (f) de visita	นามบัตร	naam bàt
prospecto (m)	ใบปลิว	bai bpliw
folleto (m)	โบรชัวร์	broh-chua
panfleto (m)	แผ่นพับ	phàen pháp
boletín (m)	จดหมายข่าว	jòt mǎai khàao
letrero (m) (~ luminoso)	ป้ายร้าน	bpâai ráan
pancarta (f)	โปสเตอร์	bpòht-dtêr
valla (f) publicitaria	กระดานปิดประกาศ โฆษณา	grà-daan bpìt bprà-gàat khôht-sà-naa

112. La banca

banco (m)	ธนาคาร	thá-naa-khaan
sucursal (f)	สาขา	sǎa-khǎa
consultor (m)	พนักงาน ธนาคาร	phá-nák ngaan thá-naa-khaan

gerente (m)	ผู้จัดการ	phôo jàt gaan
cuenta (f)	บัญชีธนาคาร	ban-chee thá-naa-kaan
numero (m) de la cuenta	หมายเลขบัญชี	măai lâyk ban-chee
cuenta (f) corriente	กระแสรายวัน	grà-săe raai wan
cuenta (f) de ahorros	บัญชีออมทรัพย์	ban-chee orm sáp

abrir una cuenta	เปิดบัญชี	bpèrt ban-chee
cerrar la cuenta	ปิดบัญชี	bpìt ban-chee
ingresar en la cuenta	ฝากเงินเข้าบัญชี	fàak ngern khâo ban-chee
sacar de la cuenta	ถอน	thŏrn

depósito (m)	การฝาก	gaan fàak
hacer un depósito	ฝาก	fàak
giro (m) bancario	การโอนเงิน	gaan ohn ngern
hacer un giro	โอนเงิน	ohn ngern

| suma (f) | จำนวนเงินรวม | jam-nuan ngern ruam |
| ¿Cuánto? | เทาไหร? | thâo rài |

| firma (f) (nombre) | ลายมือชื่อ | laai meu chêu |
| firmar (vt) | ลงนาม | long naam |

tarjeta (f) de crédito	บัตรเครดิต	bàt khray-dìt
código (m)	รหัส	rá-hàt
número (m) de tarjeta de crédito	หมายเลขบัตรเครดิต	măai lâyk bàt khray-dìt
cajero (m) automático	เอทีเอ็ม	ay-thee-em

cheque (m)	เช็ค	chék
sacar un cheque	เขียนเช็ค	khĭan chék
talonario (m)	สมุดเช็ค	sà-mùt chék

crédito (m)	เงินกู้	ngern gôo
pedir el crédito	ขอสินเชื่อ	khŏr sĭn chêua
obtener un crédito	กู้เงิน	gôo ngern
conceder un crédito	ให้กู้เงิน	hâi gôo ngern
garantía (f)	การรับประกัน	gaan ráp bprà-gan

113. El teléfono. Las conversaciones telefónicas

teléfono (m)	โทรศัพท์	thoh-rá-sàp
teléfono (m) móvil	มือถือ	meu thĕu
contestador (m)	เครื่องพูดตอบ	khrêuang phôot dtòp

| llamar, telefonear | โทรศัพท์ | thoh-rá-sàp |
| llamada (f) | การโทรศัพท์ | gaan thoh-rá-sàp |

marcar un número	หมุนหมายเลขโทรศัพท์	mŭn măai lâyk thoh-rá-sàp
¿Sí?, ¿Dígame?	สวัสดี!	sà-wàt-dee
preguntar (vt)	ถาม	thăam
responder (vi, vt)	รับสาย	ráp săai

| oír (vt) | ได้ยิน | dâai yin |
| bien (adv) | ดี | dee |

mal (adv)	ไม่ดี	mâi dee
ruidos (m pl)	เสียงรบกวน	sĭang róp guan
auricular (m)	ตัวรับสัญญาณ	dtua ráp săn-yaan
descolgar (el teléfono)	รับสาย	ráp săi
colgar el auricular	วางสาย	waang săi
ocupado (adj)	ไม่ว่าง	mâi wâang
sonar (teléfono)	ดัง	dang
guía (f) de teléfonos	สมุดโทรศัพท์	sà-mùt thoh-rá-sàp
local (adj)	ในประเทศ	nai bprà-thâyt
llamada (f) local	โทรในประเทศ	thoh nai bprà-thâyt
de larga distancia	ระยะไกล	rá-yá glai
llamada (f) de larga distancia	โทรระยะไกล	thoh-rá-yá glai
internacional (adj)	ต่างประเทศ	dtàang bprà-thâyt
llamada (f) internacional	โทรต่างประเทศ	thoh dtàang bprà-thâyt

114. El teléfono celular

teléfono (m) móvil	มือถือ	meu thĕu
pantalla (f)	หน้าจอ	nâa jor
botón (m)	ปุ่ม	bpùm
tarjeta SIM (f)	ซิมการ์ด	sím gàat
pila (f)	แบตเตอรี่	bàet-dter-rêe
descargarse (vr)	หมด	mòt
cargador (m)	ที่ชาร์จ	thêe châat
menú (m)	เมนู	may-noo
preferencias (f pl)	การตั้งค่า	gaan dtâng khâa
melodía (f)	เสียงเพลง	sĭang phlayng
seleccionar (vt)	เลือก	lêuak
calculadora (f)	เครื่องคิดเลข	khrêuang khít lâyk
contestador (m)	ขอความเสียง	khôr khwaam sĭang
despertador (m)	นาฬิกาปลุก	naa-lí-gaa bplùk
contactos (m pl)	รายชื่อผู้ติดต่อ	raai chêu phôo dtìt dtòr
mensaje (m) de texto	ŞMS	es-e-mes
abonado (m)	ผู้สมัครรับบริการ	phôo sà-màk ráp bor-rí-gaan

115. Los artículos de escritorio. La papelería

bolígrafo (m)	ปากกาลูกลื่น	bpàak gaa lôok lêun
pluma (f) estilográfica	ปากกาหมึกซึม	bpàak gaa mèuk seum
lápiz (m)	ดินสอ	din-sŏr
marcador (m)	ปากกาเน้น	bpàak gaa náyn
rotulador (m)	ปากกาเมจิค	bpàak gaa may jìk
bloc (m) de notas	สมุดจด	sà-mùt jòt
agenda (f)	สมุดบันทึกรายวัน	sà-mùt ban-théuk raai wan

regla (f)	ไม้บรรทัด	máai ban-thát
calculadora (f)	เครื่องคิดเลข	khrêuang khít lâyk
goma (f) de borrar	ยางลบ	yaang lóp
chincheta (f)	เป๊ก	bpáyk
clip (m)	ลวดหนีบกระดาษ	lûat nèep grà-dàat

cola (f), pegamento (m)	กาว	gaao
grapadora (f)	ที่เย็บกระดาษ	thêe yép grà-dàat
perforador (m)	ที่เจาะรูกระดาษ	thêe jòr roo grà-dàat
sacapuntas (m)	ที่เหลาดินสอ	thêe lǎo din-sǒr

116. Diversos tipos de documentación

informe (m)	รายการ	raai gaan
acuerdo (m)	ขอตกลง	khôr dtòk long
formulario (m) de solicitud	ใบสมัคร	bai sà-màk
auténtico (adj)	แท้	tháe
tarjeta (f) de identificación	ป้ายชื่อ	bpâai chêu
tarjeta (f) de visita	นามบัตร	naam bàt

certificado (m)	ใบรับรอง	bai ráp rorng
cheque (m) bancario	เช็ค	chék
cuenta (f) (restaurante)	คิดเงิน	khít ngern
constitución (f)	รัฐธรรมนูญ	rát-thà-tham-má-noon

contrato (m)	สัญญา	sǎn-yaa
copia (f)	สำเนา	sǎm-nao
ejemplar (m)	ฉบับ	chà-bàp

declaración (f) de aduana	แบบฟอร์มการเสีย ภาษีศุลกากร	bàep form gaan sǐa phaa-sěe sǔn-lá-gaa-gon
documento (m)	เอกสาร	àyk sǎan
permiso (m) de conducir	ใบอนุญาตขับขี่	bai a-nú-yâat khàp khèe
anexo (m)	ภาคผนวก	phâak phà-nùak
cuestionario (m)	แบบฟอร์ม	bàep form

carnet (m) de identidad	บัตรประจำตัว	bàt bprà-jam dtua
solicitud (f) de información	คำรองขอ	kham rórng khǒr
tarjeta (f) de invitación	บัตรเชิญ	bàt chern
factura (f)	ใบกำกับสินค้า	bai gam-gàp sǐn kháa

ley (f)	กฎหมาย	gòt mǎai
carta (f)	จดหมาย	jòt mǎai
hoja (f) membretada	แบบฟอร์ม	bàep form
lista (f) (de nombres, etc.)	รายชื่อ	raai chêu
manuscrito (m)	ตนฉบับ	dtôn chà-bàp
boletín (m)	จุดหมายข่าว	jòt mǎai khàao
nota (f) (mensaje)	ขอความสั้นๆ	khôr khwaam sân sân

pase (m) (permiso)	บัตรผ่าน	bàt phàan
pasaporte (m)	หนังสือเดินทาง	nǎng-sěu dern-thaang
permiso (m)	ใบอนุญาต	bai a-nú-yâat
curriculum vitae (m)	ประวัติย่อ	bprà-wàt yôr
pagaré (m)	รายการหนี้	raai gaan nêe

recibo (m)	ใบเสร็จ	bai sèt
ticket (m) de compra	ใบเสร็จ	bai sèt
informe (m)	รายงาน	raai ngaan

presentar (identificación)	แสดง	sà-daeng
firmar (vt)	ลงนาม	long naam
firma (f) (nombre)	ลายมือชื่อ	laai meu chêu
sello (m)	ตราประทับ	dtraa bprà-tháp
texto (m)	ขอความ	khôr khwaam
billete (m)	ตั๋ว	dtŭa

| tachar (vt) | ขีดฆ่า | khèet khâa |
| rellenar (vt) | กรอก | gròrk |

| guía (f) de embarque | รายการสินค้าขนส่ง | raai gaan sĭn kháa khŏn sòng |
| testamento (m) | พินัยกรรม | phí-nai-gam |

117. Tipos de negocios

agencia (f) de empleo	สำนักงาน จัดหางาน	săm-nák ngaan jàt hăa ngaan
agencia (f) de información	สำนักข่าว	săm-nák khàao
agencia (f) de publicidad	บริษัทโฆษณา	bor-rí-sàt khôht-sà-naa
agencia (f) de seguridad	บริษัทรักษา ความปลอดภัย	bor-rí-sàt rák-săa khwaam bplòrt phai

almacén (m)	โกดังเก็บสินค้า	goh-dang gèp sĭn kháa
antigüedad (f)	ของเก่า	khŏrng gào
asesoría (f) jurídica	คนที่ปรึกษา ทางกฎหมาย	khon thêe bprèuk-săa thaang gòt măai
servicios (m pl) de auditoría	บริการตรวจ สอบบัญชี	bor-rí-gaan dtrùat sòrp ban-chee

bar (m)	บาร์	baa
bebidas (f pl) alcohólicas	เครื่องดื่มแอลกอฮอล์	khrêuang dèum aen-gor-hor
bolsa (f) de comercio	ตลาดหลักทรัพย์	dtà-làat làk sáp

casino (m)	คาสิโน	khaa-sì-noh
centro (m) de negocios	ศูนย์ธุรกิจ	sŏon thú-rá gìt
fábrica (f) de cerveza	โรงงานตมเหล้า	rohng ngaan dtôm lâu
cine (m) (iremos al ~)	โรงภาพยนตร์	rohng phâap-phá-yon
climatizadores (m pl)	เครื่องปรับอากาศ	khrêuang bpràp-aa-gàat
club (m) nocturno	ไนท์คลับ	nai-khláp

comercio (m)	การค้าขาย	gaan kháa kăai
productos alimenticios	ผลิตภัณฑ์อาหาร	phà-lìt-dtà-phan aa hăan
compañía (f) aérea	สายการบิน	săai gaan bin
construcción (f)	การก่อสร้าง	gaan gòr sâang
contabilidad (f)	บริการทำบัญชี	bor-rí-gaan tham ban-chee

deporte (m)	กีฬา	gee-laa
diseño (m)	การออกแบบ	gaan òrk bàep
editorial (f)	สำนักพิมพ์	săm-nák phim
escuela (f) de negocios	โรงเรียนธุรกิจ	rohng rian thú-rá gìt

estomatología (f)	คลินิกทันตกรรม	khlí-nìk than-ta-gam
farmacia (f)	ร้านขายยา	ráan khǎai yaa
industria (f) farmacéutica	เภสัชกรรม	phay-sàt-cha -gam
funeraria (f)	บริษัทรับจัดงานศพ	bor-rí-sàt ráp jàt ngaan sòp
galería (f) de arte	หอศิลป์	hǒr sǐn
helado (m)	ไอศกรีม	ai-sà-greem
hotel (m)	โรงแรม	rohng raem
industria (f)	อุตสาหกรรม	út-saa há-gam
industria (f) ligera	อุตสาหกรรมเบา	ùt-sǎa-hà-gam bao
inmueble (m)	อสังหาริมทรัพย์	a-sǎng-hǎa-rim-má-sáp
internet (m), red (f)	อินเทอร์เน็ต	in-thêr-nét
inversiones (f pl)	การลงทุน	gaan long thun
joyería (f)	เครื่องเพชรพลอย	khrêuang phét phloi
joyero (m)	ช่างทำเครื่อง เพชรพลอย	châang tham khrêuang phét phloi
lavandería (f)	โรงซักรีดผ้า	rohng sák rêet phâa
librería (f)	ร้านขายหนังสือ	ráan khǎai nǎng-sěu
medicina (f)	การแพทย์	gaan phâet
muebles (m pl)	เครื่องเรือน	khrêuang reuan
museo (m)	พิพิธภัณฑ์	phí-phítha phan
negocio (m) bancario	การธนาคาร	gaan thá-naa-khaan
periódico (m)	หนังสือพิมพ์	nǎng-sěu phim
petróleo (m)	น้ำมัน	nám man
piscina (f)	สระว่ายน้ำ	sà wâai náam
poligrafía (f)	สิ่งพิมพ์	sìng phim
publicidad (f)	การโฆษณา	gaan khôht-sà-naa
radio (f)	วิทยุ	wít-thá-yú
recojo (m) de basura	การเก็บขยะ	gaan gèp khà-yà
restaurante (m)	ร้านอาหาร	ráan aa-hǎan
revista (f)	นิตยสาร	nít-dtà-yá-sǎan
ropa (f)	เสื้อผ้า	sêua phâa
salón (m) de belleza	ช่างเสริมสวย	châang sěrm sǔay
seguro (m)	การประกัน	gaan bprà-gan
servicio (m) de entrega	บริการจัดส่ง	bor-rí-gaan jàt sòng
servicios (m pl) financieros	บริการด้านการเงิน	bor-rí-gaan dâan gaan ngern
supermercado (m)	ซูเปอร์มาร์เก็ต	soo-bper-maa-gèt
taller (m)	ร้านตัดเสื้อ	ráan dtàt sêua
teatro (m)	โรงละคร	rohng lá-khon
televisión (f)	โทรทัศน์	thoh-rá-thát
tienda (f)	ร้านค้า	ráan kháa
tintorería (f)	ร้านซักแห้ง	ráan sák hâeng
servicios de transporte	การขนส่ง	gaan khǒn sòng
turismo (m)	การท่องเที่ยว	gaan thôrng thîeow
venta (f) por catálogo	การขายสินค้า ทางไปรษณีย์	gaan khǎai sǐn kháa thaang bprai-sà-nee
veterinario (m)	สัตวแพทย์	sàt phâet
consultoría (f)	การปรึกษา	gaan bprèuk-sǎa

105

El trabajo. Los negocios. Unidad 2

118. La exhibición. La feria comercial

exposición, feria (f)	งานแสดง	ngaan sà-daeng
feria (f) comercial	งานแสดงสินค้า	ngaan sà-daeng sĭn kháa
participación (f)	การเข้าร่วม	gaan khâo rûam
participar (vi)	เข้าร่วมใน	khâo rûam nai
participante (m)	ผู้เขาร่วม	phôo khâo rûam
director (m)	ผู้อำนวยการ	phôo am-nuay gaan
dirección (f)	สำนักงานผู้จัด	săm-nák ngaan phôo jàt
organizador (m)	ผู้จัด	phôo jàt
organizar (vt)	จัด	jàt
solicitud (f) de participación	แบบฟอร์มลงทะเบียน	bàep form long thá-bian
rellenar (vt)	กรอก	gròrk
detalles (m pl)	รายละเอียด	raai lá-ìat
información (f)	ขอมูล	khôr moon
precio (m)	ราคา	raa-khaa
incluso	รวมถึง	ruam thĕung
incluir (vt)	รวม	ruam
pagar (vi, vt)	จ่าย	jàai
cuota (f) de registro	คาลงทะเบียน	khâa long thá-bian
entrada (f)	ทางเข้า	thaang khâo
pabellón (m)	ศาลา	săa-laa
registrar (vt)	ลงทะเบียน	long thá-bian
tarjeta (f) de identificación	ป้ายชื่อ	bpâai chêu
stand (m) de feria	บูธแสดงสินค้า	bòot sà-daeng sĭn kháa
reservar (vt)	จอง	jorng
vitrina (f)	ตู้โชว์สินค้า	dtôo choh sĭn kháa
lámpara (f)	ไฟรวมแสงบนเวที	fai ruam săeng bon way-thee
diseño (m)	การออกแบบ	gaan òrk bàep
poner (colocar)	วาง	waang
situarse (vr)	ถูกตั้ง	thòok dtâng
distribuidor (m)	ผู้จัดจำหน่าย	phôo jàt jam-nàai
proveedor (m)	ผู้จัดหา	phôo jàt hăa
suministrar (vt)	จัดหา	jàt hăa
país (m)	ประเทศ	bprà-thâyt
extranjero (adj)	ตางชาติ	dtàang châat
producto (m)	ผลิตภัณฑ์	phà-lìt-dtà-phan
asociación (f)	สมาคม	sà-maa khom
sala (f) de conferencias	หองประชุม	hôrng bprà-chum

| congreso (m) | การประชุม | gaan bprà-chum |
| concurso (m) | การแข่งขัน | gaan khàeng khăn |

visitante (m)	ผู้เข้าร่วม	phôo khâo rûam
visitar (vt)	เข้าร่วม	khâo rûam
cliente (m)	ลูกค้า	lôok kháa

119. Medios de comunicación de masas

periódico (m)	หนังสือพิมพ์	năng-sĕu phim
revista (f)	นิตยสาร	nít-dtà-yá-săan
prensa (f)	สื่อสิงพิมพ์	sèu sìng phim
radio (f)	วิทยุ	wít-thá-yú
estación (f) de radio	สถานีวิทยุ	sà-thăa-nee wít-thá-yú
televisión (f)	โทรทัศน์	thoh-rá-thát

presentador (m)	ผู้ประกาศข่าว	phôo bprà-gàat khàao
presentador (m) de noticias	ผู้ประกาศข่าว	phôo bprà-gàat khàao
comentarista (m)	ผู้อธิบาย	phôo à-thí-baai

periodista (m)	นักข่าว	nák khàao
corresponsal (m)	ผู้รายงานข่าว	phôo raai ngaan khàao
corresponsal (m) fotográfico	ช่างภาพ หนังสือพิมพ์	châang phâap năng-sĕu phim
reportero (m)	ผู้รายงาน	phôo raai ngaan

| redactor (m) | บรรณาธิการ | ban-naa-thí-gaan |
| redactor jefe (m) | หัวหน้าบรรณาธิการ | hŭa nâa ban-naa-thí-gaan |

suscribirse (vr)	รับ	ráp
suscripción (f)	การรับ	gaan ráp
suscriptor (m)	ผู้รับ	phôo ráp
leer (vi, vt)	อ่าน	àan
lector (m)	ผู้อ่าน	phôo àan

tirada (f)	การเผยแพร่	gaan phŏie-phrâe
mensual (adj)	รายเดือน	raai deuan
semanal (adj)	รายสัปดาห์	raai sàp-daa
número (m)	ฉบับ	chà-bàp
nuevo (~ número)	ใหม่	mài

titular (m)	ข่าวพาดหัว	khàao phâat hŭa
noticia (f)	บทความสั้นๆ	bòt khwaam sân sân
columna (f)	คอลัมน์	khor lam
artículo (m)	บทความ	bòt khwaam
página (f)	หน้า	nâa

reportaje (m)	การรายงานข่าว	gaan raai ngaan khàao
evento (m)	เหตุการณ์	hàyt gaan
sensación (f)	ข่าวดัง	khàao dang
escándalo (m)	เรื่องอื้อฉาว	rêuang êu chăao
escandaloso (adj)	อื้อฉาว	êu chăao
gran (~ escándalo)	ใหญ่	yài
emisión (f)	รายการ	raai gaan

entrevista (f)	การสัมภาษณ์	gaan săm-phâat
transmisión (f) en vivo	ถ่ายทอดสด	thàai thôrt sòt
canal (m)	ช่อง	chôrng

120. La agricultura

agricultura (f)	เกษตรกรรม	gà-sàyt-dtra -gam
campesino (m)	ชาวนาผู้ชาย	chaao naa phôo chaai
campesina (f)	ชาวนาผู้หญิง	chaao naa phôo yĭng
granjero (m)	ชาวนา	chaao naa

| tractor (m) | รถแทร็คเตอร์ | rót tráek-dtêr |
| cosechadora (f) | เครื่องเก็บเกี่ยว | khrêuang gèp gìeow |

arado (m)	คันไถ	khan thăi
arar (vi, vt)	ไถ	thăi
labrado (m)	ที่ดินที่ไถพรวน	thêe din thêe thăi phruan
surco (m)	ร่องดิน	rôrng din

sembrar (vi, vt)	หว่าน	wàan
sembradora (f)	เครื่องหว่านเมล็ด	khrêuang wàan má-lét
siembra (f)	การหว่าน	gaan wàan

| guadaña (f) | เคียว | khieow |
| segar (vi, vt) | ถาง | thăang |

| pala (f) | พลั่ว | phlûa |
| layar (vt) | ขุด | khùt |

azada (f)	จอบ	jòrp
sachar, escardar	ถาก	thàak
mala hierba (f)	วัชพืช	wát-chá-phêut

regadera (f)	กระป๋องรดน้ำ	grà-bpŏrng rót náam
regar (plantas)	รดน้ำ	rót náam
riego (m)	การรดน้ำ	gaan rót nám

| horquilla (f) | ส้อมเสียบ | sôrm sìap |
| rastrillo (m) | คราด | khrâat |

fertilizante (m)	ปุ๋ย	bpŭi
abonar (vt)	ใส่ปุ๋ย	sài bpŭi
estiércol (m)	ปุ๋ยคอก	bpŭi khôrk

campo (m)	ทุ่งนา	thûng naa
prado (m)	ทุ่งหญ้า	thûng yâa
huerta (f)	สวนผัก	sŭan phàk
jardín (m)	สวนผลไม้	sŭan phŏn-lá-máai

pacer (vt)	เล็มหญ้า	lem yâa
pastor (m)	คนเลี้ยงสัตว์	khon líang sàt
pastadero (m)	ทุ่งเลี้ยงสัตว์	thûng líang sàt
ganadería (f)	การขยายพันธุ์สัตว์	gaan khà-yăai phan sàt
cría (f) de ovejas	การขยายพันธุ์แกะ	gaan khà-yăai phan gàe

plantación (f)	ที่เพาะปลูก	thêe phór bplòok
hilera (f) (~ de cebollas)	แถว	thǎe
invernadero (m)	เรือนกระจกร้อน	reuan grà-jòk rón

| sequía (f) | ภัยแล้ง | phai láeng |
| seco, árido (adj) | แลง | láeng |

grano (m)	ธัญพืช	than-yá-phêut
cereales (m pl)	ผลผลิตธัญพืช	phǒn phà-lìt than-yá-phêut
recolectar (vt)	เก็บเกี่ยว	gèp gieow

molinero (m)	เจ้าของโรงโม่	jâo khǒrng rohng môh
molino (m)	โรงสี	rohng sěe
moler (vt)	โม่	môh
harina (f)	แป้ง	bpâeng
paja (f)	ฟาง	faang

121. La construcción. El proceso de construcción

obra (f)	สถานที่ก่อสร้าง	sà-thǎan thêe gòr sâang
construir (vt)	สร้าง	sâang
albañil (m)	คนงานก่อสร้าง	khon ngaan gòr sâang

proyecto (m)	โครงการ	khrohng gaan
arquitecto (m)	สถาปนิก	sà-thǎa-bpà-ník
obrero (m)	คนงาน	khon ngaan

cimientos (m pl)	รากฐาน	râak thǎan
techo (m)	หลังคา	lǎng khaa
pila (f) de cimentación	เสาเข็ม	sǎo khěm
muro (m)	กำแพง	gam-phaeng

| armadura (f) | เหล็กเส้นเสริมแรง | lèk sên sěrm raeng |
| andamio (m) | นั่งร้าน | nâng ráan |

hormigón (m)	คอนกรีต	khorn-grèet
granito (m)	หินแกรนิต	hǐn grae-nít
piedra (f)	หิน	hǐn
ladrillo (m)	อิฐ	ìt

arena (f)	ทราย	saai
cemento (m)	ปูนซีเมนต์	bpoon see-mayn
estuco (m)	พลาสเตอร์	phláat-dtêr
estucar (vt)	ฉาบ	chàap

pintura (f)	สี	sěe
pintar (las paredes)	ทาสี	thaa sěe
barril (m)	ถัง	thǎng

grúa (f)	ปั้นจั่น	bpân jàn
levantar (vt)	ยก	yók
bajar (vt)	ลด	lót
bulldózer (m)	รถดันดิน	rót dan din
excavadora (f)	รถขุด	rót khùt

109

cuchara (f)	ช้อนขุด	chórn khùt
cavar (vt)	ขุด	khùt
casco (m)	หมวกนิรภัย	mùak ní-rá-phai

122. La ciencia. La investigación. Los científicos

ciencia (f)	วิทยาศาสตร์	wít-thá-yaa sàat
científico (adj)	ทางวิทยาศาสตร์	thaang wít-thá-yaa sàat
científico (m)	นักวิทยาศาสตร์	nák wít-thá-yaa sàat
teoría (f)	ทฤษฎี	thrít-sà-dee

axioma (m)	สัจพจน์	sàt-jà-phót
análisis (m)	การวิเคราะห์	gaan wí-khrór
analizar (vt)	วิเคราะห์	wí-khrór
argumento (m)	ข้อโต้แย้ง	khôr dtôh yáeng
sustancia (f) (materia)	สาร	sǎan

hipótesis (f)	สมมติฐาน	sǒm-mút thǎan
dilema (m)	โจทย์	jòht
tesis (f) de grado	ปริญญานิพนธ์	bpà-rin-yaa ní-phon
dogma (m)	หลัก	làk

doctrina (f)	หลักคำสอน	làk kham sǒrn
investigación (f)	การวิจัย	gaan wí-jai
investigar (vt)	วิจัย	wí-jai
prueba (f)	การควบคุม	gaan khûap khum
laboratorio (m)	ห้องทดลอง	hôrng thót lorng

método (m)	วิธี	wí-thee
molécula (f)	โมเลกุล	moh-lay-gun
seguimiento (m)	การเฝ้าสังเกต	gaan fâo sǎng-gàyt
descubrimiento (m)	การค้นพบ	gaan khón phóp

postulado (m)	สัจพจน์	sàt-jà-phót
principio (m)	หลักการ	làk gaan
pronóstico (m)	การคาดการณ์	gaan khâat gaan
pronosticar (vt)	คาดการณ์	khâat gaan

síntesis (f)	การสังเคราะห์	gaan sǎng-khrór
tendencia (f)	แนวโน้ม	naew nóhm
teorema (m)	ทฤษฎีบท	thrít-sà-dee bòt

| enseñanzas (f pl) | คำสอน | kham sǒrn |
| hecho (m) | ข้อเท็จจริง | khôr thét jing |

| expedición (f) | การสำรวจ | gaan sǎm-rùat |
| experimento (m) | การทดลอง | gaan thót lorng |

académico (m)	นักวิชาการ	nák wí-chaa gaan
bachiller (m)	บัณฑิต	ban-dìt
doctorado (m)	ดุษฎีบัณฑิต	dùt-sà-dee ban-dìt
docente (m)	รองศาสตราจารย์	rorng sàat-sà-dtraa-jaan
Master (m) (~ en Letras)	มหาบัณฑิต	má-hǎa ban-dìt
profesor (m)	ศาสตราจารย์	sàat-sà-dtraa-jaan

Las profesiones y los oficios

trabajo (m)	งาน	ngaan
empleados (pl)	พนักงาน	phá-nák ngaan
personal (m)	พนักงาน	phá-nák ngaan
carrera (f)	อาชีพ	aa-chêep
perspectiva (f)	โอกาส	oh-gàat
maestría (f)	ทักษะ	thák-sà
selección (f)	การคัดเลือก	gaan khát lêuak
agencia (f) de empleo	สำนักงาน	săm-nák ngaan
	จัดหางาน	jàt hăa ngaan
curriculum vitae (m)	ประวัติย่อ	bprà-wàt yôr
entrevista (f)	สัมภาษณ์งาน	săm-phâat ngaan
vacancia (f)	ตำแหน่งว่าง	dtam-nàeng wâang
salario (m)	เงินเดือน	ngern deuan
salario (m) fijo	เงินเดือน	ngern deuan
remuneración (f)	ค่าแรง	khâa raeng
puesto (m) (trabajo)	ตำแหน่ง	dtam-nàeng
deber (m)	หน้าที่	nâa thêe
gama (f) de deberes	หน้าที่	nâa thêe
ocupado (adj)	ไม่ว่าง	mâi wâang
despedir (vt)	ไล่ออก	lâi òrk
despido (m)	การไล่ออก	gaan lâi òrk
desempleo (m)	การว่างงาน	gaan wâang ngaan
desempleado (m)	คนว่างงาน	khon wâang ngaan
jubilación (f)	การเกษียณอายุ	gaan gà-sĭan aa-yú
jubilarse	เกษียณ	gà-sĭan

director (m)	ผู้อำนวยการ	phôo am-nuay gaan
gerente (m)	ผู้จัดการ	phôo jàt gaan
jefe (m)	หัวหน้า	hŭa-nâa
superior (m)	ผู้บังคับบัญชา	phôo bang-kháp ban-chaa
superiores (m pl)	คณะผู้บังคับ	khá-ná phôo bang-kháp
	บัญชา	ban-chaa
presidente (m)	ประธานาธิปดี	bprà-thaa-naa-thí-bor-dee
presidente (m) (de compañía)	ประธาน	bprà-thaan
adjunto (m)	รอง	rorng

asistente (m)	ผู้ช่วย	phôo chûay
secretario, -a (m, f)	เลขา	lay-khăa
secretario (m) particular	ผู้ช่วยส่วนบุคคล	phôo chûay sùan bùk-khon
hombre (m) de negocios	นักธุรกิจ	nák thú-rá-gìt
emprendedor (m)	ผู้ประกอบการ	phôo bprà-gòp gaan
fundador (m)	ผู้ก่อตั้ง	phôo gòr dtâng
fundar (vt)	ก่อตั้ง	gòr dtâng
institutor (m)	ผู้ก่อตั้ง	phôo gòr dtâng
socio (m)	หุ้นส่วน	hûn sùan
accionista (m)	ผู้ถือหุ้น	phôo thĕu hûn
millonario (m)	เศรษฐีเงินล้าน	sàyt-thĕe ngern láan
multimillonario (m)	มหาเศรษฐี	má-hăa sàyt-thĕe
propietario (m)	เจ้าของ	jâo khŏrng
terrateniente (m)	เจ้าของที่ดิน	jâo khŏrng thêe din
cliente (m)	ลูกค้า	lôok kháa
cliente (m) habitual	ลูกค้าประจำ	lôok kháa bprà-jam
comprador (m)	ลูกค้า	lôok kháa
visitante (m)	ผู้เข้าร่วม	phôo khâo rûam
profesional (m)	ผู้เป็นมืออาชีพ	phôo bpen meu aa-chêep
experto (m)	ผู้เชี่ยวชาญ	phôo chîeow-chaan
especialista (m)	ผู้ชำนาญ	phôo cham-naan
	เฉพาะทาง	chà-phó thaang
banquero (m)	พนักงาน	phá-nák ngaan
	ธนาคาร	thá-naa-khaan
broker (m)	นายหน้า	naai nâa
cajero (m)	แคชเชียร์	khâet chia
contable (m)	นักบัญชี	nák ban-chee
guardia (m) de seguridad	ยาม	yaam
inversionista (m)	ผู้ลงทุน	phôo long thun
deudor (m)	ลูกหนี้	lôok nêe
acreedor (m)	เจ้าหนี้	jâo nêe
prestatario (m)	ผู้ยืม	phôo yeum
importador (m)	ผู้นำเข้า	phôo nam khâo
exportador (m)	ผู้ส่งออก	phôo sòng òrk
productor (m)	ผู้ผลิต	phôo phà-lìt
distribuidor (m)	ผู้จัดจำหน่าย	phôo jàt jam-nàai
intermediario (m)	คนกลาง	khon glaang
asesor (m) (~ fiscal)	ที่ปรึกษา	thêe bprèuk-săa
representante (m)	พนักงานขาย	phá-nák ngaan khăai
agente (m)	ตัวแทน	dtua thaen
agente (m) de seguros	ตัวแทนประกัน	dtua thaen bprà-gan

125. Los trabajos de servicio

cocinero (m)	ดูนครัว	khon khrua
jefe (m) de cocina	กุก	gúk
panadero (m)	ช่างอบขนมปัง	châang òp khà-nǒm bpang
barman (m)	บาร์เทนเดอร์	baa-thayn-dêr
camarero (m)	พนักงานเสิร์ฟชาย	phá-nák ngaan sèrf chaai
camarera (f)	พนักงานเสิร์ฟหญิง	phá-nák ngaan sèrf yǐng
abogado (m)	ทนายความ	thá-naai khwaam
jurista (m)	นักกฎหมาย	nák gòt mǎai
notario (m)	พนักงานจดทะเบียน	phá-nák ngaan jòt thá-bian
electricista (m)	ช่างไฟฟ้า	châang fai-fáa
fontanero (m)	ช่างประปา	châang bprà-bpaa
carpintero (m)	ช่างไม้	châang máai
masajista (m)	หมอนวดชาย	mǒr nûat chaai
masajista (f)	หมอนวดหญิง	mǒr nûat yǐng
médico (m)	แพทย์	phâet
taxista (m)	คนขับแท็กซี่	khon khàp tháek-sêe
chofer (m)	คนขับ	khon khàp
repartidor (m)	คนสงของ	khon sòng khǒrng
camarera (f)	แม่บ้าน	mâe bâan
guardia (m) de seguridad	ยาม	yaam
azafata (f)	พนักงวนต้อนรับบนเครื่องบิน	phá-nák ngaan dtôrn ráp bon khrêuang bin
profesor (m) (~ de baile, etc.)	อาจารย์	aa-jaan
bibliotecario (m)	บรรณารักษ์	ban-naa-rák
traductor (m)	นักแปล	nák bplae
intérprete (m)	ลาม	lâam
guía (m)	มัคคุเทศก์	mák-khú-thâyt
peluquero (m)	ช่างทำผม	châang tham phǒm
cartero (m)	บุรุษไปรษณีย์	bù-rùt bprai-sà-nee
vendedor (m)	คนขายของ	khon khǎai khǒrng
jardinero (m)	ชาวสวน	chaao sǔan
servidor (m)	คนใช้	khon chái
criada (f)	สาวใช้	sǎao chái
mujer (f) de la limpieza	คนทำความสะอาด	khon tham khwaam sà-àat

126. La profesión militar y los rangos

soldado (m) raso	พลทหาร	phon-thá-hǎan
sargento (m)	สิบเอก	sìp àyk
teniente (m)	ร้อยโท	rói thoh
capitán (m)	ร้อยเอก	rói àyk
mayor (m)	พลตรี	phon-dtree

coronel (m)	พันเอก	phan àyk
general (m)	นายพล	naai phon
mariscal (m)	จอมพล	jorm phon
almirante (m)	พลเรือเอก	phon reua àyk

militar (m)	ทางทหาร	thaang thá-hǎan
soldado (m)	ทหาร	thá-hǎan
oficial (m)	นายทหาร	naai thá-hǎan
comandante (m)	ผู้บัญชาการ	phôo ban-chaa gaan

guardafronteras (m)	ยามเฝ้าชายแดน	yaam fâo chaai daen
radio-operador (m)	พลวิทยุ	phon wít-thá-yú
explorador (m)	ทหารพราน	thá-hǎan phraan
zapador (m)	ทหารช่าง	thá-hǎan châang
tirador (m)	พลแม่นปืน	phon mâen bpeun
navegador (m)	ตนหน	dtôn hǒn

127. Los oficiales. Los sacerdotes

| rey (m) | กษัตริย์ | gà-sàt |
| reina (f) | ราชินี | raa-chí-nee |

| príncipe (m) | เจ้าชาย | jâo chaai |
| princesa (f) | เจาหญิง | jâo yǐng |

| zar (m) | ซาร์ | saa |
| zarina (f) | ซารีนา | saa-ree-naa |

presidente (m)	ประธานาธิบดี	bprà-thaa-naa-thí-bor-dee
ministro (m)	รัฐมนตรี	rát-thà-mon-dtree
primer ministro (m)	นายกรัฐมนตรี	naa-yók rát-thà-mon-dtree
senador (m)	สมาชิกวุฒิสภา	sà-maa-chík wút-thí sà-phaa

diplomático (m)	นักการทูต	nák gaan thôot
cónsul (m)	กงสุล	gong-sǔn
embajador (m)	เอกอัครราชทูต	àyk-gà-àk-krá-râat-chá-tôot
consejero (m)	เจาหน้าที่การทูต	jâo nâa-thêe gaan thôot

funcionario (m)	ข้าราชการ	khâa râat-chá-gaan
prefecto (m)	เจาหน้าที่	jâo nâa-thêe
alcalde (m)	นายกเทศมนตรี	naa-yók thâyt-sà-mon-dtree

| juez (m) | ผู้พิพากษา | phôo phí-phâak-sǎa |
| fiscal (m) | อัยการ | ai-yá-gaan |

| misionero (m) | ผู้สอนศาสนา | phôo sǒrn sàat-sà-nǎa |
| monje (m) | พระ | phrá |

| abad (m) | เจาอาวาส | jâo aa-wâat |
| rabino (m) | พระในศาสนายิว | phrá nai sàat-sà-nǎa yiw |

visir (m)	วีซีร์	wee see
sha (m)	กษัตริย์อิหร่าน	gà-sàt i-ràan
jeque (m)	หัวหน้าเผาอาหรับ	hǔa nâa phào aa-ràp

128. Las profesiones agrícolas

apicultor (m)	คนเลี้ยงผึ้ง	khon líang phêung
pastor (m)	คนเลี้ยงปศุสัตว์	khon líang bpà-sù-sàt
agrónomo (m)	นักปฐพีวิทยา	nák bpà-tà-phee wít-thá-yaa
ganadero (m)	ผู้ขยายพันธุ์สัตว์	phôo khà-yǎai phan sàt
veterinario (m)	สัตวแพทย์	sàt phâet
granjero (m)	ชาวนา	chaao naa
vinicultor (m)	ผู้ผลิตไวน์	phôo phà-lìt wai
zoólogo (m)	นักสัตววิทยา	nák sàt wít-thá-yaa
vaquero (m)	โคบาล	khoh-baan

129. Las profesiones artísticas

actor (m)	นักแสดงชาย	nák sà-daeng chaai
actriz (f)	นักแสดงหญิง	nák sà-daeng yǐng
cantante (m)	นักร้องชาย	nák rórng chaai
cantante (f)	นักร้องหญิง	nák rórng yǐng
bailarín (m)	นักเต้นชาย	nák dtên chaai
bailarina (f)	นักเต้นหญิง	nák dtên yǐng
artista (m)	นักแสดงชาย	nák sà-daeng chaai
artista (f)	นักแสดงหญิง	nák sà-daeng yǐng
músico (m)	นักดนตรี	nák don-dtree
pianista (m)	นักเปียโน	nák bpia noh
guitarrista (m)	ผู้เล่นกีตาร์	phôo lên gee-dtâa
director (m) de orquesta	ผู้ควบคุมวงดนตรี	phôo khûap khum wong don-dtree
compositor (m)	นักแต่งเพลง	nák dtàeng phlayng
empresario (m)	ผู้ควบคุมการแสดง	phôo khûap khum gaan sà-daeng
director (m) de cine	ผู้กำกับภาพยนตร์	phôo gam-gàp phâap-phá-yon
productor (m)	ผู้อำนวยการสร้าง	phôo am-nuay gaan sâang
guionista (m)	คนเขียนบทภาพยนตร์	khon khǐan bòt phâap-phá-yon
crítico (m)	นักวิจารณ์	nák wí-jaan
escritor (m)	นักเขียน	nák khǐan
poeta (m)	นักกวี	nák gà-wee
escultor (m)	ช่างสลัก	châang sà-làk
pintor (m)	ช่างวาดรูป	châang wâat rôop
malabarista (m)	นักมายากลโยนของ	nák maa-yaa gon yohn khǒrng
payaso (m)	ตัวตลก	dtua dtà-lòk
acróbata (m)	นักกายกรรม	nák gaai-yá-gam
ilusionista (m)	นักเลนกล	nák lên gon

130. Profesiones diversas

médico (m)	แพทย์	phâet
enfermera (f)	พยาบาล	phá-yaa-baan
psiquiatra (m)	จิตแพทย์	jìt-dtà-phâet
dentista (m)	ทันตแพทย์	than-dtà phâet
cirujano (m)	ศัลยแพทย์	săn-yá-phâet
astronauta (m)	นักบินอวกาศ	nák bin a-wá-gàat
astrónomo (m)	นักดาราศาสตร์	nák daa-raa sàat
piloto (m)	นักบิน	nák bin
conductor (m) (chófer)	คนขับ	khon khàp
maquinista (m)	คนขับรถไฟ	khon khàp rót fai
mecánico (m)	ช่างเครื่อง	châang khrêuang
minero (m)	คนงานเหมือง	khon ngaan mĕuang
obrero (m)	คนงาน	khon ngaan
cerrajero (m)	ช่างโลหะ	châang loh-hà
carpintero (m)	ช่างไม้	châang máai
tornero (m)	ช่างกลึง	châang gleung
albañil (m)	คนงานก่อสร้าง	khon ngaan gòr sâang
soldador (m)	ช่างเชื่อม	châang chêuam
profesor (m) (título)	ศาสตราจารย์	sàat-sà-dtraa-jaan
arquitecto (m)	สถาปนิก	sà-thăa-bpà-ník
historiador (m)	นักประวัติศาสตร์	nák bprà-wàt sàat
científico (m)	นักวิทยาศาสตร	nák wít-thá-yaa sàat
físico (m)	นักฟิสิกส์	nák fí-sìk
químico (m)	นักเคมี	nák khay-mee
arqueólogo (m)	นักโบราณคดี	nák boh-raan-ná-khá-dee
geólogo (m)	นักธรณีวิทยา	nák thor-rá-nee wít-thá-yaa
investigador (m)	ผู้วิจัย	phôo wí-jai
niñera (f)	พี่เลี้ยงเด็ก	phêe líang dèk
pedagogo (m)	อาจารย์	aa-jaan
redactor (m)	บรรณาธิการ	ban-naa-thí-gaan
redactor jefe (m)	หัวหน้าบรรณาธิการ	hŭa nâa ban-naa-thí-gaan
corresponsal (m)	ผู้สื่อข่าว	phôo sèu khàao
mecanógrafa (f)	พนักงานพิมพ์ดีด	phá-nák ngaan phim dèet
diseñador (m)	นักออกแบบ	nák òrk bàep
especialista (m)	ผู้เชี่ยวชาญด้าน	pôo chîeow-chaan dâan
en ordenadores	คอมพิวเตอร์	khorm-piw-dtêr
programador (m)	นักเขียนโปรแกรม	nák khĭan bproh-graem
ingeniero (m)	วิศวกร	wít-sà-wá-gon
marino (m)	กะลาสี	gà-laa-sĕe
marinero (m)	คนเรือ	khon reua
socorrista (m)	นักกู้ภัย	nák gôo phai
bombero (m)	เจ้าหน้าที่ดับเพลิง	jâo nâa-thêe dàp phlerng
policía (m)	เจ้าหน้าที่ตำรวจ	jâo nâa-thêe dtam-rùat

| vigilante (m) nocturno | คนยาม | khon yaam |
| detective (m) | นักสืบ | nák sèup |

aduanero (m)	เจ้วหน้าที่ศุลกากร	jâo nâa-thêe sŭn-lá-gaa-gon
guardaespaldas (m)	ผูคุมกัน	phôo khúm gan
guardia (m) de prisiones	ผูคุม	phôo khum
inspector (m)	ผูตรวจการ	phôo dtrùat gaan

deportista (m)	นักกีฬา	nák gee-laa
entrenador (m)	โคช	khóht
carnicero (m)	คนขายเนื้อ	khon khăai néua
zapatero (m)	คนซ่อมรองเท้า	khon sôrm rorng tháo
comerciante (m)	คนคา	khon kháa
cargador (m)	คนงานยกของ	khon ngaan yók khŏrng

| diseñador (m) de modas | นักออกแบบแฟชั่น | nák òrk bàep fae-chân |
| modelo (f) | นางแบบ | naang bàep |

131. Los trabajos. El estatus social

| escolar (m) | นักเรียน | nák rian |
| estudiante (m) | นักศึกษา | nák sèuk-săa |

filósofo (m)	นักปราชญ์	nák bpràat
economista (m)	นักเศรษฐศาสตร์	nák sàyt-thà-sàat
inventor (m)	นักประดิษฐ์	nák bprà-dìt

desempleado (m)	คนว่างงาน	khon wâang ngaan
jubilado (m)	ผูเกษียณอายุ	phôo gà-sĭan aa-yú
espía (m)	สายลับ	săai láp

prisionero (m)	นักโทษ	nák thôht
huelguista (m)	คนนัดหยุดงาน	kon nát yùt ngaan
burócrata (m)	อำมาตย์	am-màat
viajero (m)	นักเดินทาง	nák dern-thaang

homosexual (m)	ผูรักเพศเดียวกัน	phôo rák phâyt dieow gan
hacker (m)	แฮ็กเกอร	háek-gêr
hippie (m)	ฮิปปี้	híp-bpêe

bandido (m)	โจร	john
sicario (m)	นักฆ่า	nák khâa
drogadicto (m)	ผูติดยาเสพติด	phôo dtìt yaa-sàyp-dtìt
narcotraficante (m)	ผูคายาเสพติด	phôo kháa yaa-sàyp-dtìt

| prostituta (f) | โสเภณี | sŏh-phay-nee |
| chulo (m), proxeneta (m) | แมงดา | maeng-daa |

brujo (m)	พ่อมด	phôr mót
bruja (f)	แม่มด	mâe mót
pirata (m)	โจรสลัด	john sà-làt
esclavo (m)	ทาส	thâat
samurai (m)	ซามูไร	saa-moo-rai
salvaje (m)	คนป่าเถื่อน	khon bpàa thèuan

Los deportes

deportista (m)	นักกีฬา	nák gee-laa
tipo (m) de deporte	ประเภทกีฬา	bprà-phâyt gee-laa
baloncesto (m)	บาสเก็ตบอล	bàat-gèt-bon
baloncestista (m)	ผู้เลนบาสเก็ตบอล	phôo lâyn bàat-gèt-bon
béisbol (m)	เบสบอล	bàyt-bon
beisbolista (m)	ผู้เลนเบสบอล	phôo lâyn bàyt bon
fútbol (m)	ฟุตบอล	fút bon
futbolista (m)	นักฟุตบอล	nák fút-bon
portero (m)	ผู้รักษาประตู	phôo rák-săa bprà-dtoo
hockey (m)	ฮอกกี้	hôk-gêe
jugador (m) de hockey	ผู้เลนฮอกกี้	phôo lâyn hôk-gêe
voleibol (m)	วอลเลย์บอล	won-lây-bon
voleibolista (m)	ผู้เลนวอลเลย์บอล	phôo lâyn won-lây-bon
boxeo (m)	การชกมวย	gaan chók muay
boxeador (m)	นักมวย	nák muay
lucha (f)	การมวยปล้ำ	gaan muay bplâm
luchador (m)	นักมวยปล้ำ	nák muay bplâm
kárate (m)	คาราเต้	khaa-raa-dtây
karateka (m)	นักคาราเต้	nák khaa-raa-dtây
judo (m)	ยูโด	yoo-doh
judoka (m)	นักยูโด	nák yoo-doh
tenis (m)	เทนนิส	then-nít
tenista (m)	นักเทนนิส	nák then-nít
natación (f)	กีฬาว่ายน้ำ	gee-laa wâai náam
nadador (m)	นักวายน้ำ	nák wâai náam
esgrima (f)	กีฬาฟันดาบ	gee-laa fan dàap
esgrimidor (m)	นักฟันดาบ	nák fan dàap
ajedrez (m)	หมากรุก	màak rúk
ajedrecista (m)	ผู้เลนหมากรุก	phôo lên màak rúk
alpinismo (m)	การปีนเขา	gaan bpeen khăo
alpinista (m)	นักปีนเขา	nák bpeen khăo
carrera (f)	การวิ่ง	gaan wîng

corredor (m)	นักวิ่ง	nák wîng
atletismo (m)	กรีฑา	gree thaa
atleta (m)	นักกรีฑา	nák gree thaa

| deporte (m) hípico | กีฬาขี่ม้า | gee-laa khèe máa |
| jinete (m) | นักขี่ม้า | nák khèe máa |

patinaje (m) artístico	สเก็ตลีลา	sà-gèt lee-laa
patinador (m)	นักแสดงสเก็ตลีลา	nák sà-daeng sà-gèt lee-laa
patinadora (f)	นักแสดงสเก็ตลีลา	nák sà-daeng sà-gèt lee-laa

| levantamiento (m) de pesas | กีฬายกน้ำหนัก | gee-laa yók náam nàk |
| levantador (m) de pesas | นักยกน้ำหนัก | nák yók nám nàk |

| carreras (f pl) de coches | การแข่งรถ | gaan khàeng rót |
| piloto (m) de carreras | นักแขงรถ | nák khàeng rót |

| ciclismo (m) | การแข่งจักรยาน | gaan khàeng jàk-grà-yaan |
| ciclista (m) | นักแขงจักรยาน | nák khàeng jàk-grà-yaan |

salto (m) de longitud	กีฬากระโดดไกล	gee-laa grà-dòht glai
salto (m) con pértiga	กีฬากระโดดค้ำถอ	gee-laa grà dòht khám thòr
saltador (m)	นักกระโดด	nák grà dòht

133. Tipos de deportes. Miscelánea

fútbol (m) americano	อเมริกันฟุตบอล	a-may-rí-gan fút bon
bádminton (m)	แบดมินตัน	bàet-min-dtân
biatlón (m)	ไบแอธลอน	bpai-oht-lon
billar (m)	บิลเลียด	bin-lîat

bobsleigh (m)	ฏารขับเลื่อน นำแข็ง	gaan khàp lêuan náam khàeng
culturismo (m)	การเพาะกาย	gaan phór gaai
waterpolo (m)	กีฬาโปโลน้ำ	gee-laa bpoh loh nám
balonmano (m)	แฮนด์บอล	haen-bon
golf (m)	กอลฟ	góf
remo (m)	การพายเรือ	gaan phaai reua
buceo (m)	การดำน้ำ	gaan dam náam
esquí (m) de fondo	การแขงสกี ตามเสนทาง	gaan khàeng sà-gee dtaam sên thaang
tenis (m) de mesa	กีฬาปิงปอง	gee-laa bping-bpong
vela (f)	การแลนเรือใบ	gaan lâen reua bai
rally (m)	การแขงแรลลี่	gaan khàeng rae lá-lêe
rugby (m)	รักบี้	rák-bêe
snowboarding (m)	สโนว์บอร์ด	sà-nŏh bòt
tiro (m) con arco	การยิงธนู	gaan ying thá-noo

134. El gimnasio

| barra (f) de pesas | บาร์เบลล์ | baa bayn |
| pesas (f pl) | ที่ยกน้ำหนัก | thêe yók nám nàk |

aparato (m) de ejercicios	เครื่องออกกำลังกาย	khrêuang òk gam-lang gaai
bicicleta (f) estática	จักรยานออก	jàk-grà-yaan òk
	กำลังกาย	gam-lang gaai
cinta (f) de correr	ลู่วิ่งออกกำลังกาย	lôo wîng òk gam-lang gaai
barra (f) fija	บาร์เดี่ยว	baa dìeow
barras (f pl) paralelas	บาร์คู่	baa khôo
potro (m)	ม้าขวาง	máa khwǎang
colchoneta (f)	เสื่อออกกำลังกาย	sèua òrk gam-lang gaai
comba (f)	กระโดดเชือก	grà dòht chêuak
aeróbica (f)	แอโรบิก	ae-roh-bìk
yoga (m)	โยคะ	yoh-khá

135. El hóckey

hockey (m)	ฮอกกี้	hôk-gêe
jugador (m) de hockey	ผู้เล่นฮอกกี้	phôo lâyn hôk-gêe
jugar al hockey	เล่นฮอกกี้	lên hók-gêe
hielo (m)	น้ำแข็ง	nám khǎeng
disco (m)	ลูกฮอกกี้	lôok hók-gêe
palo (m) de hockey	ไม้ฮอกกี้	máai hók-gêe
patines (m pl)	รองเท้าสเก็ต	rorng tháo sà-gèt
	น้ำแข็ง	nám khǎeng
muro (m)	ลานสเก็ตน้ำแข็ง	laan sà-gèt nám khǎeng
tiro (m)	การยิง	gaan ying
portero (m)	ผู้รักษาประตู	phôo rák-sǎa bprà-dtoo
gol (m)	ประตู	bprà-dtoo
marcar un gol	ทำประตู	tham bprà-dtoo
periodo (m)	ช่วง	chûang
segundo periodo (m)	ช่วงที่สอง	chûang thêe sǒrng
banquillo (m) de reserva	ซุ่มม้านั่ง	súm máa nâng
	ตัวสำรอง	dtua sǎm-rorng

136. El fútbol

fútbol (m)	ฟุตบอล	fút bon
futbolista (m)	นักฟุตบอล	nák fút-bon
jugar al fútbol	เล่นฟุตบอล	lên fút bon
liga (f) superior	เมเจอร์ลีก	may-jer-lêek
club (m) de fútbol	สโมสรฟุตบอล	sà-moh-sǒn fút-bon
entrenador (m)	โค้ช	khóht
propietario (m)	เจ้าของ	jâo khǒrng
equipo (m)	ทีม	theem
capitán (m) del equipo	หัวหน้าทีม	hǔa nâa theem
jugador (m)	ผู้เล่น	phôo lên

reserva (m)	ผู้เล่นสำรอง	phôo lên săm-rorng
delantero (m)	กองหน้า	gorng nâa
delantero (m) centro	กองหน้าตัวเป้า	gorng nâa dtua bpâo
goleador (m)	ผู้ทำประตู	phôo tham bprà-dtoo
defensa (m)	กองหลัง	gorng lăng
medio (m)	กองกลาง	gorng glaang

match (m)	เกมการแข่ง	gaym gaan khàeng
encontrarse (vr)	พบ	phóp
final (f)	รอบสุดท้าย	rôrp sùt tháai
semifinal (f)	รอบรองชนะเลิศ	rôrp rorng chá-ná lêrt
campeonato (m)	ชิงแชมป์	ching chaem

tiempo (m)	ครึ่ง	khrêung
primer tiempo (m)	ครึ่งแรก	khrêung râek
descanso (m)	ช่วงพักครึ่ง	chûang phák khrêung

puerta (f)	ประตู	bprà-dtoo
portero (m)	ผู้รักษาประตู	phôo rák-săa bprà-dtoo
poste (m)	เสาประตู	săo bprà-dtoo
larguero (m)	คานประตู	khaan bprà-dtoo
red (f)	ตาขาย	dtaa khàai
recibir un gol	เสียประตู	sĭa bprà-dtoo

balón (m)	บอล	bon
pase (m)	การส่ง	gaan sòng
tiro (m)	การเตะ	gaan dtè
lanzar un tiro	เตะ	dtè
tiro (m) de castigo	ฟรีคิก	free khík
saque (m) de esquina	การเตะมุม	gaan dtè mum

ataque (m)	การบุก	gaan bùk
contraataque (m)	การบุกสวนกลับ	gaan bùk sŭan glàp
combinación (f)	การผสมผสาน	gaan phà-sŏm phà-săan

árbitro (m)	ผู้ตัดสิน	phôo dtàt sĭn
silbar (vi)	เป่านกหวีด	bpào nók wèet
silbato (m)	เสียงนกหวีด	sĭang nók wèet
infracción (f)	ฟาวล์	faao
cometer una infracción	ทำฟาวล์	tham faao
expulsar del campo	ไล่ออก	lâi òrk

tarjeta (f) amarilla	ใบเหลือง	bai lĕuang
tarjeta (f) roja	ใบแดง	bai daeng
descalificación (f)	การตัดสิทธิ์	gaan dtàt sìt
descalificar (vt)	ตัดสิทธิ์	dtàt sìt

penalti (m)	ลูกโทษ	lôok thôht
barrera (f)	กำแพง	gam-phaeng
meter un gol	ทำประตู	tham bprà-dtoo
gol (m)	ประตู	bprà-dtoo
marcar un gol	ทำประตู	tham bprà-dtoo

reemplazo (m)	ตัวสำรอง	dtua săm-rorng
reemplazar (vt)	เปลี่ยนตัว	bplìan dtua
reglas (f pl)	กติกา	gà-dtì-gaa

táctica (f)	ยุทธวิธี	yút-thá-wí-thee
estadio (m)	สนาม	sà-nǎam
gradería (f)	อัฒจันทร์	àt-tá-jan
hincha (m)	แฟน	faen
gritar (vi)	ตะโกน	dtà-gohn

| tablero (m) | ป้ายคะแนน | bpâai khá-naen |
| tanteo (m) | คะแนน | khá-naen |

derrota (f)	ความพ่ายแพ้	khwaam phâai pháe
perder (vi)	แพ้	pháe
empate (m)	เสมอ	sà-měr
empatar (vi)	เสมอ	sà-měr

victoria (f)	ชัยชนะ	chai chá-ná
ganar (vi)	ชนะ	chá-ná
campeón (m)	แชมเปี้ยน	chaem-bpîan
mejor (adj)	ดีที่สุด	dee têe sùt
felicitar (vt)	แสดงความยินดี	sà-daeng khwaam yin dee

comentarista (m)	ผู้อธิบาย	phôo à-thí-baai
comentar (vt)	อธิบาย	à-thí-baai
transmisión (f)	การออกอากาศ	gaan òrk aa-gàat

137. El esquí

esquís (m pl)	สกี	sà-gee
esquiar (vi)	เล่นสกี	lên sà-gee
estación (f) de esquí	รีสอร์ทสำหรับ	ree sòt sǎm-ràp
	เล่นสกีบนภูเขา	lên sà-gee bon phoo khǎo
telesquí (m)	ลิฟต์สกี	líf sà-gee

bastones (m pl)	ไม้ค้ำสกี	máai khám sà-gee
cuesta (f)	ทางลาด	thaang lâat
eslalon (m)	การเล่นสกี	gaan lên sà-gee

138. El tenis. El golf

golf (m)	กอล์ฟ	góf
club (m) de golf	กอล์ฟคลับ	góf khláp
jugador (m) de golf	นักกอล์ฟ	nák góf
hoyo (m)	หลุม	lǔm
palo (m)	ไม้ตีกอล์ฟ	mái dtee góf
carro (m) de golf	รถลากถุงกอล์ฟ	rót lâak thǔng góf

tenis (m)	เทนนิส	then-nít
cancha (f) de tenis	สนามเทนนิส	sà-nǎam then-nít
saque (m)	การเสิร์ฟ	gaan sèrf
sacar (servir)	เสิร์ฟ	sèrf
raqueta (f)	ไม้ตีเทนนิส	mái dtee then-nít
red (f)	ตาขาย	dtaa khàai
pelota (f)	ลูกเทนนิส	lôok then-nít

139. El ajedrez

ajedrez (m)	หมากรุก	màak rúk
piezas (f pl)	ตัวหมากรุก	dtua màak rúk
ajedrecista (m)	นักกีฬาหมากรุก	nák gee-laa màak rúk
tablero (m) de ajedrez	กระดานหมากรุก	grà-daan măak-grùk
pieza (f)	ตัวหมากรุก	dtua màak rúk
blancas (f pl)	ขาว	khăao
negras (f pl)	ดำ	dam
peón (m)	เบี้ย	bîa
alfil (m)	บิชอป	bì-chôrp
caballo (m)	มา	máa
torre (f)	เรือ	reua
reina (f)	ควีน	khween
rey (m)	ขุน	khŭn
jugada (f)	การเดิน	gaan dern
jugar (mover una pieza)	เดิน	dern
sacrificar (vt)	สละ	sà-là
enroque (m)	การเข้าป้อม	gaan khâo bpôrm
jaque (m)	รุก	rúk
mate (m)	รุกฆาต	rúk khâat
torneo (m) de ajedrez	การแข่งขันหมากรุก	gaan khàeng khăn màak rúk
gran maestro (m)	แกรนดมาสเตอร	graen maa-sà-dtêr
combinación (f)	การเดินหมาก	gaan dern màak
partida (f)	เกม	gaym
damas (f pl)	หมากฮอส	màak-hórt

140. El boxeo

boxeo (m)	การชกมวย	gaan chók muay
combate (m) (~ de boxeo)	ชกมวย	chók muay
pelea (f) de boxeo	เกมการชกมวย	gaym gaan chók muay
asalto (m)	ยก	yók
cuadrilátero (m)	เวที	way-thee
campana (f)	ฆอง	khórng
golpe (m)	การต่อย	gaan dtòi
knockdown (m)	การน็อค	gaan nórk
nocaut (m)	การน็อคเอาท์	gaan nórk ao
noquear (vt)	น็อคเอาท	nórk ao
guante (m) de boxeo	นวมชกมวย	nuam chók muay
árbltro (m)	กรรมการ	gam-má-gaan
peso (m) ligero	ไลท์เวท	lai-wâyt
peso (m) medio	มิดเดิลเวท	mít dêrn wâyt
peso (m) pesado	เฮฟวี่เวท	hay fá-wêe wâyt

141. Los deportes. Miscelánea

Juegos (m pl) Olímpicos	กีฬาโอลิมปิก	gee-laa oh-lim-bpìk
vencedor (m)	ผู้ชนะ	phôo chá-ná
vencer (vi)	ชนะ	chá-ná
ganar (vi)	ชนะ	chá-ná
líder (m)	ผู้นำ	phôo nam
liderar (vt)	นำ	nam
primer puesto (m)	อันดับที่หนึ่ง	an-dàp thêe nèung
segundo puesto (m)	อันดับที่สอง	an-dàp thêe sŏrng
tercer puesto (m)	อันดับที่สาม	an-dàp thêe săam
medalla (f)	เหรียญรางวัล	rĭan raang-wan
trofeo (m)	ถ้วยรางวัล	thûay raang-wan
copa (f) (trofeo)	เวท	wâyt
premio (m)	รางวัล	raang-wan
premio (m) principal	รางวัลหลัก	raang-wan làk
record (m)	สถิติ	sà-thì-dtì
establecer un record	ทำสถิติ	tham sà-thì-dtì
final (m)	รอบสุดท้าย	rôrp sùt tháai
de final (adj)	สุดท้าย	sùt tháai
campeón (m)	แชมเปี้ยน	chaem-bpîan
campeonato (m)	ชิงแชมป์	ching chaem
estadio (m)	สนาม	sà-năam
gradería (f)	อัฒจันทร์	àt-tá-jan
hincha (m)	แฟน	faen
adversario (m)	คู่ต่อสู้	khôo dtòr sôo
arrancadero (m)	เส้นเริ่ม	sên rêrm
línea (f) de meta	เสนชัย	sên chai
derrota (f)	ความพ่ายแพ้	khwaam phâai pháe
perder (vi)	แพ้	pháe
árbitro (m)	กรรมภาร	gam-má-gaan
jurado (m)	คณะผู้ตัดสิน	khá-ná phôo dtàt sĭn
cuenta (f)	คะแนน	khá-naen
empate (m)	เสมอ	sà-mĕr
empatar (vi)	ได้คะแนนเท่ากัน	dâai khá-naen thâo gan
punto (m)	แต้ม	dtâem
resultado (m)	ผลลัพธ์	phŏn láp
tiempo (m)	ช่วง	chûang
descanso (m)	ช่วงพักครึ่ง	chûang phák khrêung
droga (f), doping (m)	การใช้สารต้องห้าม ทางการกีฬา	gaan chái săan dtôrng hâam thaang gaan gee-laa
penalizar (vt)	ทำโทษ	tham thôht
descalificar (vt)	ตัดสิทธิ์	dtàt sìt

aparato (m)	อุปกรณ์	ù-bpà-gon
jabalina (f)	แหลน	lǎen
peso (m) (lanzamiento de ~)	ลูกเหล็ก	lôok lèk
bola (f) (billar, etc.)	ลูก	lôok
objetivo (m)	เล็งเป้า	leng bpâo
blanco (m)	เป้านิ่ง	bpâo nîng
tirar (vi)	ยิง	ying
preciso (~ disparo)	แม่นยำ	mâen yam
entrenador (m)	โค้ช	khóht
entrenar (vt)	ฝึก	fèuk
entrenarse (vr)	ฝึกหัด	fèuk hàt
entrenamiento (m)	การฝึกหัด	gaan fèuk hàt
gimnasio (m)	โรงยิม	rohng-yim
ejercicio (m)	การออกกำลัง	gaan òrk gam-lang
calentamiento (m)	การอบอุ่นรางกาย	gaan òp ùn râang gaai

La educación

| escuela (f) | โรงเรียน | rohng rian |
| director (m) de escuela | อาจารย์ใหญ่ | aa-jaan yài |

alumno (m)	นักเรียน	nák rian
alumna (f)	นักเรียน	nák rian
escolar (m)	เด็กนักเรียนชาย	dèk nák rian chaai
escolar (f)	เด็กนักเรียนหญิง	dèk nák rian yǐng

enseñar (vt)	สอน	sǒrn
aprender (ingles, etc.)	เรียน	rian
aprender de memoria	ท่องจำ	thôrng jam

aprender (a leer, etc.)	เรียน	rian
estar en la escuela	ไปโรงเรียน	bpai rohng rian
ir a la escuela	ไปโรงเรียน	bpai rohng rian

| alfabeto (m) | ตัวอักษร | dtua àk-sǒn |
| materia (f) | วิชา | wí-chaa |

aula (f)	ห้องเรียน	hôrng rian
lección (f)	ชั่วโมงเรียน	chûa mohng rian
recreo (m)	ช่วงพัก	chûang phák
campana (f)	สัญญาณหมดเรียน	sǎn-yaan mòt rian
pupitre (m)	โต๊ะนักเรียน	dtó nák rian
pizarra (f)	กระดานดำ	grà-daan dam

nota (f)	เกรด	gràyt
buena nota (f)	เกรดดี	gràyt dee
mala nota (f)	เกรดแย่	gràyt yâe
poner una nota	ให้เกรด	hâi gràyt

falta (f)	ข้อผิดพลาด	khôr phìt phlâat
hacer faltas	ทำผิดพลาด	tham phìt phlâat
corregir (un error)	แก้ไข	gâe khǎi
chuleta (f)	โพย	phoi

| deberes (m pl) de casa | การบ้าน | gaan bâan |
| ejercicio (m) | แบบฝึกหัด | bàep fèuk hàt |

estar presente	มาเรียน	maa rian
estar ausente	ขาด	khàat
faltar a las clases	ขาดเรียน	khàat rian

castigar (vt)	ลงโทษ	long thôht
castigo (m)	การลงโทษ	gaan long thôht
conducta (f)	ความประพฤติ	khwaam bprà-préut

libreta (f) de notas	สมุดพก	sà-mùt phók
lápiz (m)	ดินสอ	din-sŏr
goma (f) de borrar	ยางลบ	yaang lóp
tiza (f)	ชอลค	chôrk
cartuchera (f)	กลองดินสอ	glòrng din-sŏr
mochila (f)	กระเป๋า	grà-bpăo
bolígrafo (m)	ปากกา	bpàak gaa
cuaderno (m)	สมุดจด	sà-mùt jòt
manual (m)	หนังสือเรียน	năng-sĕu rian
compás (m)	วงเวียน	wong wian
trazar (vi, vt)	ร่างภาพทางเทคนิค	râang phâap thaang thék-nìk
dibujo (m) técnico	ภาพร่างทางเทคนิค	phâap-râang thaang thék-nìk
poema (m), poesía (f)	กลอน	glorn
de memoria (adv)	โดยทองจำ	doi thôrng jam
aprender de memoria	ทองจำ	thôrng jam
vacaciones (f pl)	เวลาปิดเทอม	way-laa bpìt therm
estar de vacaciones	หยุดปิดเทอม	yùt bpìt therm
pasar las vacaciones	ใช้เวลาหยุดปิดเทอม	chái way-laa yùt bpìt therm
prueba (f) escrita	การทดสอบ	gaan thót sòrp
composición (f)	ความเรียง	khwaam riang
dictado (m)	การเขียนตามคำบอก	gaan khĭan dtaam kam bòrk
examen (m)	การสอบ	gaan sòrp
hacer un examen	สอบไล	sòrp lâi
experimento (m)	การทดลอง	gaan thót lorng

143. Los institutos. La Universidad

academia (f)	โรงเรียน	rohng rian
universidad (f)	มหาวิทยาลัย	má-hăa wít-thá-yaa-lai
facultad (f)	คณะ	khá-ná
estudiante (m)	นักศึกษา	nák sèuk-săa
estudiante (f)	นักศึกษา	nák sèuk-săa
profesor (m)	อาจารย์	aa-jaan
aula (f)	ห้องบรรยาย	hôrng ban-yaai
graduado (m)	บัณฑิต	ban-dìt
diploma (m)	อนุปริญญา	a-nú bpà-rin-yaa
tesis (f) de grado	ปริญญานิพนธ์	bpà-rin-yaa ní-phon
estudio (m)	การวิจัย	gaan wí-jai
laboratorio (m)	หองปฏิบัติการ	hôrng bpà-dtì-bàt gaan
clase (f)	การบรรยาย	gaan ban-yaai
compañero (m) de curso	เพื่อนรวมชั้น	phêuan rûam chán
beca (f)	ทุน	thun
grado (m) académico	วุฒิการศึกษา	wút-thí gaan sèuk-săa

144. Las ciencias. Las disciplinas

matemáticas (f pl)	คณิตศาสตร์	khá-nít sàat
álgebra (f)	พีชคณิต	phee-chá-khá-nít
geometría (f)	เรขาคณิต	ray-khǎa khá-nít
astronomía (f)	ดาราศาสตร์	daa-raa sàat
biología (f)	ชีววิทยา	chee-wá-wít-thá-yaa
geografía (f)	ภูมิศาสตร์	phoo-mí-sàat
geología (f)	ธรณีวิทยา	thor-rá-nee wít-thá-yaa
historia (f)	ประวัติศาสตร์	bprà-wàt sàat
medicina (f)	แพทยศาสตร์	phâet-tha-ya-sàat
pedagogía (f)	ครุศาสตร	khrú sàat
derecho (m)	ธรรมศาสตร์	tham-ma -sàat
física (f)	ฟิสิกส์	fí-sìk
química (f)	เคมี	khay-mee
filosofía (f)	ปรัชญา	bpràt-yaa
psicología (f)	จิตวิทยา	jìt-wít-thá-yaa

145. Los sistemas de escritura. La ortografía

gramática (f)	ไวยากรณ์	wai-yaa-gon
vocabulario (m)	คำศัพท์	kham sàp
fonética (f)	การออกเสียง	gaan òrk sǐang
sustantivo (m)	นาม	naam
adjetivo (m)	คำคุณศัพท์	kham khun-ná-sàp
verbo (m)	กริยา	grì-yaa
adverbio (m)	คำวิเศษณ์	kham wí-sàyt
pronombre (m)	คำสรรพนาม	kham sàp-phá-naam
interjección (f)	คำอุทาน	kham u-thaan
preposición (f)	คำบุพบท	kham bùp-phá-bòt
raíz (f), radical (m)	รากศัพท์	râak sàp
desinencia (f)	คำลงท้าย	kham long tháai
prefijo (m)	คำนำหน้า	kham nam nâa
sílaba (f)	พยางค์	phá-yaang
sufijo (m)	คำเสริมท้าย	kham sěrm tháai
acento (m)	เครื่องหมายเน้น	khrêuang mǎai náyn
apóstrofo (m)	อะพอสทรอฟี	à-phor-sòt-ror-fee
punto (m)	จุด	jùt
coma (m)	จุลภาค	jun-lá-phâak
punto y coma	อัฒภาค	àt-thá-phâak
dos puntos (m pl)	ทวิภาค	thá-wí phâak
puntos (m pl) suspensivos	การละไว้	gaan lá wái
signo (m) de interrogación	เครื่องหมายปรัศนี	khrêuang mǎai bpràt-nee
signo (m) de admiración	เครื่องหมายอัศเจรีย์	khrêuang mǎai àt-sà-jay-ree

comillas (f pl)	อัญประกาศ	an-yá-bprà-gàat
entre comillas	ในอัญประกาศ	nai an-yá-bprà-gàat
paréntesis (m)	วงเล็บ	wong lép
entre paréntesis	ในวงเล็บ	nai wong lép
guión (m)	ยัติภังค์	yát-dtì-phang
raya (f)	ขีดคั่น	khèet khân
blanco (m)	ช่องไฟ	chôrng fai
letra (f)	ตัวอักษร	dtua àk-sŏn
letra (f) mayúscula	อักษรตัวใหญ่	àk-sŏn dtua yài
vocal (f)	สระ	sà-ra
consonante (m)	พยัญชนะ	phá-yan-chá-ná
oración (f)	ประโยค	bprà-yòhk
sujeto (m)	ภาคประธาน	phâak bprà-thaan
predicado (m)	ภาคแสดง	phâak sà-daeng
línea (f)	บรรทัด	ban-thát
en una nueva línea	ที่บรรทัดใหม่	têe ban-thát mài
párrafo (m)	วรรค	wák
palabra (f)	คำ	kham
combinación (f) de palabras	กลุ่มคำ	glùm kham
expresión (f)	วลี	wá-lee
sinónimo (m)	คำพ้องความหมาย	kham phóng khwaam măai
antónimo (m)	คำตรงกันข้าม	kham dtrorng gan khâam
regla (f)	กฎ	gòt
excepción (f)	ข้อยกเว้น	khôr yok-wâyn
correcto (adj)	ถูก	thòok
conjugación (f)	คอนจูเกชัน	khorn joo gay chan
declinación (f)	การกระจายคำ	gaan grà-jaai kham
caso (m)	การก	gaa-rók
pregunta (f)	คำถาม	kham thăam
subrayar (vt)	ขีดเส้นใต้	khèet sên dtâi
línea (f) de puntos	เส้นประ	sên bprà

146. Los idiomas extranjeros

lengua (f)	ภาษา	phaa-săa
extranjero (adj)	ต่างชาติ	dtàang châat
lengua (f) extranjera	ภาษาต่างชาติ	phaa-săa dtàang châat
estudiar (vt)	เรียน	rian
aprender (ingles, etc.)	เรียน	rian
leer (vi, vt)	อ่าน	àan
hablar (vi, vl)	พูด	phôot
comprender (vt)	เข้าใจ	khâo jai
escribir (vt)	เขียน	khĭan
rápidamente (adv)	รวดเร็ว	rûat reo
lentamente (adv)	อย่างช้า	yàang cháa

con fluidez (adv)	อย่างคล่อง	yàang khlôrng
reglas (f pl)	กฎ	gòt
gramática (f)	ไวยากรณ์	wai-yaa-gon
vocabulario (m)	คำศัพท์	kham sàp
fonética (f)	การออกเสียง	gaan òrk sĭang

manual (m)	หนังสือเรียน	năng-sĕu rian
diccionario (m)	พจนานุกรม	phót-jà-naa-nú-grom
manual (m) autodidáctico	หนังสือแบบเรียนด้วยตนเอง	năng-sĕu bàep rian dûay dton ayng
guía (f) de conversación	เฟรสบุก	frayt bùk

casete (m)	เทปคาสเซ็ตต์	thâyp khaas-sét
videocasete (f)	วิดีโอ	wí-dee-oh
disco compacto, CD (m)	CD	see-dee
DVD (m)	DVD	dee-wee-dee

alfabeto (m)	ตัวอักษร	dtua àk-sŏn
deletrear (vt)	สะกด	sà-gòt
pronunciación (f)	การออกเสียง	gaan òrk sĭang

acento (m)	สำเนียง	săm-niang
con acento	มีสำเนียง	mee săm-niang
sin acento	ไม่มีสำเนียง	mâi mee săm-niang

palabra (f)	คำ	kham
significado (m)	ความหมาย	khwaam măai

cursos (m pl)	หลักสูตร	làk sòot
inscribirse (vr)	สมัคร	sà-màk
profesor (m) (~ de inglés)	อาจารย์	aa-jaan

traducción (f) (proceso)	การแปล	gaan bplae
traducción (f) (texto)	คำแปล	kham bplae
traductor (m)	นักแปล	nák bplae
intérprete (m)	ล่าม	lâam

políglota (m)	ผู้รู้หลายภาษา	phôo róo lăai paa-săa
memoria (f)	ความทรงจำ	khwaam song jam

147. Los personajes de los cuentos de hadas

Papá Noel (m)	ซานตาคลอส	saan-dtaa-khlôrt
Cenicienta (f)	ซินเดอเรลลา	sín-day-rayn-lâa
sirena (f)	เงือก	ngêuak
Neptuno (m)	เนปจูน	nâyp-joon

mago (m)	พ่อมด	phôr mót
maga (f)	แม่มด	mâe mót
mágico (adj)	วิเศษ	wí-sàyt
varita (f) mágica	ไม้กายสิทธิ์	mái gaai-yá-sìt

cuento (m) de hadas	เทพนิยาย	thâyp ní-yaai
milagro (m)	ปาฏิหาริย์	bpaa dtì-hăan

| enano (m) | คนแคระ | khon khráe |
| transformarse en … | กลายเป็น... | glaai bpen... |

espíritu (m) (fantasma)	ผี	phěe
fantasma (m)	ภูตผีปีศาจ	phôot phěe bpee-sàat
monstruo (m)	สัตว์ประหลาด	sàt bprà-làat
dragón (m)	มังกร	mang-gon
gigante (m)	ยักษ์	yák

148. Los signos de zodiaco

Aries (m)	ราศีเมษ	raa-sěe mâyt
Tauro (m)	ราศีพฤษภ	raa-sěe phréut-sòp
Géminis (m pl)	ราศีมิถุน	raa-sěe me-thǔn
Cáncer (m)	ราศีกรกฎ	raa-sěe gor-rá-gòt
Leo (m)	ราศีสิงห์	raa-sěe-sǐng
Virgo (m)	ราศีกันย์	raa-sěe gan

Libra (f)	ราศีตุล	raa-sěe dtun
Escorpio (m)	ราศีพฤศจิก	raa-sěe phréut-sà-jìk
Sagitario (m)	ราศีธนว	raa-sěe than
Capricornio (m)	ราศีมังกร	raa-sěe mang-gon
Acuario (m)	ราศีกุมภ	raa-sěe gum
Piscis (m pl)	ราศีมีน	raa-sěe meen

carácter (m)	บุคลิก	bùk-khá-lík
rasgos (m pl) de carácter	ลักษณะบุคลิก	lák-sà-nà bùk-khá-lík
conducta (f)	พฤติกรรม	phréut-dtì-gam
decir la buenaventura	ทำนายชะตา	tham naai chá-dtaa
adivinadora (f)	หมอดู	mǒr doo
horóscopo (m)	ดวงชะตา	duang chá-dtaa

El arte

teatro (m)	โรงละคร	rohng lá-khon
ópera (f)	โอเปรา	oh-bprào
opereta (f)	ละครเพลง	lá-khon phlayng
ballet (m)	บัลเลต์	ban lây
cartelera (f)	โปสเตอร์ละคร	bpòht-dtêr lá-khon
compañía (f) de teatro	คณะผู้แสดง	khá-ná phôo sà-daeng
gira (f) artística	การออกแสดง	gaan òrk sà-daeng
hacer una gira artística	ออกแสดง	òrk sà-daeng
ensayar (vi, vt)	ซ้อม	sórm
ensayo (m)	การซ้อม	gaan sórm
repertorio (m)	รายการละคร	raai gaan lá-khon
representación (f)	การแสดง	gaan sà-daeng
espectáculo (m)	การแสดง มหรสพ	gaan sà-daeng má-hŏr-rá-sòp
pieza (f) de teatro	ละคร	lá-khon
billet (m)	ตั๋ว	dtŭa
taquilla (f)	ช่องจำหน่ายตั๋ว	chôrng jam-nàai dtŭa
vestíbulo (m)	ล็อบบี้	lórp-bêe
guardarropa (f)	ที่รับฝากเสื้อโค้ท	thêe ráp fàak sêua khóht
ficha (f) de guardarropa	ป้ายรับเสื้อ	bpâai ráp sêua
gemelos (m pl)	กล้องส่องสองตา	glôrng sòrng sŏrng dtaa
acomodador (m)	พนักงานที่นำ ไปยังที่นั่ง	phá-nák ngaan thêe nam bpai yang thêe nâng
patio (m) de butacas	ที่นั่งชั้นล่าง	thêe nâng chán lâang
balconcillo (m)	ที่นั่งชั้นสอง	thêe nâng chán sŏrng
entresuelo (m)	ที่นั่งชั้นบน	thêe nâng chán bon
palco (m)	ที่นั่งพิเศษ	thêe nâng phí-sàyt
fila (f)	แถว	thăe
asiento (m)	ที่นั่ง	thêe nâng
público (m)	ผู้ชม	phôo chom
espectador (m)	ผู้เข้าชม	phôo khâo chom
aplaudir (vi, vt)	ปรบมือ	bpròp meu
aplausos (m pl)	การปรบมือ	gaan bpròp meu
ovación (f)	การปรบมือให้เกียรติ	gaan bpròp meu hâi gìat
escenario (m)	เวที	way-thee
telón (m)	ฉาก	chàak
decoración (f)	ฉาก	chàak
bastidores (m pl)	หลังเวที	lăng way-thee
escena (f)	ตอน	dtorn
acto (m)	องค์	ong
entreacto (m)	ช่วงหยุดพัก	chûang yùt phák

150. El cine

| actor (m) | นักแสดงชาย | nák sà-daeng chaai |
| actriz (f) | นักแสดงหญิง | nák sà-daeng yïng |

cine (m) (industria)	ภาพยนตร์	phâap-phá-yon
película (f)	หนัง	năng
episodio (m)	ตอน	dtorn

película (f) policíaca	หนังประโลมโลกสืบสวน	năng sèup sŭan
película (f) de acción	หนังแอ็คชั่น	năng áek-chân
película (f) de aventura	หนังผจญภัย	năng phà-jon phai
película (f) de ciencia ficción	หนังนิยายวิทยาศาสตร์	năng ní-yaai wít-thá-yaa sàat
película (f) de horror	หนังสยองขวัญ	năng sà-yŏrng khwăn

película (f) cómica	หนังตลก	năng dtà-lòk
melodrama (m)	หนังประโลมโลก	năng bprà-lohm lôhk
drama (m)	หนังดรามา	năng dràa maa

película (f) de ficción	หนังเรื่องแต่ง	năng rêuang dtàeng
documental (m)	หนังสารคดี	năng săa-rá-khá-dee
dibujos (m pl) animados	การตูน	gaa-dtoon
cine (m) mudo	หนังเงียบ	năng ngîap

papel (m)	บทบาท	bòt bàat
papel (m) principal	บทบาทนำ	bòt bàat nam
interpretar (vt)	แสดง	sà-daeng

estrella (f) de cine	ดาราภาพยนตร์	daa-raa phâap-phá-yon
conocido (adj)	เป็นที่รู้จักดี	bpen thêe róo jàk dee
famoso (adj)	ชื่อดัง	chêu dang
popular (adj)	ที่นิยม	thêe ní-yom

guión (m) de cine	บท	bòt
guionista (m)	ดูเขียนบท	khon khĭan bòt
director (m) de cine	ผู้กำกับ ภาพยนตร	phôo gam-gàp phâap-phá-yon

productor (m)	ผู้อำนวยการสร้าง	phôo am-nuay gaan sâang
asistente (m)	ผู้ช่วย	phôo chûay
operador (m) de cámara	ช่างกลอง	châang glôrng
doble (m) de riesgo	นักแสดงแทน	nák sà-daeng thaen
doble (m)	นักแสดงแทน	nák sà-daeng thaen

filmar una película	ถ่ายทำภาพยนตร์	thàai tham phâap-phá-yon
audición (f)	การคัดนักแสดง	gaan khát nák sà-daeng
rodaje (m)	การถ่ายทำ	gaan thàai tham
equipo (m) de rodaje	กลุ่มคนถ่าย ภาพยนต	glùm khon thàai phâa-pha-yon
plató (m) de rodaje	สถานที่ ถ่ายทำภาพยนตร์	sà-thăan thêe thàai tham phâap-phá-yon
cámara (f)	กลอง	glôrng

cine (m) (iremos al ~)	โรงภาพยนตร์	rohng phâap-phá-yon
pantalla (f)	หนาจอ	nâa jor
mostrar la película	ฉายภาพยนตร์	chăai phâap-phá-yon

pista (f) sonora	เสียงซาวด์แทร็ก	sĭang saao tráek
efectos (m pl) especiales	เอฟเฟ็กต์พิเศษ	àyf-fék phí-sàyt
subtítulos (m pl)	ซับ	sáp
créditos (m pl)	เครดิต	khray-dìt
traducción (f)	การแปล	gaan bplae

151. La pintura

arte (m)	ศิลปะ	sĭn-lá-bpà
bellas artes (f pl)	วิจิตรศิลป์	wí-jìt sĭn
galería (f) de arte	หอศิลป์	hŏr sĭn
exposición (f) de arte	การจัดแสดงศิลปะ	gaan jàt sà-daeng sĭn-lá-bpà

pintura (f) (tipo de arte)	จิตรกรรม	jìt-dtrà-gam
gráfica (f)	เลขนศิลป์	lâyk-ná-sĭn
abstraccionismo (m)	ศิลปะนามธรรม	sĭn-lá-bpà naam-má-tham
impresionismo (m)	ลัทธิประทับใจ	lát-thí bprà-tháp jai

pintura (f) (cuadro)	ภาพ	phâap
dibujo (m)	ภาพวาด	phâap-wâat
pancarta (f)	โปสเตอร์	bpòht-dtêr

ilustración (f)	ภาพประกอบ	phâap bprà-gòrp
miniatura (f)	รูปปั้นขนาดยอ	rôop bpân khà-nàat yôr
copia (f)	สำเนา	săm-nao
reproducción (f)	การทำซ้ำ	gaan tham sám

mosaico (m)	โมเสก	moh-sàyk
vitral (m)	หนาตางกระจกสี	nâa dtàang grà-jòk sĕe
fresco (m)	ภาพผนัง	phâap phà-năng
grabado (m)	การแกะลาย	gaan gàe laai

busto (m)	รูปปั้นครึ่งตัว	rôop bpân khrêung dtua
escultura (f)	รูปปั้นแกะสลัก	rôop bpân gàe sà-làk
estatua (f)	รูปปั้น	rôop bpân
yeso (m)	ปูนปลาสเตอร์	bpoon bpláat-dtêr
en yeso (adj)	ปูนปลาสเตอร์	bpoon bpláat-dtêr

retrato (m)	ภาพเหมือน	phâap mĕuan
autorretrato (m)	ภาพเหมือนของ ตนเอง	phâap mĕuan khŏrng dton ayng
paisaje (m)	ภาพภูมิทัศน์	phâap phoom-mi -thát
naturaleza (f) muerta	ภาพหุนนิ่ง	phâap hùn nîng
caricatura (f)	ภาพลอ	phâap-lór
boceto (m)	ภาพสเก็ตช์	phâap sà-gèt

pintura (f) (material)	สี	sĕe
acuarela (f)	สีน้ำ	sĕe náam
óleo (m)	สีน้ำมัน	sĕe náam man
lápiz (m)	ดินสอ	din-sŏr
tinta (f) china	หมึกสีดำ	mèuk sĕe dam
carboncillo (m)	ถาน	thàan
dibujar (vi, vt)	วาด	wâat
pintar (vi, vt)	ระบายสี	rá-baai sĕe

posar (vi)	จัดท่า	jàt thâa
modelo (m)	แบบภาพวาด	bàep phâap-wâat
modelo (f)	แบบภาพวาด	bàep phâap-wâat

pintor (m)	ช่างวาดรูป	châang wâat rôop
obra (f) de arte	งานศิลปะ	ngaan sĭn-lá-bpà
obra (f) maestra	งานชิ้นเอก	ngaan chín àyk
estudio (m) (de un artista)	สตูดิโอ	sà-dtoo dì oh

lienzo (m)	ผ้าใบ	phâa bai
caballete (m)	ขาตั้งกระดานวาดรูป	khăa dtâng grà daan wâat rôop
paleta (f)	จานสี	jaan sĕe

marco (m)	กรอบ	gròrp
restauración (f)	การฟื้นฟู	gaan féun foo
restaurar (vt)	ฟื้นฟู	féun foo

152. La literatura y la poesía

literatura (f)	วรรณคดี	wan-ná-khá-dee
autor (m) (escritor)	ผู้แต่ง	phôo dtàeng
seudónimo (m)	นามปากกา	naam bpàak gaa

libro (m)	หนังสือ	năng-sĕu
tomo (m)	เล่ม	lêm
tabla (f) de contenidos	สารบัญ	săa-rá-ban
página (f)	หน้า	nâa
héroe (m) principal	ตัวละครหลัก	dtua lá-khon làk
autógrafo (m)	ลายเซ็น	laai sen

relato (m) corto	เรื่องสั้น	rêuang sân
cuento (m)	เรื่องราว	rêuang raao
novela (f)	นิยาย	ní-yaai
obra (f) literaria	งานเขียน	ngaan khĭan
fábula (f)	นิทาน	ní-thaan
novela (f) policíaca	นิยายสืบสวน	ní-yaai sèup sŭan
verso (m)	กลอน	glorn
poesía (f)	บทกลอน	bòt glorn
poema (m)	บทกวี	bòt gà-wee
poeta (m)	นักกวี	nák gà-wee

bellas letras (f pl)	เรื่องแต่ง	rêuang dtàeng
ciencia ficción (f)	นิยายวิทยาศาสตร์	ní-yaai wít-thá-yaa sàat
aventuras (f pl)	นิยายผจญภัย	ní-yaai phà-jon phai
literatura (f) didáctica	วรรณกรรมการศึกษา	wan-ná-gam gaan sèuk-săa
literatura (f) infantil	วรรณกรรมสำหรับเด็ก	wan-ná-gam săm-ràp dèk

153. El circo

| circo (m) | ละครสัตว์ | lá-khon sàt |
| circo (m) ambulante | ละครสัตว์เร่ร่อน | lá-khon sàt lây rôrn |

| programa (m) | รายการการแสดง | raai gaan gaan sà-daeng |
| representación (f) | การแสดง | gaan sà-daeng |

| número (m) | การแสดง | gaan sà-daeng |
| arena (f) | เวทีละครสัตว์ | way-thee lá-kon sàt |

| pantomima (f) | ละครใบ้ | lá-khon bâi |
| payaso (m) | ตัวตลก | dtua dtà-lòk |

acróbata (m)	นักกายกรรม	nák gaai-yá-gam
acrobacia (f)	กายกรรม	gaai-yá-gam
gimnasta (m)	นักกายกรรม	nák gaai-yá-gam
gimnasia (f) acrobática	กายกรรม	gaai-yá-gam
salto (m)	การตีลังกา	gaan dtee lang-gaa

forzudo (m)	นักกีฬา	nák gee-laa
domador (m)	ผู้ฝึกสัตว์	phôo fèuk sàt
caballista (m)	นักขี่	nák khèe
asistente (m)	ผู้ช่วย	phôo chûay

truco (m)	ผาดโผน	phàat phŏhn
truco (m) de magia	มายากล	maa-yaa gon
ilusionista (m)	นักมายากล	nák maa-yaa gon

malabarista (m)	นักมายากล	nák maa-yaa gon
	โยนของ	yohn khŏrng
malabarear (vt)	โยนของ	yohn khŏrng
amaestrador (m)	ผู้ฝึกสัตว์	phôo fèuk sàt
amaestramiento (m)	การฝึกสัตว์	gaan fèuk sàt
amaestrar (vt)	ฝึก	fèuk

154. La música. La música popular

música (f)	ดนตรี	don-dtree
músico (m)	นักดนตรี	nák don-dtree
instrumento (m) musical	เครื่องดนตรี	khrêuang don-dtree
tocar ...	เล่น	lên

guitarra (f)	กีตาร์	gee-dtâa
violín (m)	ไวโอลิน	wai-oh-lin
violonchelo (m)	เชลโล	chayn-lôh
contrabajo (m)	ดับเบิลเบส	dàp-bern bàyt
arpa (f)	พิณ	phin

piano (m)	เปียโน	bpia noh
piano (m) de cola	แกรนด์เปียโน	graen bpia-noh
órgano (m)	ออร์แกน	or-gaen

instrumentos (m pl) de viento	เครื่องเป่า	khrêuang bpào
oboe (m)	โอโบ	oh-boh
saxofón (m)	แซ็กโซโฟน	sáek-soh-fohn
clarinete (m)	แคลริเน็ต	khlae-rí-nét
flauta (f)	ฟลูต	flút
trompeta (f)	ทรัมเป็ต	thram-bpèt

| acordeón (m) | หีบเพลงชัก | hèep phlayng chák |
| tambor (m) | กลอง | glorng |

dúo (m)	คู่	khôo
trío (m)	วงทริโอ	wong thrí-oh
cuarteto (m)	กลุ่มที่มีสี่คน	glùm thêe mee sèe khon
coro (m)	คณะประสานเสียง	khá-ná bprà-sǎan sǐang
orquesta (f)	วงดุริยางค์	wong dù-rí-yaang

música (f) pop	เพลงป๊อป	phlayng bpòp
música (f) rock	เพลงร็อค	phlayng rók
grupo (m) de rock	วงร็อค	wong rórk
jazz (m)	แจซ	jáet

| ídolo (m) | ไอดอล | ai-dorn |
| admirador (m) | แฟน | faen |

concierto (m)	คอนเสิร์ต	khon-sèrt
sinfonía (f)	ซิมโฟนี	sím-foh-nee
composición (f)	การแต่งเพลง	gaan dtàeng phlayng
escribir (vt)	แต่ง	dtàeng

canto (m)	การร้องเพลง	gaan róng playng
canción (f)	เพลง	phlayng
melodía (f)	เสียงเพลง	sǐang phlayng
ritmo (m)	จังหวะ	jang wà
blues (m)	บลูส์	bloo

notas (f pl)	โน้ตเพลง	nóht phlayng
batuta (f)	ไม้สั้นของวาทยากร	máai sân khǒrng wâa-tha-yaa gon
arco (m)	คันชอ	khan sor
cuerda (f)	สาย	sǎai
estuche (m)	กลอง	glòrng

El descanso. El entretenimiento. El viaje

155. Las vacaciones. El viaje

turismo (m)	การท่องเที่ยว	gaan thôrng thîeow
turista (m)	นักท่องเที่ยว	nák thôrng thîeow
viaje (m)	การเดินทาง	gaan dern thaang
aventura (f)	การผจญภัย	gaan phà-jon phai
viaje (m) (p.ej. ~ en coche)	การเดินทาง	gaan dern thaang
vacaciones (f pl)	วันหยุดพักผ่อน	wan yùt phák phòrn
estar de vacaciones	หยุดพักผ่อน	yùt phák phòrn
descanso (m)	การพัก	gaan phák
tren (m)	รถไฟ	rót fai
en tren	โดยรถไฟ	doi rót fai
avión (m)	เครื่องบิน	khrêuang bin
en avión	โดยเครื่องบิน	doi khrêuang bin
en coche	โดยรถยนต์	doi rót-yon
en barco	โดยเรือ	doi reua
equipaje (m)	สัมภาระ	sǎm-phaa-rá
maleta (f)	กระเป๋าเดินทาง	grà-bpǎo dern-thaang
carrito (m) de equipaje	รถขนสัมภาระ	rót khǒn sǎm-phaa-rá
pasaporte (m)	หนังสือเดินทาง	nǎng-sěu dern-thaang
visado (m)	วีซ่า	wee-sâa
billete (m)	ตั๋ว	dtǔa
billete (m) de avión	ตั๋วเครื่องบิน	dtǔa khrêuang bin
guía (f) (libro)	หนังสือแนะนำ	nǎng-sěu náe nam
mapa (m)	แผนที่	phǎen thêe
área (f) (~ rural)	เขต	khàyt
lugar (m)	สถานที่	sà-thǎan thêe
exotismo (m)	สิ่งแปลกใหม่	sìng bplàek mài
exótico (adj)	ต่างแดน	dtàang daen
asombroso (adj)	น่าประหลาดใจ	nâa bprà-làat jai
grupo (m)	กลุ่ม	glùm
excursión (f)	การเดินทาง ท่องเที่ยว	gaan dern taang thôrng thîeow
guía (m) (persona)	มัคคุเทศก์	mák-khú-thâyt

156. El hotel

hotel (m)	โรงแรม	rohng raem
motel (m)	โรงแรม	rohng raem

de tres estrellas	สามดาว	săam daao
de cinco estrellas	หาดาว	hâa daao
hospedarse (vr)	พัก	phák

habitación (f)	ห้อง	hôrng
habitación (f) individual	ห้องเดี่ยว	hôrng dìeow
habitación (f) doble	หองคู	hôrng khôo
reservar una habitación	จองหอง	jorng hôrng

| media pensión (f) | พักครึ่งวัน | phák khrêung wan |
| pensión (f) completa | พักเต็มวัน | phák dtem wan |

con baño	มีห้องอาบน้ำ	mee hôrng àap náam
con ducha	มีฝักบัว	mee fàk bua
televisión (f) satélite	โทรทัศน์ดาวเทียม	thoh-rá-thát daao thiam
climatizador (m)	เครื่องปรับอากาศ	khrêuang bpràp-aa-gàat
toalla (f)	ผาเช็ดตัว	phâa chét dtua
llave (f)	กุญแจ	gun-jae

administrador (m)	นักบุริหาร	nák bor-rí-hăan
camarera (f)	แมบาน	mâe bâan
maletero (m)	พนักงาน ขนกระเป๋า	phá-nák ngaan khŏn grà-bpăo
portero (m)	พนักงาน เปิดประตู	phá-nák ngaan bpèrt bprà-dtoo

restaurante (m)	ร้านอาหาร	ráan aa-hăan
bar (m)	บาร	baa
desayuno (m)	อาหารเช้า	aa-hăan cháo
cena (f)	อาหารเย็น	aa-hăan yen
buffet (m) libre	บุฟเฟต	bùf-fây

| vestíbulo (m) | ล็อบบี้ | lórp-bêe |
| ascensor (m) | ลิฟต | líf |

| NO MOLESTAR | ห้ามรบกวน | hâam róp guan |
| PROHIBIDO FUMAR | หามสูบบุหรี่ | hâam sòop bù rèe |

157. Los libros. La lectura

libro (m)	หนังสือ	năng-sĕu
autor (m)	ผูแตง	phôo dtàeng
escritor (m)	นักเขียน	nák khĭan
escribir (~ un libro)	เขียน	khĭan

lector (m)	ผูอาน	phôo àan
leer (vi, vt)	อาน	àan
lectura (f)	การอาน	gaan àan

| en silencio | อย่างเงียบๆ | yàang ngîap ngîap |
| en voz alta | ออกเสียงดัง | òrk sĭang dang |

| editar (vt) | ตีพิมพ์ | dtee phim |
| edición (f) (~ de libros) | การตีพิมพ์ | gaan dtee phim |

| editor (m) | ผู้พิมพ์ | phôo phim |
| editorial (f) | สำนักพิมพ์ | săm-nák phim |

salir (libro)	ออก	òrk
salida (f) (de un libro)	การออก	gaan òrk
tirada (f)	จำนวน	jam-nuan

| librería (f) | ร้านหนังสือ | ráan năng-sĕu |
| biblioteca (f) | หองสมุด | hôrng sà-mùt |

cuento (m)	เรื่องราว	rêuang raao
relato (m) corto	เรื่องสั้น	rêuang sân
novela (f)	นิยาย	ní-yaai
novela (f) policíaca	นิยายสืบสวน	ní-yaai sèup sŭan

memorias (f pl)	บันทึกความทรงจำ	ban-théuk khwaam song jam
leyenda (f)	ตำนาน	dtam naan
mito (m)	นิทานปรัมปรา	ní-thaan bpram bpraa

versos (m pl)	บทกวี	bòt gà-wee
autobiografía (f)	อัตชีวประวัติ	àt-chee-wá-bprà-wàt
obras (f pl) escogidas	งานที่ผ่าน	ngaan thêe phàan
	การคัดเลือก	gaan khát lêuak
ciencia ficción (f)	นิยายวิทยาศาสตร์	ní-yaai wít-thá-yaa sàat

título (m)	ชื่อเรื่อง	chêu rêuang
introducción (f)	บทนำ	bòt nam
portada (f)	หนาแรก	nâa râek

capítulo (m)	บท	bòt
extracto (m)	ขอความที่	khôr khwaam thêe
	คัดออกมา	khát òk maa
episodio (m)	ตอน	dtorn

sujeto (m)	เค้าเรื่อง	kháo rêuang
contenido (m)	เนื้อหา	néua hăa
tabla (f) de contenidos	สารบัญ	săa-rá-ban
héroe (m) principal	ตัวละครหลัก	dtua lá-khon làk

tomo (m)	เล่ม	lêm
cubierta (f)	ปก	bpòk
encuadernado (m)	สัน	săn
marcador (m) de libro	ที่คั่นหนังสือ	thêe khân năng-sĕu

página (f)	หน้า	nâa
hojear (vt)	เปิดผ่านๆ	bpèrt phàan phàan
márgenes (m pl)	ระยะขอบ	rá-yá khòrp
anotación (f)	ความเห็นประกอบ	khwaam hĕn bprà-gòp
nota (f) a pie de página	เชิงอรรถ	cherng àt-tha

texto (m)	บท	bòt
fuente (f)	ตัวพิมพ์	dtua phim
errata (f)	ความพิมพ์ผิด	khwaam phim phìt

| traducción (f) | คำแปล | kham bplae |
| traducir (vt) | แปล | bplae |

original (m)	ต้นฉบับ	dtôn chà-bàp
famoso (adj)	โด่งดัง	dòhng dang
desconocido (adj)	ไม่เป็นที่รู้จัก	mâi bpen thêe róo jàk
interesante (adj)	น่าสนใจ	nâa sŏn jai
best-seller (m)	ขายดี	khǎai dee

diccionario (m)	พจนานุกรม	phót-jà-naa-nú-grom
manual (m)	หนังสือเรียน	nǎng-sĕu rian
enciclopedia (f)	สารานุกรม	sǎa-raa-nú-grom

158. La caza. La pesca

caza (f)	การล่าสัตว์	gaan lâa sàt
cazar (vi, vt)	ล่าสัตว์	lâa sàt
cazador (m)	นักล่าสัตว์	nák lâa sàt

tirar (vi)	ยิง	ying
fusil (m)	ปืนไรเฟิล	bpeun rai-fern
cartucho (m)	กระสุนปืน	grà-sǔn bpeun
perdigón (m)	กระสุน	grà-sǔn

cepo (m)	กับดักเหล็ก	gàp dàk lèk
trampa (f)	กับดัก	gàp dàk
caer en el cepo	ติดกับดัก	dtìt gàp dàk
poner un cepo	วางกับดัก	waang gàp dàk

cazador (m) furtivo	ผู้ลักลอบล่าสัตว์	phôo lák lôrp lâa sàt
caza (f) menor	สัตว์ที่ถูกล่า	sàt têe thòok lâa
perro (m) de caza	หมาล่าเนื้อ	mǎa lâa néua
safari (m)	ซาฟารี	saa-faa-ree
animal (m) disecado	สัตว์สตาฟ	sàt sà-dtàaf

pescador (m)	คนประมง	khon bprà-mong
pesca (f)	การจับปลา	gaan jàp bplaa
pescar (vi)	จับปลา	jàp bplaa

caña (f) de pescar	คันเบ็ด	khan bèt
sedal (m)	สายเบ็ด	sǎai bèt
anzuelo (m)	ตะขอ	dtà-khǒr
flotador (m)	ทุ่น	thûn
cebo (m)	เหยื่อ	yèua

lanzar el anzuelo	เหวี่ยงเบ็ด	wìang bèt
picar (vt)	งับเหยื่อ	ngáp yèua
pesca (f) (lo pescado)	ปลาจับ	bpla jàp
agujero (m) en el hielo	ช่องน้ำแข็ง	chôrng nám khǎeng

red (f)	แหจับปลา	hǎe jàp bplaa
barca (f)	เรือ	reua
pescar con la red	จับปลาด้วยแห	jàp bplaa dûay hǎe
tirar la red	เหวี่ยงแห	wìang hǎe
sacar la red	ลากอวน	lâak uan
caer en la red	ติดแห	dtìt hǎe
ballenero (m) (persona)	นักล่าปลาวาฬ	nák lâa bplaa waan

| ballenero (m) (barco) | เรือล่าปลาวาฬ | reua lâa bplaa waan |
| arpón (m) | ฉมวก | chà-mùak |

159. Los juegos. El billar

billar (m)	บิลเลียด	bin-lîat
sala (f) de billar	หองบิลเลียด	hôrng bin-lîat
bola (f) de billar	ลูก	lôok

entronerar la bola	แทงลูกลงหลุม	thaeng lôok long lǔm
taco (m)	ไมคิว	máai khiw
tronera (f)	หลุม	lǔm

160. Los juegos. Las cartas

carta (f)	ไพ่	phâi
cartas (f pl)	ไพ	phâi
baraja (f)	สำรับไพ่	sǎm-ráp phâi
triunfo (m)	ไต	dtǎi

cuadrados (m pl)	ข้าวหลามตัด	khâao lǎam dtàt
picas (f pl)	โพดำ	phoh dam
corazones (m pl)	โพแดง	phoh daeng
tréboles (m pl)	ดอกจิก	dòrk jìk

as (m)	เอส	àyt
rey (m)	คิง	king
dama (f)	แหมม	màem
sota (f)	แจค	jáek

dar, distribuir (repartidor)	แจกไพ่	jàek phâi
barajar (vt) (mezclar las cartas)	สับไพ	sàp phâi
jugada (f) (turno)	ที	thee
punto (m)	แตม	dtâem
fullero (m)	คนโกงไพ่	khon gohng phâi

161. El casino. La ruleta

casino (m)	คาสิโน	khaa-sì-noh
ruleta (f)	รูเล็ตต	roo-lèt
puesta (f)	เดิมพัน	derm phan
apostar (vt)	วางเดิมพัน	waang derm phan

rojo (m)	แดง	daeng
negro (m)	ดำ	dam
apostar al rojo	เดิมพันสีแดง	derm phan sěe daeng
apostar al negro	เดิมพันสีดำ	derm phan sěe dam
crupier (m, f)	เจามือ	jâo meu
girar la ruleta	หมุนกงลอ	mǔn gong lór

142

| reglas (f pl) de juego | กติกา | gà-dtì-gaa |
| ficha (f) | ชิป | chíp |

| ganar (vi, vt) | ชนะ | chá-ná |
| ganancia (f) | รางวัล | raang-wan |

| perder (vi) | เสีย | sĭa |
| pérdida (f) | เงินเสียพนัน | ngern sĭa phá-nan |

jugador (m)	ผู้เล่น	phôo lên
black jack (m)	แบล็คแจ๊ค	blàek-jáek
juego (m) de dados	เกมลูกเต๋า	gaym lôok dtăo
dados (m pl)	เต๋า	dtăo
tragaperras (f)	ตู้สล็อต	dtôo sà-lòrt

162. El descanso. Los juegos. Miscelánea

pasear (vi)	เดินเล่น	dern lên
paseo (m) (caminata)	การเดินเล่น	gaan dern lên
paseo (m) (en coche)	การนั่งรถ	gaan nâng rót
aventura (f)	การผจญภัย	gaan phà-jon phai
picnic (m)	ปิคนิค	bpìk-ník

juego (m)	เกม	gaym
jugador (m)	ผู้เล่น	phôo lên
partido (m)	เกม	gaym

coleccionista (m)	นักสะสม	nák sà-sŏm
coleccionar (vt)	สะสม	sà-sŏm
colección (f)	การสะสม	gaan sà-sŏm
crucigrama (m)	ปริศนาอักษรไขว้	bprìt-sà-năa àk-sŏn khwâi
hipódromo (m)	ลู่แข่ง	lôo khàeng
discoteca (f)	ดิสโก	dít-gôh

sauna (f)	ชาวน่า	saao-nâa
lotería (f)	สลากกินแบ่ง	sà-làak gin bàeng
marcha (f)	การเดินทาง ตั้งแคมป์	gaan dern thaang dtâng-khaem
campo (m)	แคมป์	khaem
campista (m)	ผู้เดินทาง ตั้งแคมป์	phôo dern thaang dtâng-khaem
tienda (f) de campaña	เต็นท์	dtáyn
brújula (f)	เข็มทิศ	khĕm thít

ver (la televisión)	ดู	doo
telespectador (m)	ผู้ชมทีวี	phôo chom thee wee
programa (m) de televisión	รายการทีวี	raai gaan thee wee

163. La fotografía

| cámara (f) fotográfica | กล้อง | glôrng |
| fotografía (f) (una foto) | ภาพถ่าย | phâap thàai |

fotógrafo (m)	ช่างถ่ายภาพ	châang thàai phâap
estudio (m) fotográfico	หองถ่ายภาพ	hôrng thàai phâap
álbum (m) de fotos	อัลบั้มภาพถาย	an-bâm phâap-thàai

objetivo (m)	เลนส์กล้อง	len glôrng
teleobjetivo (m)	เลนส์ถายไกล	len thàai glai
filtro (m)	ฟิลเตอร์	fin-dtêr
lente (m)	เลนส์	len

óptica (f)	ออปติก	orp-dtìk
diafragma (m)	รูรับแสง	roo ráp săeng
tiempo (m) de exposición	เวลาในการถ่ายภาพ	way-laa nai gaan thàai phâap
visor (m)	เครื่องจับภาพ	khrêuang jàp phâap

cámara (f) digital	กล้องดิจิตอล	glôrng dì-jì-dton
trípode (m)	ขาตั้งกลอง	khăa dtâng glông
flash (m)	แฟลช	flâet

fotografiar (vt)	ถ่ายภาพ	thàai phâap
hacer fotos	ถ่ายภาพ	thàai phâap
fotografiarse (vr)	ได้รับการ	dâai ráp gaan
	ถ่ายภาพให้	thàai phâap hâi

foco (m)	โฟกัส	foh-gát
enfocar (vt)	โฟกัส	foh-gát
nítido (adj)	คมชัด	khom chát
nitidez (f)	ความคมชัด	khwaam khom chát

| contraste (m) | ความเปรียบต่าง | khwaam bprìap dtàang |
| de alto contraste (adj) | เปรียบตาง | bprìap dtàang |

foto (f)	ภาพ	phâap
negativo (m)	ภาพเนกาทีฟ	phâap nay gaa thêef
película (f) fotográfica	ฟิล์ม	fim
fotograma (m)	เฟรม	fraym
imprimir (vt)	พิมพ์	phim

164. La playa. La natación

playa (f)	ชายหาด	chaai hàat
arena (f)	ทราย	saai
desierto (playa ~a)	ราง	ráang

bronceado (m)	ผิวคล้ำแดด	phĭw khlám dàet
broncearse (vr)	ตากแดด	dtàak dàet
bronceado (adj)	มีผิวคล้ำแดด	mee phĭw khlám dàet
protector (m) solar	ครีมกันแดด	khreem gan dàet

bikini (m)	บิกินี่	bì-gì-nee
traje (m) de baño	ชุดวายน้ำ	chút wâai náam
bañador (m)	กางเกงวายน้ำ	gaang-gayng wâai náam

| piscina (f) | สระวายน้ำ | sà wâai náam |
| nadar (vi) | วายน้ำ | wâai náam |

ducha (f)	ฝักบัว	fàk bua
cambiarse (vr)	เปลี่ยนชุด	bplian chút
toalla (f)	ผ้าเช็ดตัว	phâa chét dtua
barca (f)	เรือ	reua
lancha (f) motora	เรือยนต์	reua yon
esquís (m pl) acuáticos	สกีน้ำ	sà-gee nám
bicicleta (f) acuática	เรือถีบ	reua thèep
surf (m)	การโต้คลื่น	gaan dtôh khlêun
surfista (m)	นักโต้คลื่น	nák dtôh khlêun
equipo (m) de buceo	อุปกรณ์ดำน้ำ	u-bpà-gon dam náam
aletas (f pl)	ตีนกบ	dteen gòp
máscara (f) de buceo	หน้ากากดำน้ำ	nâa gàak dam náam
buceador (m)	นักประดาน้ำ	nák bprà-daa náam
bucear (vi)	ดำน้ำ	dam náam
bajo el agua (adv)	ใต้น้ำ	dtâi nám
sombrilla (f)	ร่มชายหาด	rôm chaai hàat
tumbona (f)	เตียงอาบแดด	dtiang àap dàet
gafas (f pl) de sol	แว่นกันแดด	wâen gan dàet
colchoneta (f) inflable	ที่นอนเป่าลม	thêe non bpào lom
jugar (divertirse)	เล่น	lên
bañarse (vr)	ไปว่ายน้ำ	bpai wâai náam
pelota (f) de playa	บอล	bon
inflar (vt)	เติมลม	dterm lom
inflable (colchoneta ~)	แบบเติมลม	bàep dterm lom
ola (f)	คลื่น	khlêun
boya (f)	ทุ่นลอย	thûn loi
ahogarse (vr)	จมน้ำ	jom náam
salvar (vt)	ช่วยชีวิต	chûay chee-wít
chaleco (m) salvavidas	เสื้อชูชีพ	sêua choo chêep
observar (vt)	สังเกตการณ์	săng-gàyt gaan
socorrista (m)	ไลฟ์การ์ด	lai-gàat

145

EL EQUIPO TÉCNICO. EL TRANSPORTE

El equipo técnico

165. El computador

ordenador (m)	คอมพิวเตอร์	khorm-phiw-dtêr
ordenador (m) portátil	โน้ตบุ๊ค	nóht búk
encender (vt)	เปิด	bpèrt
apagar (vt)	ปิด	bpìt
teclado (m)	แป้นพิมพ์	bpâen phim
tecla (f)	ปุ่ม	bpùm
ratón (m)	เมาส์	mao
alfombrilla (f) para ratón	แผ่นรองเมาส์	phàen rorng mao
botón (m)	ปุ่ม	bpùm
cursor (m)	เคอร์เซอร์	khêr-sêr
monitor (m)	จอมอนิเตอร์	jor mor-ní-dtêr
pantalla (f)	หน้าจอ	nâa jor
disco (m) duro	ฮาร์ดดิสก์	hâat-dìt
volumen (m) de disco duro	ความจุฮาร์ดดิสก์	kwaam jù hâat-dìt
memoria (f)	หน่วยความจำ	nùay khwaam jam
memoria (f) operativa	หน่วยความจำ	nùay khwaam jam
	เขาถึงโดยสุ่ม	khâo thĕung doi sùm
archivo, fichero (m)	ไฟล์	fai
carpeta (f)	โฟลเดอร์	fohl-dêr
abrir (vt)	เปิด	bpèrt
cerrar (vt)	ปิด	bpìt
guardar (un archivo)	บันทึก	ban-théuk
borrar (vt)	ลบ	lóp
copiar (vt)	คัดลอก	khát lôrk
ordenar (vt) (~ de A a Z, etc.)	จัดเรียง	jàt riang
transferir (vt)	ทำสำเนา	tham sǎm-nao
programa (m)	โปรแกรม	bproh-graem
software (m)	ซอฟต์แวร์	sôf-wae
programador (m)	นักเขียนโปรแกรม	nák khǐan bproh-graem
programar (vt)	เขียนโปรแกรม	khǐan bproh-graem
hacker (m)	แฮ็กเกอร์	háek-gêr
contraseña (f)	รหัสผ่าน	rá-hàt phàan
virus (m)	ไวรัส	wai-rát
detectar (vt)	ตรวจพบ	dtrùat phóp

octeto, byte (m)	ไบท์	bai
megaocteto (m)	เมกะไบท์	may-gà-bai
datos (m pl)	ข้อมูล	khôr moon
base (f) de datos	ฐานข้อมูล	thǎan khôr moon
cable (m)	สายเคเบิล	sǎai khay-bêrn
desconectar (vt)	ตัดการเชื่อมต่อ	dtàt gaan chêuam dtòr
conectar (vt)	เชื่อมต่อ	chêuam dtòr

166. El internet. El correo electrónico

internet (m), red (f)	อินเทอร์เน็ต	in-thêr-nét
navegador (m)	เบราว์เซอร์	brao-sêr
buscador (m)	โปรแกรมค้นหา	bproh-graem khón hǎa
proveedor (m)	ผู้ให้บริการ	phôo hâi bor-rí-gaan
webmaster (m)	เว็บมาสเตอร์	wép-mâat-dtêr
sitio (m) web	เว็บไซต์	wép sai
página (f) web	เว็บเพจ	wép phâyt
dirección (f)	ที่อยู่	thêe yòo
libro (m) de direcciones	สมุดที่อยู่	sà-mùt thêe yòo
buzón (m)	กล่องจดหมายอีเมลล์	glòrng jòt mǎai ee-mayn
correo (m)	จดหมาย	jòt mǎai
lleno (adj)	เต็ม	dtem
mensaje (m)	ข้อความ	khôr khwaam
correo (m) entrante	ข้อความขาเข้า	khôr khwaam khǎa khâo
correo (m) saliente	ข้อความขาออก	khôr khwaam khǎa òrk
expedidor (m)	ผู้ส่ง	phôo sòng
enviar (vt)	ส่ง	sòng
envío (m)	การส่ง	gaan sòng
destinatario (m)	ผู้รับ	phôo ráp
recibir (vt)	รับ	ráp
correspondencia (f)	การติดต่อกัน	gaan dtìt dtòr gan
	ทางจดหมาย	thaang jòt mǎai
escribirse con …	ติดต่อกันทางจดหมาย	dtìt dtòr gan thaang jòt mǎai
archivo, fichero (m)	ไฟล์	fai
descargar (vt)	ดาวน์โหลด	daao lòht
crear (vt)	สร้าง	sâang
borrar (vt)	ลบ	lóp
borrado (adj)	ถูกลบ	thòok lóp
conexión (f) (ADSL, etc.)	การเชื่อมต่อ	gaan chêuam dtòr
velocidad (f)	ความเร็ว	khwaam reo
módem (m)	โมเด็ม	moh-dem
acceso (m)	การเข้าถึง	gaan khâo thěung
puerto (m)	พอร์ท	phôt

| conexión (f) (establecer la ~) | การเชื่อมต่อ | gaan chêuam dtòr |
| conectarse a … | เชื่อมตอกับ… | chêuam dtòr gàp… |

| seleccionar (vt) | เลือก | lêuak |
| buscar (vt) | คนหา | khón hǎa |

167. La electricidad

electricidad (f)	ไฟฟ้า	fai fáa
eléctrico (adj)	ทางไฟฟ้า	thaang fai-fáa
central (f) eléctrica	โรงไฟฟ้า	rohng fai-fáa
energía (f)	พลังงาน	phá-lang ngaan
energía (f) eléctrica	กำลังไฟฟ้า	gam-lang fai-fáa

bombilla (f)	หลอดไฟฟ้า	lòrt fai fáa
linterna (f)	ไฟฉาย	fai chǎai
farola (f)	เสาไฟถนน	sǎo fai thà-nǒn

luz (f)	ไฟ	fai
encender (vt)	เปิด	bpèrt
apagar (vt)	ปิด	bpìt
apagar la luz	ปิดไฟ	bpìt fai
quemarse (vr)	ขาด	khàat
circuito (m) corto	การลัดวงจร	gaan lát wong-jon
ruptura (f)	สายขาด	sǎai khàat
contacto (m)	สายตอกัน	sǎai dtòr gan

interruptor (m)	สวิตช์ไฟ	sà-wít fai
enchufe (m)	เต๋าเสียบปลั๊กไฟ	dtâo sìap bplák fai
clavija (f)	ปลั๊กไฟ	bplák fai
alargador (m)	สายพวงไฟ	sǎai phûang fai
fusible (m)	ฟิวส	fiw
cable, hilo (m)	สายไฟ	sǎai fai
instalación (f) eléctrica	การเดินสายไฟ	gaan dern sǎai fai

amperio (m)	แอมแปร์	aem-bpae
amperaje (m)	กำลังไฟฟ้า	gam-lang fai-fáa
voltio (m)	โวลต	wohn
voltaje (m)	แรงดันไฟฟ้า	raeng dan fai fáa

| aparato (m) eléctrico | เครื่องใช้ไฟฟ้า | khrêuang chái fai fáa |
| indicador (m) | ตัวระบุ | dtua rá-bù |

electricista (m)	ช่างไฟฟ้า	châang fai-fáa
soldar (vt)	บัดกรี	bàt-gree
soldador (m)	หัวแรงบัดกรี	hǔa ráeng bàt-gree
corriente (f)	กระแสไฟฟ้า	grà-sǎe fai fáa

168. Las herramientas

| instrumento (m) | เครื่องมือ | khrêuang meu |
| instrumentos (m pl) | เครื่องมือ | khrêuang meu |

maquinaria (f)	อุปกรณ์	ù-bpà-gon
martillo (m)	ค้อน	khórn
destornillador (m)	ไขควง	khǎi khuang
hacha (f)	ขวาน	khwǎan
sierra (f)	เลื่อย	lêuay
serrar (vt)	เลื่อย	lêuay
cepillo (m)	กบไสไม้	gòp sǎi máai
cepillar (vt)	ไสกบ	sǎi gòp
soldador (m)	หัวแรงบัดกรี	hǔa ráeng bàt-gree
soldar (vt)	บัดกรี	bàt-gree
lima (f)	ตะไบ	dtà-bai
tenazas (f pl)	คีม	kheem
alicates (m pl)	คีมปอกสายไฟ	kheem bpòk sǎai fai
escoplo (m)	สิ่ว	sìw
broca (f)	หัวสว่าน	hǔa sà-wàan
taladro (m)	สว่านไฟฟ้า	sà-wàan fai fáa
taladrar (vi, vt)	เจาะ	jòr
cuchillo (m)	มีด	mêet
navaja (f)	มีดพก	mêet phók
filo (m)	ใบ	bai
agudo (adj)	คม	khom
embotado (adj)	ทื่อ	thêu
embotarse (vr)	ทำให้...ทื่อ	tham hâi...thêu
afilar (vt)	ลับคม	láp khom
perno (m)	สลักเกลียว	sà-làk glieow
tuerca (f)	แหวนสกรู	wǎen sà-groo
filete (m)	เกลียว	glieow
tornillo (m)	สกรู	sà-groo
clavo (m)	ตะปู	dtà-bpoo
cabeza (f) del clavo	หัวตะปู	hǔa dtà-bpoo
regla (f)	ไม้บรรทัด	máai ban-thát
cinta (f) métrica	เทปวัดระยะทาง	thâyp wát rá-yá taang
nivel (m) de burbuja	เครื่องวัดระดับน้ำ	khrêuang wát rá-dàp náam
lupa (f)	แว่นขยาย	wâen khà-yǎai
aparato (m) de medida	เครื่องมือวัด	khrêuang meu wát
medir (vt)	วัด	wát
escala (f) (~ métrica)	อัตรา	àt-dtraa
lectura (f)	คามิเตอร์	khâa mí-dtêr
compresor (m)	เครื่องอัดอากาศ	khrêuang àt aa-gàat
microscopio (m)	กล้องจุลทัศน์	glôrng jun-la -thát
bomba (f) (~ de agua)	ปั๊ม	bpám
robot (m)	หุ่นยนต์	hùn yon
láser (m)	เลเซอร์	lay-sêr
llave (f) de tuerca	ประแจ	bprà-jae
cinta (f) adhesiva	เทปกาว	thâyp gaao

cola (f), pegamento (m)	กาว	gaao
papel (m) de lija	กระดาษทราย	grà-dàat saai
resorte (m)	สปริง	sà-bpring
imán (m)	แม่เหล็ก	mâe lèk
guantes (m pl)	ถุงมือ	thǔng meu

cuerda (f)	เชือก	chêuak
cordón (m)	สาย	sǎai
hilo (m) (~ eléctrico)	สายไฟ	sǎai fai
cable (m)	สายเคเบิล	sǎai khay-bêrn

almádana (f)	ค้อนขนาดใหญ่	khón khà-nàat yài
barra (f)	ชะแลง	chá-laeng
escalera (f) portátil	บันได	ban-dai
escalera (f) de tijera	กระได	grà-dai

atornillar (vt)	ขันเกลียวเข้า	khǎn glieow khâo
destornillar (vt)	ขันเกลียวออก	khǎn glieow òk
apretar (vt)	ขันให้แน่น	khǎn hâi náen
pegar (vt)	ติดกาว	dtìt gaao
cortar (vt)	ตัด	dtàt

fallo (m)	ความผิดพลาด	khwaam phìt phlâat
reparación (f)	การซ่อมแซม	gaan sôrm saem
reparar (vt)	ซ่อม	sôrm
regular, ajustar (vt)	ปรับ	bpràp

verificar (vt)	ตรวจ	dtrùat
control (m)	การตรวจ	gaan dtrùat
lectura (f) (~ del contador)	คามิเตอร์	khâa mí-dtêr

fiable (máquina)	ไว้วางใจได้	wái waang jai dâai
complicado (adj)	ซับซ้อน	sáp són

oxidarse (vr)	ขึ้นสนิม	khêun sà-nǐm
oxidado (adj)	เป็นสนิม	bpen sà-nǐm
óxido (m)	สนิม	sà-nǐm

El transporte

169. El avión

Español	ไทย	Transcripción
avión (m)	เครื่องบิน	khrêuang bin
billete (m) de avión	ตั๋วเครื่องบิน	dtŭa khrêuang bin
compañía (f) aérea	สายการบิน	săai gaan bin
aeropuerto (m)	สนามบิน	sà-năam bin
supersónico (adj)	ความเร็วเหนือเสียง	khwaam reo nĕua-sĭang
comandante (m)	กัปตัน	gàp dtan
tripulación (f)	ลูกเรือ	lôok reua
piloto (m)	นักบิน	nák bin
azafata (f)	พนักงวนต้อนรับ บนเครื่องบิน	phá-nák ngaan dtôrn ráp bon khrêuang bin
navegador (m)	ต้นหน	dtôn hŏn
alas (f pl)	ปีก	bpèek
cola (f)	หาง	hăang
cabina (f)	หองนักบิน	hôrng nák bin
motor (m)	เครื่องยนต์	khrêuang yon
tren (m) de aterrizaje	โครงสวนลาง ของเครื่องบิน	khrorng sùan lâang khŏrng khrêuang bin
turbina (f)	กังหัน	gang-hăn
hélice (f)	ใบพัด	bai phát
caja (f) negra	กลองดำ	glòrng dam
timón (m)	คันบังคับ	khan bang-kháp
combustible (m)	เชื้อเพลิง	chéua phlerng
instructivo (m) de seguridad	คู่มือความปลอดภัย	khôo meu khwaam bplòt phai
respirador (m) de oxígeno	หน้ากากอ็อกซิเจน	nâa gàak ók sí jayn
uniforme (m)	เครื่องแบบ	khrêuang bàep
chaleco (m) salvavidas	เสื้อชูชีพ	sêua choo chêep
paracaídas (m)	รมชูชีพ	rôm choo chêep
despegue (m)	การบินขึ้น	gaan bin khêun
despegar (vi)	บินขึ้น	bin khêun
pista (f) de despegue	ทางวิ่งเครื่องบิน	thaang wîng khrêuang bin
visibilidad (f)	ทัศนวิสัย	thát sá ná wí-săi
vuelo (m)	การบิน	gaan bin
altura (f)	ความสูง	khwaam sŏong
pozo (m) de aire	หลุมอากาศ	lŭm aa-gàat
asiento (m)	ที่นั่ง	thêo nâng
auriculares (m pl)	หูฟัง	hŏo fang
mesita (f) plegable	ถาดพับเก็บได้	thàat pháp gèp dâai
ventana (f)	หน้าตางเครื่องบิน	nâa dtàang khrêuang bin
pasillo (m)	ทางเดิน	thaang dern

170. El tren

tren (m)	รถไฟ	rót fai
tren (m) de cercanías	รถไฟชานเมือง	rót fai chaan meuang
tren (m) rápido	รถไฟด่วน	rót fai dùan
locomotora (f) diésel	รถจักรดีเซล	rót jàk dee-sayn
tren (m) de vapor	รถจักรไอน้ำ	rót jàk ai náam
coche (m)	ตู้โดยสาร	dtôo doi săan
coche (m) restaurante	ตูเสบียง	dtôo sà-biang
rieles (m pl)	รางรถไฟ	raang rót fai
ferrocarril (m)	ทางรถไฟ	thaang rót fai
traviesa (f)	หมอนรองราง	mŏrn rorng raang
plataforma (f)	ชานชลา	chaan-chá-laa
vía (f)	ราง	raang
semáforo (m)	ไฟสัญญาณรถไฟ	fai săn-yaan rót fai
estación (f)	สถานี	sà-thăa-nee
maquinista (m)	คนขับรถไฟ	khon khàp rót fai
maletero (m)	พนักงานยกกระเป๋า	phá-nák ngaan yók grà-bpăo
mozo (m) del vagón	พนักงานรถไฟ	phá-nák ngaan rót fai
pasajero (m)	ผู้โดยสาร	phôo doi săan
revisor (m)	พนักงานตรวจตั๋ว	phá-nák ngaan dtrùat dtŭa
corredor (m)	ทางเดิน	thaang dern
freno (m) de urgencia	เบรคฉุกเฉิน	bràyk chùk-chĕrn
compartimiento (m)	ตู้นอน	dtôo norn
litera (f)	เตียง	dtiang
litera (f) de arriba	เตียงบน	dtiang bon
litera (f) de abajo	เตียงล่าง	dtiang lâang
ropa (f) de cama	ชุดเครื่องนอน	chút khrêuang norn
billete (m)	ตั๋ว	dtŭa
horario (m)	ตารางเวลา	dtaa-raang way-laa
pantalla (f) de información	ฉระดานแสดง ขอมูล	grà daan sà-daeng khôr moon
partir (vi)	ออกเดินทาง	òrk dern thaang
partida (f) (del tren)	การออกเดินทาง	gaan òrk dern thaang
llegar (tren)	มาถึง	maa thĕung
llegada (f)	การมาถึง	gaan maa thĕung
llegar en tren	มาถึงโดยรถไฟ	maa thĕung doi rót fai
tomar el tren	ขึ้นรถไฟ	khêun rót fai
bajar del tren	ลงจากรถไฟ	long jàak rót fai
descarrilamiento (m)	รถไฟตกราง	rót fai dtòk raang
descarrilarse (vr)	ตกราง	dtòk raang
tren (m) de vapor	หัวรถจักรไอน้ำ	hŭa rót jàk ai náam
fogonero (m)	คนควบคุมเตาไฟ	khon khûap khum dtao fai
hogar (m)	เตาไฟ	dtao fai
carbón (m)	ถานหิน	thàan hĭn

171. El barco

barco, buque (m)	เรือ	reua
navío (m)	เรือ	reua
buque (m) de vapor	เรือจักรไอน้ำ	reua jàk ai náam
motonave (f)	เรือลองแม่น้ำ	reua lông mâe náam
trasatlántico (m)	เรือเดินสมุทร	reua dern sà-mùt
crucero (m)	เรือลาดตระเวน	reua lâat dtrà-wayn
yate (m)	เรือยอชต์	reua yôt
remolcador (m)	เรือลากจูง	reua lâak joong
barcaza (f)	เรือบรรทุก	reua ban-thúk
ferry (m)	เรือข้ามฟาก	reua khâam fâak
velero (m)	เรือใบ	reua bai
bergantín (m)	เรือใบสองเสากระโดง	reua bai sŏrng săo grà-dohng
rompehielos (m)	เรือตัดน้ำแข็ง	reua dtàt náam khăeng
submarino (m)	เรือดำน้ำ	reua dam náam
bote (m) de remo	เรือพาย	reua phaai
bote (m)	เรือบตเล็ก	reua bòt lék
bote (m) salvavidas	เรือชูชีพ	reua choo chêep
lancha (f) motora	เรือยนต์	reua yon
capitán (m)	กัปตัน	gàp dtan
marinero (m)	นาวิน	naa-win
marino (m)	คนเรือ	khon reua
tripulación (f)	กะลาสี	gà-laa-sĕe
contramaestre (m)	สรั่ง	sà-ràng
grumete (m)	คนช่วยงานในเรือ	khon chûay ngaan nai reua
cocinero (m) de abordo	กุก	gúk
médico (m) del buque	แพทย์เรือ	phâet reua
cubierta (f)	ดาดฟ้าเรือ	dàat-fáa reua
mástil (m)	เสากระโดงเรือ	săo grà-dohng reua
vela (f)	ใบเรือ	bai reua
bodega (f)	ท้องเรือ	thórng-reua
proa (f)	หัวเรือ	hŭa-reua
popa (f)	ท้ายเรือ	tháai reua
remo (m)	ไม้พาย	máai phaai
hélice (f)	ใบจักร	bai jàk
camarote (m)	ห้องพัก	hôrng phák
sala (f) de oficiales	ห้องอาหาร	hôrng aa-hăan
sala (f) de máquinas	ห้องเครื่องยนต์	hôrng khrêuang yon
puente (m) de mando	สะพานเดินเรือ	sà-phaan dern reua
sala (f) de radio	ห้องวิทยุ	hôrng wít-thá-yú
onda (f)	คลื่นความถี่	khlêun khwaam thèe
cuaderno (m) de bitácora	สมุดบันทึก	sà-mùt ban-théuk
anteojo (m)	กล้องสองทางไกล	glôrng sòrng thaang glai
campana (f)	ระฆัง	rá-khang

bandera (f)	ธง	thorng
cabo (m) (maroma)	เชือก	chêuak
nudo (m)	ปม	bpom

pasamano (m)	ราว	raao
pasarela (f)	ไม่พาดให้	mái phâat hâi
	ขึ้นลงเรือ	khêun long reua

ancla (f)	สมอ	sà-mŏr
levar ancla	ถอนสมอ	thŏrn sà-mŏr
echar ancla	ทอดสมอ	thôrt sà-mŏr
cadena (f) del ancla	โซ่สมอเรือ	sôh sà-mŏr reua

puerto (m)	ท่าเรือ	thâa reua
embarcadero (m)	ท่า	thâa
amarrar (vt)	จอดเทียบที่ท่า	jòt thîap tâa
desamarrar (vt)	ออกจากท่า	òrk jàak tâa

viaje (m)	การเดินทาง	gaan dern thaang
crucero (m) (viaje)	กูรลองเรือ	gaan lôrng reua
derrota (f) (rumbo)	เส้นทาง	sên thaang
itinerario (m)	เสนทาง	sên thaang

canal (m) navegable	ร่องเรือเดิน	rôrng reua dern
bajío (m)	โขด	khòht
encallar (vi)	เกยตื้น	goie dtêun

tempestad (f)	พายุ	phaa-yú
señal (f)	สัญญาณ	săn-yaan
hundirse (vr)	ลม	lôm

¡Hombre al agua!	คนตกเรือ!	kon dtòk reua
SOS	SOS	es-o-es
aro (m) salvavidas	หวงยาง	hùang yaang

172. El aeropuerto

aeropuerto (m)	สนามบิน	sà-năam bin
avión (m)	เครื่องบิน	khrêuang bin
compañía (f) aérea	สายการบิน	săai gaan bin
controlador (m) aéreo	เจาหน้าที่ควบคุม	jâo nâa-thêe khûap khum
	จราจรทางอากาศ	jà-raa-jon thaang aa-gàat

despegue (m)	การออกเดินทาง	gaan òrk dern thaang
llegada (f)	การมาถึง	gaan maa thĕung
llegar (en avión)	มาถึง	maa thĕung

hora (f) de salida	เวลาขาไป	way-laa khăa bpai
hora (f) de llegada	เวลามาถึง	way-laa maa thĕung

retrasarse (vr)	ถูกเลื่อน	thòok lêuan
retraso (m) de vuelo	เลื่อนเที่ยวบิน	lêuan thieow bin
pantalla (f) de información	กระดานแสดง	grà daan sà-daeng
	ขอมูล	khôr moon

información (f)	ข้อมูล	khôr moon
anunciar (vt)	ประกาศ	bprà-gàat
vuelo (m)	เที่ยวบิน	thîeow bin

aduana (f)	ศุลกากร	sǔn-lá-gaa-gon
aduanero (m)	เจ้าหน้าที่ศุลกากร	jâo nâa-thêe sǔn-lá-gaa-gon

declaración (f) de aduana	แบบฟอร์มการเสีย	bàep form gaan sĭa
	ภาษีศุลกากร	phaa-sĕe sǔn-lá-gaa-gon
rellenar (vt)	กรอก	gròrk
rellenar la declaración	กรอกแบบฟอร์ม	gròrk bàep form
	การเสียภาษี	gaan sĭa paa-sĕe
control (m) de pasaportes	จุดตรวจหนังสือ	jùt dtrùat nǎng-sĕu
	เดินทาง	dern-thaang

equipaje (m)	สัมภาระ	sǎm-phaa-rá
equipaje (m) de mano	กระเป๋าถือ	grà-bpǎo thĕu
carrito (m) de equipaje	รถเข็นสัมภาระ	rót khŏn sǎm-phaa-rá

aterrizaje (m)	การลงจอด	gaan long jòrt
pista (f) de aterrizaje	ลานบินลงจอด	laan bin long jòrt
aterrizar (vi)	ลงจอด	long jòrt
escaleras (f pl) (de avión)	ทางขึ้นลง	thaang khêun long
	เครื่องบิน	khrêuang bin

facturación (f) (check-in)	การเช็คอิน	gaan chék in
mostrador (m) de facturación	เคาน์เตอร์เช็คอิน	khao-dtêr chék in
hacer el check-in	เช็คอิน	chék in
tarjeta (f) de embarque	บัตรที่นั่ง	bàt thêe nâng
puerta (f) de embarque	ชองเขา	chôrng khǎo

tránsito (m)	การต่อเที่ยวบิน	gaan tòr thîeow bin
esperar (aguardar)	รอ	ror
zona (f) de preembarque	ห้องผู้โดยสารขาออก	hôrng phôo doi sǎan khǎa òk
despedir (vt)	ไปส่ง	bpai sòng
despedirse (vr)	บอกลา	bòrk laa

173. La bicicleta. La motocicleta

bicicleta (f)	รถจักรยาน	rót jàk-grà-yaan
scooter (m)	สกูตเตอร์	sà-góot-dtêr
motocicleta (f)	รถมอเตอร์ไซค์	rót mor-dtêr-sai

ir en bicicleta	ขี่จักรยาน	khèe jàk-grà-yaan
manillar (m)	พวงมาลัยรถ	phuang maa-lai rót
pedal (m)	แป้นเหยียบ	bpâen yìap
frenos (m pl)	เบรก	bràyk
sillín (m)	ที่นั่งจักรยาน	thêe nâng jàk-grà-yaan

bomba (f)	ปั๊ม	bpám
portaequipajes (m)	ที่วางสัมภาระ	thêe waang sǎm-phaa-rá
faro (m)	ไฟหน้า	fai nâa
casco (m)	หมวกนิรภัย	mùak ní-rá-phai
rueda (f)	ล้อ	lór

guardabarros (m)	บังโคลน	bang khlon
llanta (f)	ขอบล้อ	khòp lór
rayo (m)	กานล้อ	gâan lór

Los coches

coche (m)	รถยนต์	rót yon
coche (m) deportivo	รถสปอร์ต	rót sà-bpòt
limusina (f)	รถลีมูซีน	rót lee moo seen
todoterreno (m)	รถเอสยูวี	rót àyt yoo wee
cabriolé (m)	รถยนต์เปิดประทุน	rót yon bpèrt bprà-thun
microbús (m)	รถบัสเล็ก	rót bàt lék
ambulancia (f)	รถพยาบาล	rót phá-yaa-baan
quitanieves (m)	รถไถหิมะ	rót thăi hì-má
camión (m)	รถบรรทุก	rót ban-thúk
camión (m) cisterna	รถบรรทุกน้ำมัน	rót ban-thúk nám man
camioneta (f)	รถตู้	rót dtôo
cabeza (f) tractora	รถลาก	rót lâak
remolque (m)	รถพ่วง	rót phûang
confortable (adj)	สะดวก	sà-dùak
de ocasión (adj)	มือสอง	meu sŏrng

capó (m)	กระโปรงรถ	grà bprohng rót
guardabarros (m)	บังโคลน	bang khlon
techo (m)	หลังคา	lăng khaa
parabrisas (m)	กระจกหน้ารถ	grà-jòk nâa rót
espejo (m) retrovisor	กระจกมองหลัง	grà-jòk morng lăng
limpiador (m)	ที่ฉีดน้ำล้าง กระจกหน้ารถ	thêe chèet nám láang grà-jòk nâa rót
limpiaparabrisas (m)	ที่ปัดล้างกระจก หน้ารถ	thêe bpàt láang grà-jòk nâa rót
ventana (f) lateral	กระจกข้าง	grà-jòk khâang
elevalunas (m)	กระจกไฟฟ้า	grà-jòk fai-fáa
antena (f)	เสาอากาศ	săo aa-gàat
techo (m) solar	หลังคารับแดด	lăng khaa ráp dàet
parachoques (m)	กันชน	gan chon
maletero (m)	ท้ายรถ	tháai rót
baca (f) (portaequipajes)	ชั้นวางสัมภาระ	chán waang săm-phaa-rá
puerta (f)	ประตู	bprà-dtoo
tirador (m) de puerta	ที่เปิดประตู	thêe bpèrt bprà-dtoo
cerradura (f)	ล็อคประตูรถ	lók bprà-dtoo rót

matrícula (f)	ป้ายทะเบียน	bpâai thá-bian
silenciador (m)	ท่อไอเสีย	thôr ai sĭa
tanque (m) de gasolina	ถังน้ำมัน	thăng náam man
tubo (m) de escape	ท่อไอเสีย	thôr ai sĭa

acelerador (m)	เร่ง	râyng
pedal (m)	แป้นเหยียบ	bpâen yìap
pedal (m) de acelerador	คันเร่ง	khan râyng

freno (m)	เบรก	bràyk
pedal (m) de freno	แป้นเบรค	bpâen bràyk
frenar (vi)	เบรก	bràyk
freno (m) de mano	เบรกมือ	bràyk meu

embrague (m)	คลัตช์	khlát
pedal (m) de embrague	แป้นคลัตช์	bpâen khlát
disco (m) de embrague	จานคลัตช์	jaan khlát
amortiguador (m)	โช้คอัพ	chóhk-àp

rueda (f)	ล้อ	lór
rueda (f) de repuesto	ล้ออะสำรอง	lór săm-rorng
neumático (m)	ยางรถ	yaang rót
tapacubo (m)	ล้อแม็ก	lór-máek

ruedas (f pl) motrices	ล้อพวงมาลัย	lór phuang maa-lai
de tracción delantera	ขับเคลื่อนล้อหน้า	khàp khlêuan lór nâa
de tracción trasera	ขับเคลื่อนล้อหลัง	khàp khlêuan lór lăng
de tracción integral	ขับเคลื่อนสี่ล้อ	khàp khlêuan sèe lór

caja (f) de cambios	กระปุกเกียร์	grà-bpùk gia
automático (adj)	อัตโนมัติ	àt-noh-mát
mecánico (adj)	กลไก	gon-gai
palanca (f) de cambios	คันเกียร์	khan gia

| faro (m) delantero | ไฟหน้า | fai nâa |
| faros (m pl) | ไฟหน้า | fai nâa |

luz (f) de cruce	ไฟต่ำ	fai dtàm
luz (f) de carretera	ไฟสูง	fai sŏong
luz (f) de freno	ไฟเบรก	fai bràyk

luz (f) de posición	ไฟจอดรถ	fai jòt rót
luces (f pl) de emergencia	ไฟฉุกเฉิน	fai chùk-chěrn
luces (f pl) antiniebla	ไฟตัดหมอก	fai dtàt mòk
intermitente (m)	ไฟเลี้ยว	fai líeow
luz (f) de marcha atrás	ไฟรถถอย	fai rót thŏi

176. El coche. El compartimiento de pasajeros

habitáculo (m)	ภายในรถ	phaai nai rót
de cuero (adj)	หนัง	năng
de felpa (adj)	กำมะหยี่	gam-má-yèe
tapizado (m)	เครื่องเบาะ	khrêuang bòr
instrumento (m)	อุปกรณ์	ù-bpà-gon

salpicadero (m)	แผงหน้าปัด	phǎeng nâa bpàt
velocímetro (m)	มาตรวัดความเร็ว	mâat wát khwaam reo
aguja (f)	เข็มชี้วัด	khěm chée wát

cuentakilómetros (m)	มิเตอร์วัดระยะทาง	mí-dtêr wát rá-yá thaang
indicador (m)	มิเตอร์วัด	mí-dtêr wát
nivel (m)	ระดับ	rá-dàp
testigo (m) (~ luminoso)	ไฟเตือน	fai dteuan

volante (m)	พวงมาลัยรถ	phuang maa-lai rót
bocina (f)	แตร	dtrae
botón (m)	ปุ่ม	bpùm
interruptor (m)	สวิตช์	sà-wít

asiento (m)	ที่นั่ง	thêe nâng
respaldo (m)	พนักพิง	phá-nák phing
reposacabezas (m)	ที่พิงศีรษะ	thêe phing sěe-sà
cinturón (m) de seguridad	เข็มขัดนิรภัย	khěm khàt ní-rá-phai
abrocharse el cinturón	คาดเข็มขัดนิรภัย	khâat khěm khàt ní-rá-phai
reglaje (m)	การปรับ	gaan bpràp

| bolsa (f) de aire (airbag) | ถุงลมนิรภัย | thǔng lom ní-rá-phai |
| climatizador (m) | เครื่องปรับอากาศ | khrêuang bpràp-aa-gàat |

radio (m)	วิทยุ	wít-thá-yú
reproductor (m) de CD	เครื่องเล่น CD	khrêuang lên see-dee
encender (vt)	เปิด	bpèrt
antena (f)	เสาอากาศ	sǎo aa-gàat
guantera (f)	ซองเก็บของ	chôrng gèp khǒrng
	ชางคนขับ	khâang khon khàp
cenicero (m)	ที่เขี่ยบุหรี่	thêe khìa bù rèe

177. El coche. El motor

motor (m)	เครื่องยนต์	khrêuang yon
motor (m)	มอเตอร์	mor-dtêr
diésel (adj)	ดีเซล	dee-sayn
a gasolina (adj)	น้ำมันเบนซิน	nám man bayn-sin

volumen (m) del motor	ขนาดเครื่องยนต์	khà-nàat khrêuang yon
potencia (f)	กำลัง	gam-lang
caballo (m) de fuerza	แรงม้า	raeng máa
pistón (m)	กานลูกสูบ	gâan lôok sòop
cilindro (m)	กระบอกสูบ	grà-bòrk sòop
válvula (f)	วาลว	waao

inyector (m)	หัวฉีด	hǔa chèet
generador (m)	เครื่องกำเนิดไฟฟ้า	khrêuang gam-nèrt fai fáa
carburador (m)	คาร์บูเรเตอร์	khaa-boo-ray-dtêr
aceite (m) de motor	น้ำมันเครื่อง	nám man khrêuang

radiador (m)	หม้อน้ำ	môr náam
liquido (m) refrigerante	สารทำความเย็น	sǎan tham khwaam yen
ventilador (m)	พัดลมระบายความร้อน	phát lom rá-baai khwaam rón

estárter (m)	มอเตอร์สตาร์ต	mor-dtêr sà-dtàat
encendido (m)	การจุดระเบิด	gaan jùt rá-bèrt
bujía (f)	หัวเทียน	hŭa thian
fusible (m)	ฟิวส์	fiw

batería (f)	แบตเตอรี่	bàet-dter-rêe
terminal (m)	ขั้วแบตเตอรี่	khûa bàet-dter-rêe
terminal (m) positivo	ขั้วบวก	khûa bùak
terminal (m) negativo	ขั้วลบ	khûa lóp

filtro (m) de aire	เครื่องกรองอากาศ	khrêuang grorng aa-gàat
filtro (m) de aceite	ไส้กรองน้ำมัน	sâi grorng nám man
filtro (m) de combustible	ไส้กรองน้ำมัน	sâi grorng nám man
	เชื้อเพลิง	chéua phlerng

178. El coche. Accidente de tráfico. La reparación

accidente (m)	อุบัติเหตุรถชน	u-bàt hàyt rót chon
accidente (m) de tráfico	อุบัติเหตุจราจร	u-bàt hàyt jà-raa-jon
chocar contra …	ชน	chon
tener un accidente	ชนโครม	chon khrohm
daño (m)	ความเสียหาย	khwaam sĭa hăai
intacto (adj)	ไม่มีความเสียหาย	mâi mee khwaam sĭa hăai

pana (f)	การเสีย	gaan sĭa
averiarse (vr)	ตาย	dtaai
remolque (m) (cuerda)	เชือกลากรถยนต์	chêuak lâak rót yon

pinchazo (m)	ยางรั่ว	yaang rûa
desinflarse (vr)	ทำให้ยางแบน	tham hâi yaang baen
inflar (vt)	เติมลมยาง	dterm lom yaang
presión (f)	แรงดัน	raeng dan
verificar (vt)	ตรวจสอบ	dtrùat sòrp

reparación (f)	การซ่อม	gaan sôrm
taller (m)	ร้านซ่อมรถยนต์	ráan sôrm rót yon
parte (f) de repuesto	อะไหล่	a lài
parte (f)	ชิ้นส่วน	chín sùan

perno (m)	สลักเกลียว	sà-làk glieow
tornillo (m)	สกรู	sà-groo
tuerca (f)	แหวนสกรู	wăen sà-groo
arandela (f)	แหวนเล็ก	wăen lék
rodamiento (m)	แบริง	bae-ring

tubo (m)	ท่อ	thôr
junta (f)	ปะเก็น	bpà gen
cable, hilo (m)	สายไฟ	săai fai

gato (m)	แม่แรง	mâe raeng
llave (f) de tuerca	ประแจ	bprà-jae
martillo (m)	ค้อน	khórn
bomba (f)	ปั๊ม	bpám
destornillador (m)	ไขควง	khăi khuang

| extintor (m) | ถังดับเพลิง | thăng dàp phlerng |
| triángulo (m) de avería | ป้ายเตือน | bpâai dteuan |

pararse, calarse (vr)	มีเครื่องดับ	mee khrêuang dàp
parada (f) (del motor)	การดับ	gaan dàp
estar averiado	เสีย	sĭa

recalentarse (vr)	ร้อนเกิน	rórn gern
estar atascado	อุดตัน	ùt dtan
congelarse (vr)	เยือกแข็ง	yêuak khăeng
reventar (vi)	แตก	dtàek

presión (f)	แรงดัน	raeng dan
nivel (m)	ระดับ	rá-dàp
flojo (correa ~a)	อ่อน	òrn

abolladura (f)	รอยบุบ	roi bùp
ruido (m) (en el motor)	เสียงเครื่องยนต์ดับ	sĭang khrêuang yon dàp
grieta (f)	รอยแตก	roi dtàek
rozadura (f)	รอยขูด	roi khòot

179. El coche. El camino

camino (m)	ถนน	thà-nŏn
autovía (f)	ทางหลวง	thaang lŭang
carretera (f)	ทางด่วน	thaang dùan
dirección (f)	ทิศทาง	thít thaang
distancia (f)	ระยะทาง	rá-yá thaang

puente (m)	สะพาน	sà-phaan
aparcamiento (m)	ลานจอดรถ	laan jòrt rót
plaza (f)	จัตุรัส	jàt-dtù-ràt
intercambiador (m)	ทางแยกต่างระดับ	thaang yâek dtàang rá-dàp
túnel (m)	อุโมงค์	u-mohng

gasolinera (f)	ปั้มน้ำมัน	bpám náam man
aparcamiento (m)	ลานจอดรถ	laan jòrt rót
surtidor (m)	ที่เติมน้ำมัน	thêe dterm náam man
taller (m)	ร้านซ่อมรถยนต์	ráan sôrm rót yon
cargar gasolina	เติมน้ำมัน	dterm náam man
combustible (m)	น้ำมันเชื้อเพลิง	nám man chéua phlerng
bidón (m) de gasolina	ถังน้ำมัน	thăng náam man

asfalto (m)	ถนนลาดยาง	thà-nŏn lâat yaang
señalización (f) vial	เครื่องหมายจราจร บนพื้นทาง	khrêuang măai jà-raa-jon bon phéun thaang
bordillo (m)	ขอบถนน	khòrp thà-nŏn
barrera (f) de seguridad	รั้วกั้น	rúa gân
cuneta (f)	คู	khoo
borde (m) de la carretera	ข้างถนน	khâang thà-nŏn
farola (f)	เสาไฟ	săo fai

| conducir (vi, vt) | ขับ | khàp |
| girar (~ a la izquierda) | เลี้ยว | líeow |

| girar en U | กลับรถ | glàp rót |
| marcha (f) atrás | ถอยรถ | thŏri rót |

tocar la bocina	บีบแตร	bèep dtrae
bocinazo (m)	เสียงบีบแตร	sĭang bèep dtrae
atascarse (vr)	ติด	dtìt
patinar (vi)	หมุนล้อ	mŭn lór
parar (el motor)	ปิด	bpìt

velocidad (f)	ความเร็ว	khwaam reo
exceder la velocidad	ขับเร็วเกิน	khàp reo gern
multar (vt)	ให้ใบสั่ง	hâi bai sàng
semáforo (m)	ไฟสัญญาณจราจร	fai săn-yaan jà-raa-jon
permiso (m) de conducir	ใบขับขี่	bai khàp khèe

paso (m) a nivel	ทางข้ามรถไฟ	thaang khâam rót fai
cruce (m)	สี่แยก	sèe yâek
paso (m) de peatones	ทางม้าลาย	thaang máa laai
zona (f) de peatones	ถนนคนเดิน	thà-nŏn khon dern

180. Las señales de tráfico

reglas (f pl) de tránsito	กฎจราจร	gòt jà-raa-jon
señal (m) de tráfico	ป้ายสัญญาณจราจร	bpâai săn-yaan jà-raa-jon
adelantamiento (m)	การแซง	gaan saeng
curva (f)	การโค้ง	gaan khóhng
vuelta (f) en U	การกลับรถ	gaan glàp rót
rotonda (f)	วงเวียน	wong wian

Prohibido el paso	ห้ามเข้า	hâam khâo
Circulación prohibida	ห้ามรถเข้า	hâam rót khâo
Prohibido adelantar	ห้ามแซง	hâam saeng
Prohibido aparcar	ห้ามจอดรถ	hâam jòrt rót
Prohibido parar	หามหยุด	hâam yùt

curva (f) peligrosa	โค้งอันตราย	khóhng an-dtà-raai
bajada con fuerte pendiente	ทางลงลาดชัน	thaang long lâat chan
sentido (m) único	การจราจรทางเดียว	gaan jà-raa-jon thaang dieow
paso (m) de peatones	ทางม้าลาย	thaang máa laai
pavimento (m) deslizante	ทางลื่น	thaang lêun
ceda el paso	ให้ทาง	hâi taang

LA GENTE. ACONTECIMIENTOS DE LA VIDA

181. Los días festivos. Los eventos

fiesta (f)	วันหยุดเฉลิมฉลอง	wan yùt chà-lěrm chà-lǒng
fiesta (f) nacional	วันชาติ	wan châat
día (m) de fiesta	วันหยุดนักขัตฤกษ์	wan yùt nák-kàt-rêrk
celebrar (vt)	เฉลิมฉลอง	chà-lěrm chà-lǒrng
evento (m)	เหตุการณ์	hàyt gaan
medida (f)	งานอีเวนต์	ngaan ee wayn
banquete (m)	งานเลี้ยง	ngaan líang
recepción (f)	งานเลี้ยง	ngaan líang
festín (m)	งานฉลอง	ngaan chà-lǒrng
aniversario (m)	วันครบรอบ	wan khróp rôrp
jubileo (m)	วันครบรอบปี	wan khróp rôrp bpee
Año (m) Nuevo	ปีใหม่	bpee mài
¡Feliz Año Nuevo!	สวัสดีปีใหม่!	sà-wàt-dee bpee mài
Papá Noel (m)	ชานตาคลอส	saan-dtaa-khlôrt
Navidad (f)	คริสต์มาส	khrít-mâat
¡Feliz Navidad!	สุขสันต์วันคริสต์มาส	sùk-sǎn wan khrít-mâat
árbol (m) de Navidad	ต้นคริสต์มาส	dtôn khrít-mâat
fuegos (m pl) artificiales	ดอกไม้ไฟ	dòrk máai fai
boda (f)	งานแต่งงาน	ngaan dtàeng ngaan
novio (m)	เจ้าบาว	jâo bàao
novia (f)	เจ้าสาว	jâo sǎao
invitar (vt)	เชิญ	chern
tarjeta (f) de invitación	บัตรเชิญ	bàt chern
invitado (m)	แขก	khàek
visitar (vt) (a los amigos)	ไปเยี่ยม	bpai yîam
recibir a los invitados	ต้อนรับแขก	dton ráp khàek
regalo (m)	ของขวัญ	khǒrng khwǎn
regalar (vt)	ให้	hâi
recibir regalos	รับของขวัญ	ráp khǒrng khwǎn
ramo (m) de flores	ช่อดอกไม้	chôr dòrk máai
felicitación (f)	คำแสดง ความยินดี	kham sà-daeng khwaam yin-dee
felicitar (vt)	แสดงความยินดี	sà-daeng khwaam yin dee
tarjeta (f) de felicitación	บัตรอวยพร	bàt uay phon
enviar una tarjeta	ส่งโปสการ์ด	sòng bpòht-gàat
recibir una tarjeta	รับโปสการ์ด	ráp bpòht-gàat

brindis (m)	ดื่มอวยพร	dèum uay phon
ofrecer (~ una copa)	เลี้ยงเครื่องดื่ม	líang khrêuang dèum
champaña (f)	แชมเปญ	chaem-bpayn
divertirse (vr)	มีความสุข	mee khwaam sùk
diversión (f)	ความรื่นเริง	khwaam rêun-rerng
alegría (f) (emoción)	ความสุขสันต์	khwaam sùk-săn
baile (m)	การเต้น	gaan dtên
bailar (vi, vt)	เต้น	dtên
vals (m)	วอลทซ์	wɔ:lts
tango (m)	แทงโก	thaeng-gôh

182. Los funerales. El entierro

cementerio (m)	สุสาน	sù-săan
tumba (f)	หลุมศพ	lŭm sòp
cruz (f)	ไม้กางเขน	mái gaang khăyn
lápida (f)	ป้ายหลุมศพ	bpâai lŭm sòp
verja (f)	รั้ว	rúa
capilla (f)	โรงสวด	rohng sùat
muerte (f)	ความตาย	khwaam dtaai
morir (vi)	ตาย	dtaai
difunto (m)	ผู้เสียชีวิต	phôo sĭa chee-wít
luto (m)	การไว้อาลัย	gaan wái aa-lai
enterrar (vt)	ฝังศพ	făng sòp
funeraria (f)	บริษัทรับจัดงานศพ	bor-rí-sàt ráp jàt ngaan sòp
entierro (m)	งานศพ	ngaan sòp
corona (f) funeraria	พวงหรีด	phuang rèet
ataúd (m)	โลงศพ	lohng sòp
coche (m) fúnebre	รถขนศพ	rót khŏn sòp
mortaja (f)	ผ้าห่อศพ	phâa hòr sòp
cortejo (m) fúnebre	พิธีศพ	phí-tee sòp
urna (f) funeraria	โกศ	gòht
crematorio (m)	เมรุ	mayn
necrología (f)	ข่าวมรณกรรม	khàao mor-rá-ná-gam
llorar (vi)	ร้องไห้	rórng hâi
sollozar (vi)	สะอึน	sà-êun

183. La guerra. Los soldados

sección (f)	หมวด	mùat
compañía (f)	กองร้อย	gorng rói
regimiento (m)	กรม	grom
ejército (m)	กองทัพ	gorng tháp
división (f)	กองพล	gorng phon-la

| destacamento (m) | หมู่ | mòo |
| hueste (f) | กองทัพ | gorng tháp |

| soldado (m) | ทหาร | thá-hǎan |
| oficial (m) | นายทหาร | naai thá-hǎan |

soldado (m) raso	พลทหาร	phon-thá-hǎan
sargento (m)	สิบเอก	sìp àyk
teniente (m)	ร้อยโท	rói thoh
capitán (m)	ร้อยเอก	rói àyk
mayor (m)	พลตรี	phon-dtree
coronel (m)	พันเอก	phan àyk
general (m)	นายพล	naai phon

marino (m)	กะลาสี	gà-laa-sěe
capitán (m)	กัปตัน	gàp dtan
contramaestre (m)	สรั่งเรือ	sà-ràng reua
artillero (m)	ทหารปืนใหญ่	thá-hǎan bpeun yài
paracaidista (m)	พลรม	phon-rôm
piloto (m)	นักบิน	nák bin
navegador (m)	ต้นหน	dtôn hǒn
mecánico (m)	ช่างเครื่อง	châang khrêuang

zapador (m)	ทหารช่าง	thá-hǎan châang
paracaidista (m)	ทหารราบอากาศ	thá-hǎan râap aa-gàat
explorador (m)	ทหารพราน	thá-hǎan phraan
francotirador (m)	พลซุ่มยิง	phon sûm ying

patrulla (f)	หน่วยลาดตระเวน	nùay lâat dtrà-wayn
patrullar (vi, vt)	ลาดตระเวน	lâat dtrà-wayn
centinela (m)	ทหารยาม	tá-hǎan yaam
guerrero (m)	นักรบ	nák róp
patriota (m)	ผู้รักชาติ	phôo rák châat
héroe (m)	วีรบุรุษ	wee-rá-bù-rùt
heroína (f)	วีรสตรี	wee rá-sot dtree

| traidor (m) | ผู้ทรยศ | phôo thor-rá-yót |
| traicionar (vt) | ทรยศ | thor-rá-yót |

| desertor (m) | ทหารหนีทัพ | thá-hǎan něe tháp |
| desertar (vi) | หนีทัพ | něe tháp |

mercenario (m)	ทหารรับจ้าง	thá-hǎan ráp jâang
recluta (m)	เกณฑ์ทหาร	gayn thá-hǎan
voluntario (m)	อาสาสมัคร	aa-sǎa sà-màk

muerto (m)	คนถูกฆ่า	khon thòok khâa
herido (m)	ผู้ได้รับบาดเจ็บ	phôo dâai ráp bàat jèp
prisionero (m)	เชลยศึก	chá-loie sèuk

184. La guerra. El ámbito militar. Unidad 1

| guerra (f) | สงคราม | sǒng-khraam |
| estar en guerra | ทำสงคราม | tham sǒng-khraam |

guerra (f) civil	สงครามกลางเมือง	sǒng-khraam glaang-meuang
pérfidamente (adv)	ตลบตะแลง	dtà-lòp-dtà-laeng
declaración (f) de guerra	การประกาศสงคราม	gaan bprà-gàat sǒng-khraam
declarar (~ la guerra)	ประกาศสงคราม	bprà-gàat sǒng-khraam
agresión (f)	การรุกราน	gaan rúk-raan
atacar (~ a un país)	บุกรุก	bùk rúk
invadir (vt)	บุกรุก	bùk rúk
invasor (m)	ผู้บุกรุก	phôo bùk rúk
conquistador (m)	ผู้ยึดครอง	phôo yéut khrorng
defensa (f)	การป้องกัน	gaan bpôrng gan
defender (vt)	ปกป้อง	bpòk bpôrng
defenderse (vr)	ป้องกัน	bpôrng gan
enemigo (m)	ศัตรู	sàt-dtroo
adversario (m)	ข้าศึก	khâa sèuk
enemigo (adj)	ศัตรู	sàt-dtroo
estrategia (f)	ยุทธศาสตร์	yút-thá-sàat
táctica (f)	ยุทธวิธี	yút-thá-wí-thee
orden (f)	คำสั่ง	kham sàng
comando (m)	คำบัญชาการ	kham ban-chaa gaan
ordenar (vt)	สั่ง	sàng
misión (f)	ภารกิจ	phaa-rá-gìt
secreto (adj)	อย่างลับ	yàang láp
combate (m), batalla (f)	การรบ	gaan róp
ataque (m)	การจู่โจมุ	gaan jòo johm
asalto (m)	การเข้าจู่โจม	gaan khâo jòo johm
tomar por asalto	บุกจู่โจมุ	bùk jòo johm
asedio (m), sitio (m)	การโอบล้อมโจมตี	gaan òhp lóm johm dtee
ofensiva (f)	การโจมตี	gaan johm dtee
tomar la ofensiva	โจมตี	johm dtee
retirada (f)	การถอย	gaan thǒi
retirarse (vr)	ถอย	thǒi
envolvimiento (m)	การปิดล้อม	gaan bpìt lórm
cercar (vt)	ปิดล้อม	bpìt lórm
bombardeo (m)	การทิ้งระเบิด	gaan thíng rá-bèrt
lanzar una bomba	ทิ้งระเบิด	thíng rá-bèrt
bombear (vt)	ทิ้งระเบิด	thíng rá-bèrt
explosión (f)	การระเบิด	gaan rá-bèrt
tiro (m), disparo (m)	การยิง	gaan ying
disparar (vi)	ยิง	ying
tiro (m) (de artillería)	การยิง	gaan ying
apuntar a ...	เล็ง	leng
encarar (apuntar)	ชี้	chée
alcanzar (el objetivo)	ถูกเป้าหมาย	thòok bpâo mǎai
hundir (vt)	จม	jom

| brecha (f) (~ en el casco) | รู | roo |
| hundirse (vr) | จม | jom |

frente (m)	แนวหน้า	naew nâa
evacuación (f)	การอพยพ	gaan òp-phá-yóp
evacuar (vt)	อพยพ	òp-phá-yóp

trinchera (f)	สนามเพลาะ	sà-nǎam phlór
alambre (m) de púas	ลวดหนาม	lûat nǎam
barrera (f) (~ antitanque)	สิ่งกีดขวาง	sìng gèet-khwǎang
torre (f) de vigilancia	หอสังเกตการณ์	hǒr sǎng-gàyt gaan

hospital (m)	โรงพยาบาล	rohng phá-yaa-baan
	ทหาร	thá-hǎan
herir (vt)	ทำให้บาดเจ็บ	tham hâi bàat jèp
herida (f)	แผล	phlǎe
herido (m)	ผู้ได้รับบาดเจ็บ	phôo dâai ráp bàat jèp
recibir una herida	ได้รับบาดเจ็บ	dâai ráp bàat jèp
grave (herida)	รายแรง	ráai raeng

185. La guerra. El ámbito militar. Unidad 2

cautiverio (m)	การเป็นเชลย	gaan bpen chá-loie
capturar (vt)	จับเชลย	jàp chá-loie
estar en cautiverio	เป็นเชลย	bpen chá-loie
caer prisionero	ถูกจับเป็นเชลย	thòok jàp bpen chá-loie

campo (m) de concentración	ค่ายกักกัน	khâai gàk gan
prisionero (m)	เชลยศึก	chá-loie sèuk
escapar (de cautiverio)	หนี	nǐe

traicionar (vt)	ทูรยศ	thor-rá-yót
traidor (m)	ผู้ทรยศ	phôo thor-rá-yót
traición (f)	การทรยศ	gaan thor-rá-yót

| fusilar (vt) | ประหาร | bprà-hǎan |
| fusilamiento (m) | การประหาร | gaan bprà-hǎan |

equipo (m) (uniforme, etc.)	ชุดเสื้อผ้าทหาร	chút sêua phâa thá-hǎan
hombrera (f)	บ่า	bâng
máscara (f) antigás	หน้ากากกันแก็ส	nâa gàak gan gàet

radio transmisor (m)	วิทยุสนาม	wít-thá-yú sà-nǎam
cifra (f) (código)	รหัส	rá-hàt
conspiración (f)	ความลับ	khwaam láp
contraseña (f)	รหัสผ่าน	rá-hàt phàan

mina (f) terrestre	กับระเบิด	gàp rá-bèrt
minar (poner minas)	วางกับระเบิด	waang gàp rá-bèrt
campo (m) minado	เขตทุ่นระเบิด	khàyt thûn rá-bèrt

alarma (f) aérea	สัญญาณเตือนภัย	sǎn-yaan dteuan phai
	ทางอากาศ	thaang aa-gàat
alarma (f)	สัญญาณเตือนภัย	sǎn-yaan dteuan phai

| señal (f) | สัญญาณ | săn-yaan |
| cohete (m) de señales | พลุสัญญาณ | phlú săn-yaan |

estado (m) mayor	กองบัญชาการ	gorng ban-chaa gaan
reconocimiento (m)	การลาดตระเวน	gaan lâat dtrà-wayn
situación (f)	สถานการณ์	sà-thăan gaan
informe (m)	การรายงาน	gaan raai ngaan
emboscada (f)	การซุ่มโจมตี	gaan sûm johm dtee
refuerzo (m)	กำลังเสริม	gam-lang sěrm

blanco (m)	เป้าหมาย	bpâo măai
terreno (m) de prueba	สถานที่ทดลอง	sà-tăan thêe thót long
maniobras (f pl)	การซ้อมรบ	gaan sórm róp

pánico (m)	ความตื่นตระหนก	khwaam dtèun dtrà-nòk
devastación (f)	การทำลายล้าง	gaan tham-laai láang
destrucciones (f pl)	ซาก	sâak
destruir (vt)	ทำลาย	tham laai

sobrevivir (vi, vt)	รอดชีวิต	rôt chee-wít
desarmar (vt)	ปลดอาวุธ	bplòt aa-wút
manejar (un arma)	ใช้	chái

| ¡Firmes! | หยุด | yùt |
| ¡Descanso! | พัก | phák |

hazaña (f)	การแสดงความกล้าหาญ	gaan sà-daeng khwaam glâa hăan
juramento (m)	คำสาบาน	kham săa-baan
jurar (vt)	สาบาน	săa baan

condecoración (f)	รางวัล	raang-wan
condecorar (vt)	มอบรางวัล	môrp raang-wan
medalla (f)	เหรียญรางวัล	rĭan raang-wan
orden (m) (~ de Merito)	เครื่องอิสริยาภรณ์	khrêuang ìt-sà-rí-yaa-phon

victoria (f)	ชัยชนะ	chai chá-ná
derrota (f)	ความพ่ายแพ้	khwaam phâai pháe
armisticio (m)	การพักรบ	gaan phák róp

bandera (f)	ธงรบ	thorng róp
gloria (f)	ความรุ่งโรจน์	khwaam rûng-rôht
desfile (m) militar	ขบวนสวนสนาม	khà-buan sŭan sà-năam
marchar (desfilar)	เดินสวนสนาม	dern sŭan sà-năam

186. Las armas

arma (f)	อาวุธ	aa-wút
arma (f) de fuego	อาวุธปืน	aa-wút bpeun
arma (f) blanca	อาวุธเย็น	aa-wút yen

arma (f) química	อาวุธเคมี	aa-wút khay-mee
nuclear (adj)	นิวเคลียร์	niw-khlia
arma (f) nuclear	อาวุธนิวเคลียร์	aa-wút niw-khlia

| bomba (f) | ลูกระเบิด | lôok rá-bèrt |
| bomba (f) atómica | ลูกระเบิดปรมาณู | lôok rá-bèrt bpà-rá-maa-noo |

pistola (f)	ปืนพก	bpeun phók
fusil (m)	ปืนไรเฟิล	bpeun rai-fern
metralleta (f)	ปืนกลมือ	bpeun gon meu
ametralladora (f)	ปืนกล	bpeun gon

boca (f)	ปากประบอกปืน	bpàak bprà bòrk bpeun
cañón (m) (del arma)	ลำกลอง	lam glôrng
calibre (m)	ขนาดลำกลอง	khà-nàat lam glôrng

gatillo (m)	ไกปืน	gai bpeun
alza (f)	ศูนย์เล็ง	sŏon leng
cargador (m)	แม็กกาซีน	máek-gaa-seen
culata (f)	พานทายปืน	phaan tháai bpeun

| granada (f) de mano | ระเบิดมือ | rá-bèrt meu |
| explosivo (m) | วัตถุระเบิด | wát-thù rá-bèrt |

bala (f)	ลูกกระสุน	lôok grà-sŭn
cartucho (m)	ตลับกระสุน	dtà-làp grà-sŭn
carga (f)	กระสุน	grà-sŭn
pertrechos (m pl)	อาวุธยุทธภัณฑ์	aa-wút yút-thá-phan

bombardero (m)	เครื่องบินทิ้งระเบิด	khrêuang bin thíng rá-bèrt
avión (m) de caza	เครื่องบินขับไล่	khrêuang bin khàp lâi
helicóptero (m)	เฮลิคอปเตอร์	hay-lí-khôrp-dtêr

| antiaéreo (m) | ปืนต่อสู้อากาศยาน | bpeun dtòr sôo aa-gàat-sà-yaan |

| tanque (m) | รถถัง | rót thăng |
| cañón (m) (de un tanque) | ปืนรถถัง | bpeun rót thăng |

artillería (f)	ปืนใหญ่	bpeun yài
cañón (m) (arma)	ปืน	bpeun
dirigir (un misil, etc.)	เล็งเป้าปืน	leng bpâo bpeun

mortero (m)	ปืนครก	bpeun khrók
bomba (f) de mortero	กระสุนปืนครก	grà-sŭn bpeun khrók
obús (m)	กระสุน	grà-sŭn
trozo (m) de obús	สะเก็ดระเบิด	sà-gèt rá-bèrt

submarino (m)	เรือดำน้ำ	reua dam náam
torpedo (m)	ตอร์ปิโด	dtor-bpì-doh
misil (m)	ขีปนาวุธ	khĕe-bpà-naa-wút

cargar (pistola)	ใส่กระสุน	sài grà-sŭn
tirar (vi)	ยิง	ying
apuntar a ...	เล็ง	leng
bayoneta (f)	ดาบปลายปืน	dàap bplaai bpeun

espada (f) (duelo a ~)	เรเปียร์	ray-bpia
sable (m)	ดาบโคง	dàap khóhng
lanza (f)	หอก	hòrk
arco (m)	ธนู	thá-noo

flecha (f)	ลูกธนู	lôok-thá-noo
mosquete (m)	ปืนคาบูศิลา	bpeun khâap sì-laa
ballesta (f)	หน้าไม้	nâa máai

187. Los pueblos antiguos

primitivo (adj)	แบบดั้งเดิม	bàep dâng derm
prehistórico (adj)	ยุคก่อนประวัติศาสตร์	yúk gòn bprà-wàt sàat
antiguo (adj)	โบราณ	boh-raan
Edad (f) de Piedra	ยุคหิน	yúk hĭn
Edad (f) de Bronce	ยุคสำริด	yúk săm-rít
Edad (f) de Hielo	ยุคน้ำแข็ง	yúk nám khăeng
tribu (f)	เผ่า	phào
caníbal (m)	ผู้ที่กินเนื้อคน	phôo thêe gin néua khon
cazador (m)	นักล่าสัตว์	nák lâa sàt
cazar (vi, vt)	ล่าสัตว์	lâa sàt
mamut (m)	ช้างแมมมอธ	cháang-maem-môt
caverna (f)	ถ้ำ	thâm
fuego (m)	ไฟ	fai
hoguera (f)	กองไฟ	gorng fai
pintura (f) rupestre	ภาพวาดในถ้ำ	phâap-wâat nai thâm
herramienta (f), útil (m)	เครื่องมือ	khrêuang meu
lanza (f)	หอก	hòrk
hacha (f) de piedra	ขวานหิน	khwăan hĭn
estar en guerra	ทำสงคราม	tham sŏng-khraam
domesticar (vt)	เชื่อง	chêuang
ídolo (m)	เทวรูป	theu-rôop
adorar (vt)	บูชา	boo-chaa
superstición (f)	ความเชื่องมงาย	khwaam chêua ngom-ngaai
rito (m)	พิธีกรรม	phí-thee gam
evolución (f)	วิวัฒนาการ	wí-wát-thá-naa-gaan
desarrollo (m)	การพัฒนา	gaan phát-thá-naa
desaparición (f)	การสูญพันธุ์	gaan sŏon phan
adaptarse (vr)	ปรับตัว	bpràp dtua
arqueología (f)	โบราณคดี	boh-raan khá-dee
arqueólogo (m)	นักโบราณคดี	nák boh-raan-ná-khá-dee
arqueológico (adj)	ทางโบราณคดี	thaang boh-raan khá-dee
sitio (m) de excavación	แหล่งขุดค้น	làeng khùt khón
excavaciones (f pl)	การขุดค้น	gaan khùt khón
hallazgo (m)	สิ่งที่คุ้นพบ	sìng thêe khón phóp
fragmento (m)	เศษชิ้นส่วน	sàyt chín sùan

188. La Edad Media

pueblo (m)	ชาติพันธุ์	châat-dtì-phan
pueblos (m pl)	ชาติพันธุ์	châat-dtì-phan

tribu (f)	เผ่า	phào
tribus (f pl)	เผา	phào
bárbaros (m pl)	อนารยชน	à-naa-rá-yá-chon
galos (m pl)	ชาวโกล	chaao gloh
godos (m pl)	ชาวกอธ	chaao gòt
eslavos (m pl)	ชาวสลาฟ	chaao sà-làaf
vikingos (m pl)	ชาวไวกิ้ง	chaao wai-gîng
romanos (m pl)	ชาวโรมัน	chaao roh-man
romano (adj)	โรมัน	roh-man
bizantinos (m pl)	ชาวไบแซนไทน์	chaao bai-saen-tpai
Bizancio (m)	ไบแซนเทียม	bai-saen-thiam
bizantino (adj)	ไบแซนไทน์	bai-saen-thai
emperador (m)	จักรพรรดิ	jàk-grà-phát
jefe (m)	ผู้นำ	phôo nam
poderoso (adj)	ทรงพลัง	song phá-lang
rey (m)	มูหากษัตริย์	má-hǎa gà-sàt
gobernador (m)	ผู้ปกครอง	phôo bpòk khrorng
caballero (m)	อัศวิน	àt-sà-win
señor (m) feudal	เจ้าครองนคร	jâo khrorng ná-khon
feudal (adj)	ระบบศักดินา	rá-bòp sàk-gà-dì naa
vasallo (m)	เจ้าของที่ดิน	jâo khǒrng thêe din
duque (m)	ดยุค	dà-yúk
conde (m)	เอิรล	ern
barón (m)	บารอน	baa-rorn
obispo (m)	พระบิชอป	phrá bì-chôp
armadura (f)	เกราะ	gròr
escudo (m)	โล	lôh
espada (f) (danza de ~s)	ดาบ	dàap
visera (f)	กะบังหน้าของหมวก	gà-bang nâa khǒrng mùak
cota (f) de malla	เสื้อเกราะลัก	sêua gròr thàk
cruzada (f)	สงครามครูเสด	sǒng-khraam khroo-sàyt
cruzado (m)	ผู้ทำสงคราม	phôo tham sǒng-kraam
	ศาสนา	sàat-sà-nǎa
territorio (m)	อาณาเขต	aa-naa khàyt
atacar (~ a un país)	โจมตี	johm dtee
conquistar (vt)	ยึดครอง	yéut khrorng
ocupar (invadir)	บุกยึด	bùk yéut
asedio (m), sitio (m)	การโอบล้อมโจมตี	gaan òhp lóm johm dtee
sitiado (adj)	ถูกล้อมกรอบ	thòok lóm gròp
asediar, sitiar (vt)	ล้อมโจมตี	lóm johm dtee
inquisición (f)	การไต่สวน	gaan dtài sǔan
inquisidor (m)	ผู้ไต่สวน	phôo dtài sǔan
tortura (f)	การทูรมาน	gaan thor-rá-maan
cruel (adj)	โหดร้าย	hòht ráai
hereje (m)	ผู้นอกรีต	phôo nôrk rêet

herejía (f)	ความนอกรีต	khwaam nôrk rêet
navegación (f) marítima	การเดินเรือทะเล	gaan dern reua thá-lay
pirata (m)	โจรสลัด	john sà-làt
piratería (f)	การปล้นสะดม ในนานน้ำทะเล	gaan bplôn-sà-dom nai nâan náam thá-lay
abordaje (m)	การบุกขึ้นเรือ	gaan bùk khêun reua
botín (m)	ของที่ปล้น สะดมมา	khŏrng têe bplôn- sà-dom maa
tesoros (m pl)	สมบัติ	sŏm-bàt
descubrimiento (m)	การค้นพบ	gaan khón phóp
descubrir (tierras nuevas)	คนพบ	khón phóp
expedición (f)	การสำรวจ	gaan săm-rùat
mosquetero (m)	ทหารถือ ปืนคาบศิลา	thá-hăan thĕu bpeun khâap sì-laa
cardenal (m)	พระคาร์ดินัล	phrá khaa-dì-nan
heráldica (f)	มุทราศาสตร์	mút-raa sàat
heráldico (adj)	ทางมุทราศาสตร์	thaang mút-raa sàat

189. El líder. El jefe. Las autoridades

rey (m)	ราชา	raa-chaa
reina (f)	ราชินี	raa-chí-nee
real (adj)	เกี่ยวกับราชวงศ์	gìeow gàp râat-cha-wong
reino (m)	ราชอาณาจักร	râat aa-naa jàk
príncipe (m)	เจ้าชาย	jâo chaai
princesa (f)	เจาหญิง	jâo yĭng
presidente (m)	ประธานาธิบดี	bprà-thaa-naa-thí-bor-dee
vicepresidente (m)	รองประธา นาธิบดี	rorng bprà-thaa- naa-thí-bor-dee
senador (m)	สมาชิกวุฒิสภา	sà-maa-chík wút-thí sà-phaa
monarca (m)	กษัตริย์	gà-sàt
gobernador (m)	ผูปกครอง	phôo bpòk khrorng
dictador (m)	เผด็จการ	phà-dèt gaan
tirano (m)	ทูรราช	thor-rá-râat
magnate (m)	ผูมีอิทธิพลสูง	phôo mee ìt-thí phon sŏong
director (m)	ผู้อำนวยการ	phôo am-nuay gaan
jefe (m)	หัวหน้า	hŭa-nâa
gerente (m)	ผูจัดการ	phôo jàt gaan
amo (m)	หัวหน้า	hŭa-nâa
dueño (m)	เจาของ	jâo khŏrng
jefe (m), líder (m)	ผูนำ	phôo nam
jefe (m) (~ de delegación)	หัวหน้า	hŭa-nâa
autoridades (f pl)	เจาหน้าที่	jâo nâa-thêe
superiores (m pl)	ผูบังคับบัญชา	phôo bang-kháp ban-chaa
gobernador (m)	ผูวาการ	phôo wâa gaan
cónsul (m)	กงสุล	gong-sŭn

diplomático (m)	นักการทูต	nák gaan thôot
alcalde (m)	นายกเทศมนตรี	naa-yók thâyt-sà-mon-dtree
sheriff (m)	นายอำเภอ	naai am-pher

emperador (m)	จักรพรรดิ	jàk-grà-phát
zar (m)	ซาร์	saa
faraón (m)	ฟาโรห์	faa-roh
jan (m), kan (m)	ขาน	khàan

190. La calle. El camino. Las direcciones

| camino (m) | ถนน | thà-nǒn |
| vía (f) | ทิศทาง | thít thaang |

carretera (f)	ทางด่วน	thaang dùan
autovía (f)	ทางหลวง	thaang lǔang
camino (m) nacional	ทางหลวงอินเตอร์สเตต	thaang lǔang in-dtèrt-dtàyt

| camino (m) principal | ถนนใหญ่ | thà-nǒn yài |
| camino (m) de tierra | ถนนลูกรัง | thà-nǒn loo-grang |

| sendero (m) | ทางเดิน | thaang dern |
| senda (f) | ทางเดิน | thaang dern |

¿Dónde?	ที่ไหน?	thêe nǎi
¿A dónde?	ที่ไหน?	thêe nǎi
¿De dónde?	จากที่ไหน?	jàak thêe nǎi

| dirección (f) | ทิศทาง | thít thaang |
| mostrar (~ el camino) | ชี้ | chée |

a la izquierda (girar ~)	ทางซ้าย	thaang sáai
a la derecha (girar)	ทางขวา	thaang khwǎa
todo recto (adv)	ตรงไป	dtrorng bpai
atrás (adv)	กลับ	glàp

curva (f)	ทางโค้ง	thaang khóhng
girar (~ a la izquierda)	เลี้ยว	líeow
girar en U	กลับรถ	glàp rót

| divisarse (vr) | มองเห็นได้ | morng hěn dâai |
| aparecer (vi) | ปรากฏ | bpraa-gòt |

alto (m)	การหยุด	gaan yùt
descansar (vi)	พัก	phák
reposo (m)	การหยุดพัก	gaan yùt phák

perderse (vr)	หลงทาง	lǒng thaang
llevar a ... (el camino)	ไปสู่	bpai sòo
llogar a ...	ออกมาถึง	òrk maa thěung
tramo (m) (~ del camino)	ส่วน	sùan

| asfalto (m) | ถนนลาดยาง | thà-nǒn lâat yaang |
| bordillo (m) | ขอบถนน | khòrp thà-nǒn |

cuneta (f)	คูน้ำ	khoo náam
pozo (m) de alcantarillado	ฝาท่อระบายน้ำ	fǎa thôr rá-baai nám
arcén (m)	ข้างถนน	khâang thà-nǒn
bache (m)	หลุม	lǔm

| ir (a pie) | ไป | bpai |
| adelantar (vt) | แซง | saeng |

| paso (m) | ก้าวเดิน | gâao dern |
| a pie | เดินเท้า | dern tháo |

bloquear (vt)	กีดขวาง	gèet khwǎang
barrera (f) (~ automática)	แขนกั้นรถ	khǎen gân rót
callejón (m) sin salida	ทางตัน	thaang dtan

191. Violar la ley. Los criminales. Unidad 1

bandido (m)	โจร	john
crimen (m)	อาชญากรรม	àat-yaa-gam
criminal (m)	อาชญากร	àat-yaa-gon

ladrón (m)	ขโมย	khà-moi
robar (vt)	ขโมย	khà-moi
robo (m) (actividad)	การลักขโมย	gaan lák khà-moi
robo (m) (hurto)	การลักทรัพย์	gaan lák sáp

secuestrar (vt)	ลักพาตัว	lák phaa dtua
secuestro (m)	การลักพาตัว	gaan lák phaa dtua
secuestrador (m)	ผู้ลักพาตัว	phôo lák phaa dtua

| rescate (m) | ค่าไถ่ | khâa thài |
| exigir un rescate | เรียกเงินค่าไถ่ | rîak ngern khâa thài |

robar (vt)	ปล้น	bplôn
robo (m)	การปล้น	gaan bplôn
atracador (m)	ขโมยขโจร	khà-moi khà-john

extorsionar (vt)	รีดไถ	rêet thǎi
extorsionista (m)	ผู้รีดไถ	phôo rêet thǎi
extorsión (f)	การรีดไถ	gaan rêet thǎi

matar, asesinar (vt)	ฆ่า	khâa
asesinato (m)	ฆาตกรรม	khâat-dtà-gaam
asesino (m)	ฆาตกร	khâat-dtà-gon

tiro (m), disparo (m)	การยิงปืน	gaan ying bpeun
disparar (vi)	ยิง	ying
matar (a tiros)	ยิงให้ตาย	ying hâi dtaai
tirar (vi)	ยิง	ying
tiroteo (m)	การยิง	gaan ying

incidente (m)	เหตุการณ์	hàyt gaan
pelea (f)	การต่อสู้	gaan dtòr sôo
¡Socorro!	ขอช่วย	khǒr chûay

víctima (f)	เหยื่อ	yèua
perjudicar (vt)	ทำความเสียหาย	tham khwaam sĭa hăai
daño (m)	ความเสียหาย	khwaam sĭa hăai
cadáver (m)	ศพ	sòp
grave (un delito ~)	รายแรง	ráai raeng

atacar (vt)	จู่โจม	jòo johm
pegar (golpear)	ตี	dtee
apporear (vt)	ชอม	sórm
quitar (robar)	ปลน	bplôn
acuchillar (vt)	แทงให้ตาย	thaeng hâi dtaai
mutilar (vt)	ทำใหบาดเจ็บสาหัส	tham hâi bàat jèp săa hàt
herir (vt)	บาด	bàat

chantaje (m)	การกรรโชก	gaan-gan-chôhk
hacer chantaje	กูรุรโชก	gan-chôhk
chantajista (m)	ผู้ขูกรรโชก	phôo khòo gan-chôhk

extorsión (f)	การคุมครอง	gaan khum khrorng
	ผิดกฏหมาย	phìt gòt mǎai
extorsionador (m)	ผู้ที่หาเงิน	phôo thêe hǎa ngern
	จากกิจกรรมที่	jàak gìt-jà-gam thêe
	ผิดกฏหมาย	phìt gòt mǎai

| gángster (m) | เหล่าร้าย | lào ráai |
| mafia (f) | มาเฟีย | maa-fia |

carterista (m)	ขโมยลวงกระเป๋า	khà-moi lúang grà-bpǎo
ladrón (m) de viviendas	ขโมยยองเบา	khà-moi yông bao
contrabandismo (m)	การลักลอบ	gaan lák-lôrp
contrabandista (m)	ผู้ลักลอบ	phôo lák lôrp

falsificación (f)	การปลอมแปลง	gaan bplorm bplaeng
falsificar (vt)	ปลอมแปลง	bplorm bplaeng
falso (falsificado)	ปลอม	bplorm

192. Violar la ley. Los criminales. Unidad 2

violación (f)	การข่มขืน	gaan khòm khĕun
violar (vt)	ขมขืน	khòm khĕun
violador (m)	โจรขมขืน	john khòm khĕun
maniaco (m)	คนบา	khon bâa

prostituta (f)	โสเภณี	sŏh-phay-nee
prostitución (f)	การคาประเวณี	gaan kháa bprà-way-nee
chulo (m), proxeneta (m)	แมงดา	maeng-daa

| drogadicto (m) | ผู้ติดยาเสพติด | phôo dtìt yaa-sàyp-dtìt |
| narcotraficante (m) | พอคายาเสพติด | phôr kháa yaa-sàyp-dtìt |

hacer explotar	ระเบิด	rá-bèrt
explosión (f)	การระเบิด	gaan rá-bèrt
incendiar (vt)	เผา	phǎo
incendiario (m)	ผู้ลอบวางเพลิง	phôo lôp waang phlerng
terrorismo (m)	การกอการราย	gaan gòr gaan ráai

| terrorista (m) | ผู้ก่อการร้าย | phôo gòr gaan ráai |
| rehén (m) | ตัวประกัน | dtua bprà-gan |

estafar (vt)	ลอลวง	lôr luang
estafa (f)	การลอลวง	gaan lôr luang
estafador (m)	นักตมตุน	nák dtôm dtŭn

sobornar (vt)	ติดสินบน	dtìt sĭn-bon
soborno (m) (delito)	การติดสินบน	gaan dtìt sĭn-bon
soborno (m) (dinero, etc.)	สินบน	sĭn bon

veneno (m)	ยาพิษ	yaa phít
envenenar (vt)	วางยาพิษ	waang-yaa phít
envenenarse (vr)	กินยาตาย	gin yaa dtaai

| suicidio (m) | การฆ่าตัวตาย | gaan khâa dtua dtaai |
| suicida (m, f) | ผู้ฆ่าตัวตาย | phôo khâa dtua dtaai |

amenazar (vt)	ขู่	khòo
amenaza (f)	คำขู่	kham khòo
atentar (vi)	พยายามฆ่า	phá-yaa-yaam khâa
atentado (m)	การพยายามฆ่า	gaan phá-yaa-yaam khâa

| robar (un coche) | จี้ | jêe |
| secuestrar (un avión) | จี้ | jêe |

| venganza (f) | การแก้แค้น | gaan gâe kháen |
| vengar (vt) | แก้แค้น | gâe kháen |

torturar (vt)	ทรมาณ	thon-maan
tortura (f)	การทรมาน	gaan thor-rá-maan
atormentar (vt)	ทำทารุณ	tam taa-run

pirata (m)	โจรสลัด	john sà-làt
gamberro (m)	นักเลง	nák-layng
armado (adj)	มีอาวุธ	mee aa-wút
violencia (f)	ความรุนแรง	khwaam run raeng
ilegal (adj)	ผิดกฏหมาย	phìt gòt mǎai

| espionaje (m) | จารกรรม | jaa-rá-gam |
| espiar (vi, vt) | ลวงความลับ | lúang khwaam láp |

193. La policía. La ley. Unidad 1

| justicia (f) | ยุติธรรม | yút-dtì-tham |
| tribunal (m) | ศาล | sǎan |

juez (m)	ผู้พิพากษา	phôo phí-phâak-sǎa
jurados (m pl)	ลูกขุน	lôok khŭn
tribunal (m) de jurados	การไต่สวนคดี	gaan dtài sŭan khá-dee
	แบบมีลูกขุน	bàep mee lôok khŭn
juzgar (vt)	พิพากษา	phí-phâak-sǎa
abogado (m)	ทนายความ	thá-naai khwaam
acusado (m)	จำเลย	jam loie

banquillo (m) de los acusados	คอกจำเลย	khôrk jam loie
inculpación (f)	ขอกล่าวหา	khôr glàao hăa
inculpado (m)	ถูกกล่าวหา	thòok glàao hăa
sentencia (f)	การลงโทษ	gaan long thôht
sentenciar (vt)	พิพากษา	phí-phâak-săa
culpable (m)	ผู้กระทำความผิด	phôo grà-tham khwaam phìt
castigar (vt)	ลงโทษ	long thôht
castigo (m)	การลงโทษ	gaan long thôht
multa (f)	ปรับ	bpràp
cadena (f) perpetua	การจำคุก	gaan jam khúk
	ตลอดชีวิต	dtà-lòt chee-wít
pena (f) de muerte	โทษประหาร	thôht-bprà-hăan
silla (f) eléctrica	เก้าอี้ไฟฟ้า	gâo-êe fai-fáa
horca (f)	ตะแลงแกง	dtà-laeng-gaeng
ejecutar (vt)	ประหาร	bprà-hăan
ejecución (f)	การประหาร	gaan bprà-hăan
prisión (f)	คุก	khúk
celda (f)	ห้องขัง	hôrng khăng
escolta (f)	ผู้ควบคุมตัว	phôo khûap khum dtua
guardia (m) de prisiones	ผู้คุม	phôo khum
prisionero (m)	นักโทษ	nák thôht
esposas (f pl)	กุญแจมือ	gun-jae meu
esposar (vt)	ใส่กุญแจมือ	sài gun-jae meu
escape (m)	การแหกคุก	gaan hàek khúk
escaparse (vr)	แหก	hàek
desaparecer (vi)	หายตัวไป	hăai dtua bpai
liberar (vt)	ถูกปล่อยตัว	thòok bplòi dtua
amnistía (f)	การนิรโทษกรรม	gaan ní-rá-thôht gam
policía (f) (~ nacional)	ตำรวจ	dtam-rùat
policía (m)	เจ้าหน้าที่ตำรวจ	jâo nâa-thêe dtam-rùat
comisaría (f) de policía	สถานีตำรวจ	sà-thăa-nee dtam-rùat
porra (f)	กระบองตำรวจ	grà-bong dtam-rùat
megáfono (m)	โทรโข่ง	toh-ra -khòhng
coche (m) patrulla	รถลาดตระเวน	rót lâat dtrà-wayn
sirena (f)	หวอ	wŏr
poner la sirena	เปิดหวอ	bpèrt wŏr
sonido (m) de sirena	เสียงหวอ	sĭang wŏr
escena (f) del delito	ที่เกิดเหตุ	thêe gèrt hàyt
testigo (m)	พยาน	phá-yaan
libertad (f)	อิสระ	ìt-sà-rà
cómplice (m)	ผู้ร่วมกระทำผิด	phôo rûam grà-tham phìt
escapar de ...	หนี	nĕe
rastro (m)	ร่องรอย	rông roi

194. La policía. La ley. Unidad 2

búsqueda (f)	การสืบสวน	gaan sèup sǔan
buscar (~ el criminal)	หาตัว	hǎa dtua
sospecha (f)	ความสงสัย	khwaam sǒng-sǎi
sospechoso (adj)	นาสงสัย	nâa sǒng-sǎi
parar (~ en la calle)	เรียกให้หยุด	rîak hâi yùt
retener (vt)	กักตัว	gàk dtua
causa (f) (~ penal)	คดี	khá-dee
investigación (f)	การสืบสวน	gaan sèup sǔan
detective (m)	นักสืบ	nák sèup
investigador (m)	นักสอบสวน	nák sòrp sǔan
versión (f)	สันนิษฐาน	sǎn-nít-thǎan
motivo (m)	เหตุจูงใจ	hàyt joong jai
interrogatorio (m)	การสอบปากคำ	gaan sòp bpàak kham
interrogar (vt)	สอบสวน	sòrp sǔan
interrogar (al testigo)	ไต่ถาม	thài thǎam
control (m) (de vehículos, etc.)	การตรวจสอบ	gaan dtrùat sòp
redada (f)	การรวบตัว	gaan rûap dtua
registro (m) (~ de la casa)	การตรวจคน	gaan dtrùat khón
persecución (f)	การุไลล่า	gaan lâi lâa
perseguir (vt)	ไล่ล่า	lâi lâa
rastrear (~ al criminal)	สืบ	sèup
arresto (m)	การจับกุม	gaan jàp gum
arrestar (vt)	จับกุม	jàp gum
capturar (vt)	จับ	jàp
captura (f)	การจับ	gaan jàp
documento (m)	เอกสาร	àyk sǎan
prueba (f)	หลักฐาน	làk thǎan
probar (vt)	พิสูจน์	phí-sòot
huella (f) (pisada)	รอยเท้า	roi tháo
huellas (f pl) digitales	รอยนิ้วมือ	roi níw meu
elemento (m) de prueba	หลักฐาน	làk thǎan
coartada (f)	ข้อแก้ตัว	khôr gâe dtua
inocente (no culpable)	พนผิด	phón phìt
injusticia (f)	ความอยุติธรรม	khwaam a-yút-dtì-tam
injusto (adj)	ไม่เป็นธรรม	mâi bpen-tham
criminal (adj)	อาชญากร	àat-yaa-gon
confiscar (vt)	ยึด	yéut
narcótico (m)	ยาเสพติด	yaa sàyp dtìt
arma (f)	อาวุธ	aa-wút
desarmar (vt)	ปลดอาวุธ	bplòt aa-wút
ordenar (vt)	ออกคำสั่ง	òrk kham sàng
desaparecer (vi)	หายตัวไป	hǎai dtua bpai
ley (f)	กฎหมาย	gòt mǎai
legal (adj)	ตามกฎหมาย	dtaam gòt mǎai
ilegal (adj)	ผิดกฎหมาย	phìt gòt mǎai

| responsabilidad (f) | ความรับผิดชอบ | khwaam ráp phìt chôp |
| responsable (adj) | รับผิดชอบ | ráp phìt chôp |

LA NATURALEZA

La tierra. Unidad 1

cosmos (m)	อวกาศ	a-wá-gàat
espacial, cósmico (adj)	ทางอวกาศ	thang a-wá-gàat
espacio (m) cósmico	อวกาศ	a-wá-gàat
mundo (m)	โลก	lôhk
universo (m)	จักรวาล	jàk-grà-waan
galaxia (f)	ดาราจักร	daa-raa jàk
estrella (f)	ดาว	daao
constelación (f)	กลุ่มดาว	glùm daao
planeta (m)	ดาวเคราะห์	daao khrór
satélite (m)	ดาวเทียม	daao thiam
meteorito (m)	ดาวตก	daao dtòk
cometa (m)	ดาวหาง	daao hǎang
asteroide (m)	ดาวเคราะห์น้อย	daao khrór nói
órbita (f)	วงโคจร	wong khoh-jon
girar (vi)	เวียน	wian
atmósfera (f)	บรรยากาศ	ban-yaa-gàat
Sol (m)	ดวงอาทิตย์	duang aa-thít
sistema (m) solar	ระบบสุริยะ	rá-bòp sù-rí-yá
eclipse (m) de Sol	สุริยุปราคา	sù-rí-yú-bpà-raa-kaa
Tierra (f)	โลก	lôhk
Luna (f)	ดวงจันทร์	duang jan
Marte (m)	ดาวอังคาร	daao ang-khaan
Venus (f)	ดาวศุกร์	daao sùk
Júpiter (m)	ดาวพฤหัส	daao phá-réu-hàt
Saturno (m)	ดาวเสาร์	daao sǎo
Mercurio (m)	ดาวพุธ	daao phút
Urano (m)	ดาวยูเรนัส	daao-yoo-ray-nát
Neptuno (m)	ดาวเนปจูน	daao-nâyp-joon
Plutón (m)	ดาวพลูโต	daao phloo-dtoh
la Vía Láctea	ทางช้างเผือก	thaang cháang phèuak
la Osa Mayor	กลุ่มดาวหมีใหญ่	glùm daao mǐi yài
la Estrella Polar	ดาวเหนือ	daao nǔea
marciano (m)	ชาวดาวอังคาร	chaao daao ang-khaan
extraterrestre (m)	มนุษย์ต่างดาว	má-nút dtàang daao

| planetícola (m) | มนุษย์ต่างดาว | má-nút dtàang daao |
| platillo (m) volante | จานบิน | jaan bin |

nave (f) espacial	ยานอวกาศ	yaan a-wá-gàat
estación (f) orbital	สถานีอวกาศ	sà-thǎa-nee a-wá-gàat
despegue (m)	การปล่อยจรวด	gaan bplòi jà-rùat

motor (m)	เครื่องยนต์	khrêuang yon
tobera (f)	ท่อไอพ่น	thôr ai phôn
combustible (m)	เชื้อเพลิง	chéua phlerng

carlinga (f)	ที่นั่งคนขับ	thêe nâng khon khàp
antena (f)	เสาอากาศ	sǎo aa-gàat
ventana (f)	ช่อง	chôrng
batería (f) solar	อุปกรณ์พลังงานแสงอาทิตย์	ù-bpà-gon phá-lang ngaan sǎeng aa-thít
escafandra (f)	ชุดอวกาศ	chút a-wá-gàat

| ingravidez (f) | สภาพไร้น้ำหนัก | sà-phâap rái nám nàk |
| oxígeno (m) | ออกซิเจน | ók sí jayn |

| atraque (m) | การเทียบท่า | gaan thîap thâa |
| realizar el atraque | เทียบทา | thîap thâa |

observatorio (m)	หอดูดาว	hǒr doo daao
telescopio (m)	กล้องโทรทรรศน์	glôrng thoh-rá-thát
observar (vt)	เฝ้าสังเกต	fâo sǎng-gàyt
explorar (~ el universo)	สำรวจ	sǎm-rùat

196. La tierra

Tierra (f)	โลก	lôhk
globo (m) terrestre	ลูกโลก	lôok lôhk
planeta (m)	ดาวเคราะห์	daao khrór

atmósfera (f)	บรรยากาศ	ban-yaa-gàat
geografía (f)	ภูมิศาสตร์	phoo-mí-sàat
naturaleza (f)	ธรรมชาติ	tham-má-châat

globo (m) terráqueo	ลูกโลก	lôok lôhk
mapa (m)	แผนที่	phǎen thêe
atlas (m)	หนังสือแผนที่โลก	nǎng-sěu phǎen thêe lôhk

Europa (f)	ยุโรป	yú-ròhp
Asia (f)	เอเชีย	ay-chia
África (f)	แอฟริกา	àef-rí-gaa
Australia (f)	ออสเตรเลีย	òrt-dtray-lia

América (f)	อเมริกา	a-may-rí-gaa
América (f) del Norte	อเมริกาเหนือ	a-may-rí-gaa něua
América (f) del Sur	อเมริกาใต้	a-may-rí-gaa dtâi

| Antártida (f) | แอนตาร์กติกา | aen-dtàak-dtì-gaa |
| Ártico (m) | อาร์กติค | àak-dtìk |

197. Los puntos cardinales

norte (m)	เหนือ	nĕua
al norte	ทิศเหนือ	thít nĕua
en el norte	ที่ภาคเหนือ	thêe phâak nĕua
del norte (adj)	ทางเหนือ	thaang nĕua
sur (m)	ใต้	dtâi
al sur	ทิศใต้	thít dtâi
en el sur	ที่ภาคใต้	thêe phâak dtâi
del sur (adj)	ทางใต้	thaang dtâi
oeste (m)	ตะวันตก	dtà-wan dtòk
al oeste	ทิศตะวันตก	thít dtà-wan dtòk
en el oeste	ที่ภาคตะวันตก	thêe phâak dtà-wan dtòk
del oeste (adj)	ทางตะวันตก	thaang dtà-wan dtòk
este (m)	ตะวันออก	dtà-wan òrk
al este	ทิศตะวันออก	thít dtà-wan òrk
en el este	ที่ภาคตะวันออก	thêe phâak dtà-wan òrk
del este (adj)	ทางตะวันออก	thaang dtà-wan òrk

198. El mar. El océano

mar (m)	ทะเล	thá-lay
océano (m)	มหาสมุทร	má-hăa sà-mùt
golfo (m)	อ่าว	àao
estrecho (m)	ช่องแคบ	chôrng khâep
tierra (f) firme	พื้นดิน	phéun din
continente (m)	ทวีป	thá-wêep
isla (f)	เกาะ	gòr
península (f)	คาบสมุทร	khâap sà-mùt
archipiélago (m)	หมู่เกาะ	mòo gòr
bahía (f)	อ่าว	àao
ensenada, bahía (f)	ท่าเรือ	thâa reua
laguna (f)	ลากูน	laa-goon
cabo (m)	แหลม	lăem
atolón (m)	อะทอลล์	à-thorn
arrecife (m)	แนวปะการัง	naew bpà-gaa-rang
coral (m)	ปะการัง	bpà gaa-rang
arrecife (m) de coral	แนวปะการัง	naew bpà-gaa-rang
profundo (adj)	ลึก	léuk
profundidad (f)	ความลึก	khwaam léuk
abismo (m)	หุบเหวลึก	hùp wăy léuk
fosa (f) oceánica	ร่องลึกก้นสมุทร	rông léuk gôn sà-mùt
corriente (f)	กระแสน้ำ	grà-săe náam
bañar (rodear)	ล้อมรอบ	lórm rôrp

| orilla (f) | ชายฝั่ง | chaai fàng |
| costa (f) | ชายฝั่ง | chaai fàng |

flujo (m)	น้ำขึ้น	náam khêun
reflujo (m)	น้ำลง	náam long
banco (m) de arena	หาดตื้น	hàat dtêun
fondo (m)	กนทะเล	gôn thá-lay

ola (f)	คลื่น	khlêun
cresta (f) de la ola	มวนคลื่น	múan khlêun
espuma (f)	ฟองคลื่น	forng khlêun

tempestad (f)	พายุ	phaa-yú
huracán (m)	พายุเฮอร์ริเคน	phaa-yú her-rí-khayn
tsunami (m)	คลื่นยักษ์	khlêun yák
bonanza (f)	ภาวะไรลมพัด	phaa-wá rái lom phát
calmo, tranquilo	สงบ	sà-ngòp

| polo (m) | ขั้วโลก | khûa lôhk |
| polar (adj) | ขั้วโลก | khûa lôhk |

latitud (f)	เส้นรุ้ง	sên rúng
longitud (f)	เส้นแวง	sên waeng
paralelo (m)	เส้นขนาน	sên khà-nǎan
ecuador (m)	เสนศูนยสูตร	sên sǒon sòot

cielo (m)	ท้องฟ้า	thórng fáa
horizonte (m)	ขอบฟ้า	khòrp fáa
aire (m)	อากาศ	aa-gàat

faro (m)	ประภาคาร	bprà-phaa-khaan
bucear (vi)	ดำ	dam
hundirse (vr)	จม	jom
tesoros (m pl)	สมบัติ	sǒm-bàt

199. Los nombres de los mares y los océanos

océano (m) Atlántico	มหาสมุทรแอตแลนติก	má-hǎa sà-mùt àet-laen-dtìk
océano (m) Índico	มหาสมุทรอินเดีย	má-hǎa sà-mùt in-dia
océano (m) Pacífico	มหาสมุทรแปซิฟิก	má-hǎa sà-mùt bpae-sí-fík
océano (m) Glacial Ártico	มหาสมุทรอารคติก	má-hǎa sà-mùt aa-ká-dtìk

mar (m) Negro	ทะเลดำ	thá-lay dam
mar (m) Rojo	ทะเลแดง	thá-lay daeng
mar (m) Amarillo	ทะเลเหลือง	thá-lay lěuang
mar (m) Blanco	ทะเลขาว	thá-lay khǎao

mar (m) Caspio	ทะเลแคสเปียน	thá-lay khâet-bpian
mar (m) Muerto	ทะเลเดดซี	thá-lay dàyt-see
mar (m) Mediterráneo	ทะเลเมดิเตอร์เรเนียน	thá-lay may-dì-dtêr-ray-nian

mar (m) Egeo	ทะเลเอเจี้ยน	thá-lay ay-jîan
mar (m) Adriático	ทะเลเอเดรียติก	thá-lay ay-day-ree-yá-dtìk
mar (m) Arábigo	ทะเลอาหรับ	thá-lay aa-ràp

mar (m) del Japón	ทะเลญี่ปุ่น	thá-lay yêe-bpùn
mar (m) de Bering	ทะเลเบริง	thá-lay bae-rîng
mar (m) de la China Meridional	ทะเลจีนใต้	thá-lay jeen-dtâi
mar (m) del Coral	ทะเลคอรัล	thá-lay khor-ran
mar (m) de Tasmania	ทะเลแทสมัน	thá-lay thâet man
mar (m) Caribe	ทะเลแคริบเบียน	thá-lay khae-ríp-bian
mar (m) de Barents	ทะเลบาเรนท์	thá-lay baa-rayn
mar (m) de Kara	ทะเลคารา	thá-lay khaa-raa
mar (m) del Norte	ทะเลเหนือ	thá-lay nĕua
mar (m) Báltico	ทะเลบอลติก	thá-lay bon-dtìk
mar (m) de Noruega	ทะเลนอรเวย์	thá-lay nor-rá-way

200. Las montañas

montaña (f)	ภูเขา	phoo khăo
cadena (f) de montañas	ทิวเขา	thiw khăo
cresta (f) de montañas	สันเขา	săn khăo
cima (f)	ยอดเขา	yôrt khăo
pico (m)	ยอด	yôrt
pie (m)	ตีนเขา	dteun khăo
cuesta (f)	ไหลเขา	lài khăo
volcán (m)	ภูเขาไฟ	phoo khăo fai
volcán (m) activo	ภูเขาไฟมีพลัง	phoo khăo fai mee phá-lang
volcán (m) apagado	ภูเขาไฟที่ดับแล้ว	phoo khăo fai thêe dàp láew
erupción (f)	ภูเขาไฟระเบิด	phoo khăo fai rá-bèrt
cráter (m)	ปล่องภูเขาไฟ	bplòng phoo khăo fai
magma (m)	หินหนืด	hĭn nèut
lava (f)	ลาวา	laa-waa
fundido (lava ~a)	หลอมเหลว	lŏrm lĕo
cañón (m)	หุบเขาลึก	hùp khăo léuk
desfiladero (m)	ซองเขา	chôrng khăo
grieta (f)	รอยแตกภูเขา	roi dtàek phoo khăo
precipicio (m)	หุบเหวลึก	hùp wăy léuk
puerto (m) (paso)	ทางผ่าน	thaang phàan
meseta (f)	ที่ราบสูง	thêe râap sŏong
roca (f)	หนาผา	năa phăa
colina (f)	เนินเขา	nern khăo
glaciar (m)	ธารน้ำแข็ง	thaan náam khăeng
cascada (f)	น้ำตก	nám dtòk
geiser (m)	น้ำพุร้อน	nám phú rórn
lago (m)	ทะเลสาบ	thá-lay sàap
llanura (f)	ที่ราบ	thêe râap
paisaje (m)	ภูมิทัศน์	phoom thát

eco (m)	เสียงสะท้อน	sǐang sà-thón
alpinista (m)	นักปีนเขา	nák bpeen khǎo
escalador (m)	นักไต่เขา	nák dtài khǎo
conquistar (vt)	ไต่เขาถึงยอด	dtài khǎo thěung yôt
ascensión (f)	การปีนเขา	gaan bpeen khǎo

201. Los nombres de las montañas

Alpes (m pl)	เทือกเขาแอลป์	thêuak-khǎo-aen
Montblanc (m)	ยอดเขามงบล็อง	yôt khǎo mong-bà-lǒng
Pirineos (m pl)	เทือกเขาไพรีนีส	thêuak khǎo pai-ree-nêet
Cárpatos (m pl)	เทือกเขาคาร์เพเทียน	thêuak khǎo khaa-phay-thian
Urales (m pl)	เทือกเขายูรัล	thêuak khǎo yoo-ran
Cáucaso (m)	เทือกเขาคอเคซัส	thêuak khǎo khor-khay-sát
Elbrus (m)	ยอดเขาเอลบรุส	yôt khǎo ayn-brùt
Altai (m)	เทือกเขาอัลไต	thêuak khǎo an-dtai
Tian-Shan (m)	เทือกเขาเทียนชาน	thêuak khǎo thian-chaan
Pamir (m)	เทือกเขาพาเมียร์	thêuak khǎo paa-mia
Himalayos (m pl)	เทือกเขาหิมาลัย	thêuak khǎo hì-maa-lai
Everest (m)	ยอดเขาเอเวอเรสต์	yôt khǎo ay-wer-râŷt
Andes (m pl)	เทือกเขาแอนดีส	thêuak-khǎo-aen-dèet
Kilimanjaro (m)	ยอดเขาคิลิมันจาโร	yôt khǎo khí-lí-man-jaa-roh

202. Los ríos

río (m)	แม่น้ำ	mâe náam
manantial (m)	แหลงน้ำแร่	làeng náam râe
lecho (m) (curso de agua)	เส้นทางแม่น้ำ	sên thaang mâe náam
cuenca (f) fluvial	ลุมน้ำ	lûm náam
desembocar en …	ไหลไปสู่…	lǎi bpai sòo...
afluente (m)	สาขา	sǎa-khǎa
ribera (f)	ฝั่งแม่น้ำ	fàng mâe náam
corriente (f)	กระแสน้ำ	grà-sǎe náam
río abajo (adv)	ตามกระแสน้ำ	dtaam grà-sǎe náam
río arriba (adv)	ทวนน้ำ	thuan náam
inundación (f)	น้ำท่วม	nám thûam
riada (f)	น้ำทวม	nám thûam
desbordarse (vr)	เออลน	èr lón
inundar (vt)	ทวม	thûam
bajo (m) arenoso	บริเวณน้ำตื้น	bor-rí-wayn nám dtêun
rápido (m)	กระแสน้ำเชี่ยว	grà-sǎe nám-chîeow
presa (f)	เขื่อน	khèuan
canal (m)	คลอง	khlorng
lago (m) artificiale	ที่เก็บกักน้ำ	thêe gèp gàk náam

esclusa (f)	ประตูระบายน้ำ	bprà-dtoo rá baai náam
cuerpo (m) de agua	พื้นน้ำ	phéun náam
pantano (m)	บึง	beung
ciénaga (f)	หูวย	hûay
remolino (m)	น้ำวน	nám won

arroyo (m)	ลำธาร	lam thaan
potable (adj)	น้ำดื่มได้	nám dèum dâai
dulce (agua ~)	น้ำจืด	nám jèut

| hielo (m) | น้ำแข็ง | nám khǎeng |
| helarse (el lago, etc.) | แช่แข็ง | châe khǎeng |

203. Los nombres de los ríos

| Sena (m) | แม่น้ำเซน | mâe náam sayn |
| Loira (m) | แม่น้ำลัวร์ | mâe-náam lua |

Támesis (m)	แม่น้ำเทมส์	mâe-náam them
Rin (m)	แม่น้ำไรน์	mâe-náam rai
Danubio (m)	แม่น้ำดานูบ	mâe-náam daa-nôop

Volga (m)	แม่น้ำวอลกา	mâe-náam won-gaa
Don (m)	แม่น้ำดอน	mâe-náam don
Lena (m)	แม่น้ำลีนา	mâe-náam lee-naa

Río (m) Amarillo	แม่น้ำหวง	mâe-náam hǔang
Río (m) Azul	แม่น้ำแยงซี	mâe-náam yaeng-see
Mekong (m)	แม่น้ำโขง	mâe-náam khǒhng
Ganges (m)	แม่น้ำคงคา	mâe-náam khong-khaa

Nilo (m)	แม่น้ำไนล์	mâe-náam nai
Congo (m)	แม่น้ำคองโก	mâe-náam khong-goh
Okavango (m)	แม่น้ำโอคาวังโก	mâe-náam oh-khaa wang goh
Zambeze (m)	แม่น้ำแซมบีซี	mâe-náam saem bee see
Limpopo (m)	แม่น้ำลิมโปโป	mâe-náam lim-bpoh-bpoh
Misisipi (m)	แม่น้ำมิสซิสซิปปี	mâe-náam mít-sít-síp-bpee

204. El bosque

| bosque (m) | ป่าไม้ | bpàa máai |
| de bosque (adj) | ป่า | bpàa |

espesura (f)	ป่าทึบ	bpàa théup
bosquecillo (m)	ป่าละเมาะ	bpàa lá-mór
claro (m)	ทุงโล่ง	thûng lôhng

maleza (f)	ป่าละเมาะ	bpàa lá-mór
matorral (m)	ป่าละเมาะ	bpàa lá-mór
senda (f)	ทางเดิน	thaang dern
barranco (m)	รองธาร	rông thaan

árbol (m)	ต้นไม้	dtôn máai
hoja (f)	ใบไม้	bai máai
follaje (m)	ใบไม้	bai máai

caída (f) de hojas	ใบไม้ร่วง	bai máai rûang
caer (las hojas)	ร่วง	rûang
cima (f)	ยอด	yôrt

rama (f)	กิ่ง	gìng
rama (f) (gruesa)	กานไม้	gâan mái
brote (m)	ยอดอ่อน	yôrt òrn
aguja (f)	เข็ม	khěm
piña (f)	ลูกสน	lôok sǒn

| agujero (m) | โพรงไม้ | phrohng máai |
| nido (m) | รัง | rang |

tronco (m)	ลำต้น	lam dtôn
raíz (f)	ราก	râak
corteza (f)	เปลือกไม้	bplèuak máai
musgo (m)	มอส	môt

extirpar (vt)	ถอนราก	thǒrn râak
talar (vt)	โค่น	khôhn
deforestar (vt)	ตัดไม้ทำลายป่า	dtàt mái tham laai bpàa
tocón (m)	ตอไม้	dtor máai

hoguera (f)	กองไฟ	gorng fai
incendio (m) forestal	ไฟป่า	fai bpàa
apagar (~ el incendio)	ดับไฟ	dàp fai

guarda (m) forestal	เจ้าหน้าที่ดูแลป่า	jâo nâa-thêe doo lae bpàa
protección (f)	การปกป้อง	gaan bpòk bpôrng
proteger (vt)	ปกป้อง	bpòk bpôrng
cazador (m) furtivo	นักลอบล่าสัตว์	nák lôrp lâa sàt
cepo (m)	กับดักเหล็ก	gàp dàk lèk

| recoger (setas, bayas) | เก็บ | gèp |
| perderse (vr) | หลงทาง | lǒng thaang |

205. Los recursos naturales

recursos (m pl) naturales	ทรัพยากร ธรรมชาติ	sáp-pá-yaa-gon tham-má-châat
recursos (m pl) subterráneos	แร่	râe
depósitos (m pl)	ตะกอน	dtà-gorn
yacimiento (m)	บ่อ	bòr

extraer (vt)	ขุดแร่	khùt râe
extracción (f)	การขุดแร่	gaan khùt râe
mena (f)	แร่	râe
mina (f)	เหมืองแร่	měuang râe
pozo (m) de mina	ช่องเหมือง	chôrng měuang
minero (m)	คนงานเหมือง	khon ngaan měuang

gas (m)	แก๊ส	gáet
gasoducto (m)	ท่อแก๊ส	thôr gáet
petróleo (m)	น้ำมัน	nám man
oleoducto (m)	ท่อน้ำมัน	thôr náam man
pozo (m) de petróleo	บ่อน้ำมัน	bòr náam man
torre (f) de sondeo	ปั้นจั่นขนาดใหญ่	bpân jàn khà-nàat yài
petrolero (m)	เรือบรรทุกน้ำมัน	reua ban-thúk nám man
arena (f)	ทราย	saai
caliza (f)	หินปูน	hǐn bpoon
grava (f)	กรวด	grùat
turba (f)	พีต	phêet
arcilla (f)	ดินเหนียว	din nǐeow
carbón (m)	ถ่านหิน	thàan hǐn
hierro (m)	เหล็ก	lèk
oro (m)	ทอง	thorng
plata (f)	เงิน	ngern
níquel (m)	นิเกิล	ní-gêrn
cobre (m)	ทองแดง	thorng daeng
zinc (m)	สังกะสี	sǎng-gà-sěe
manganeso (m)	แมงกานีส	maeng-gaa-nêet
mercurio (m)	ปรอท	bpa -ròrt
plomo (m)	ตะกั่ว	dtà-gùa
mineral (m)	แร่	râe
cristal (m)	ผลึก	phà-lèuk
mármol (m)	หินอ่อน	hǐn òrn
uranio (m)	ยูเรเนียม	yoo-ray-niam

La tierra. Unidad 2

206. El tiempo

tiempo (m)	สภาพอากาศ	sà-phâap aa-gàat
previsión (f) del tiempo	พยากรณ์	phá-yaa-gon
	สภาพอากาศ	sà-phâap aa-gàat
temperatura (f)	อุณหภูมิ	un-hà-phoom
termómetro (m)	ปรอทวัดอุณหภูมิ	bpà-ròrt wát un-hà-phoom
barómetro (m)	เครื่องวัดความดัน	khrêuang wát khwaam dan
	บรรยากาศ	ban-yaa-gàat
húmedo (adj)	ชื้น	chéun
humedad (f)	ความชื้น	khwaam chéun
bochorno (m)	ความร้อน	khwaam rórn
tórrido (adj)	ร้อน	rórn
hace mucho calor	มันร้อน	man rórn
hace calor (templado)	มันอุ่น	man ùn
templado (adj)	อุ่น	ùn
hace frío	อากาศเย็น	aa-gàat yen
frío (adj)	เย็น	yen
sol (m)	ดวงอาทิตย์	duang aa-thít
brillar (vi)	สองแสง	sòrng săeng
soleado (un día ~)	มีแสงแดด	mee săeng dàet
elevarse (el sol)	ขึ้น	khêun
ponerse (vr)	ตก	dtòk
nube (f)	เมฆ	mâyk
nuboso (adj)	มีเมฆมาก	mee mâyk mâak
nubarrón (m)	เมฆฝน	mâyk fŏn
nublado (adj)	มืดครึ้ม	mêut khréum
lluvia (f)	ฝน	fŏn
está lloviendo	ฝนตก	fŏn dtòk
lluvioso (adj)	ฝนตก	fŏn dtòk
lloviznar (vi)	ฝนปรอย	fòn bproi
aguacero (m)	ฝนตกหนัก	fŏn dtòk nàk
chaparrón (m)	ฝนหาใหญ่	fŏn hàa yài
fuerte (la lluvia ~)	หนัก	nàk
charco (m)	หลมน้ำ	lòm nám
mojarse (vr)	เปียก	bpìak
niebla (f)	หมอก	mòrk
nebuloso (adj)	หมอกจัด	mòrk jàt
nieve (f)	หิมะ	hì-má
está nevando	หิมะตก	hì-má dtòk

207. Los eventos climáticos severos. Los desastres naturales

tormenta (f)	พายุฟ้าคะนอง	phaa-yú fáa khá-nong
relámpago (m)	ฟ้าผา	fáa phàa
relampaguear (vi)	แลบ	lâep
trueno (m)	ฟ้าคะนอง	fáa khá-norng
tronar (vi)	มีฟ้าคะนอง	mee fáa khá-norng
está tronando	มีฟ้าร้อง	mee fáa rórng
granizo (m)	ลูกเห็บ	lôok hèp
está granizando	มีลูกเห็บตก	mee lôok hèp dtòk
inundar (vt)	ท่วม	thûam
inundación (f)	น้ำท่วม	nám thûam
terremoto (m)	แผ่นดินไหว	phàen din wǎi
sacudida (f)	ไหว	wǎi
epicentro (m)	จุดเหนือศูนย์แผ่นดินไหว	jùt něua sǒon phàen din wǎi
erupción (f)	ภูเขาไฟระเบิด	phoo khǎo fai rá-bèrt
lava (f)	ลาวา	laa-waa
torbellino (m)	พายุหมุน	phaa-yú mǔn
tornado (m)	พายุทอร์เนโด	phaa-yú thor-nay-doh
tifón (m)	พายุไต้ฝุ่น	phaa-yú dtâi fùn
huracán (m)	พายุเฮอร์ริเคน	phaa-yú her-rí-khayn
tempestad (f)	พายุ	phaa-yú
tsunami (m)	คลื่นสึนามิ	khlêun sèu-naa-mí
ciclón (m)	พายุไซโคลน	phaa-yú sai-khlohn
mal tiempo (m)	อากาศไม่ดี	aa-gàat mâi dee
incendio (m)	ไฟไหม้	fai mâi
catástrofe (f)	ความหายนะ	khwaam hǎa-yá-ná
meteorito (m)	อุกกาบาต	ùk-gaa-bàat
avalancha (f)	หิมะถล่ม	hì-má thà-lòm
alud (m) de nieve	หิมะถล่ม	hì-má thà-lòm
ventisca (f)	พายุหิมะ	phaa-yú hì-má
nevasca (f)	พายุหิมะ	phaa-yú hì-má

208. Los ruidos. Los sonidos

silencio (m)	ความเงียบ	khwaam ngîap
sonido (m)	เสียง	sǐang
ruido (m)	เสียงรบกวน	sǐang róp guan
hacer ruido	ทำเสียง	tam sǐang
ruidoso (adj)	หนวกหู	nùak hǒo
alto (adv)	เสียงดัง	sǐang dang
fuerte (~ voz)	ดัง	dang
constante (ruido, etc.)	ต่อเนื่อง	dtòr nêuang

grito (m)	เสียงตะโกน	sĭang dtà-gohn
gritar (vi)	ตะโกน	dtà-gohn
susurro (m)	เสียงกระซิบ	sĭang grà síp
susurrar (vi, vt)	กระซิบ	grà síp

| ladrido (m) | เสียงเห่า | sĭang hào |
| ladrar (vi) | เห่า | hào |

gemido (m)	เสียงคราง	sĭang khraang
gemir (vi)	คราง	khraang
tos (f)	เสียงไอ	sĭang ai
toser (vi)	ไอ	ai

silbido (m)	เสียงผิวปาก	sĭang phĭw bpàak
silbar (vi)	ผิวปาก	phĭw bpàak
toque (m) en la puerta	เสียงเคาะ	sĭang khór
golpear (la puerta)	เคาะ	khór

| crepitar (vi) | เปรี๊ยะ | bpría |
| crepitación (f) | เสียงเปรี๊ยะ | sĭang bpría |

sirena (f)	เสียงสัญญาณเตือน	sĭang sǎn-yaan dteuan
pito (m) (de la fábrica)	เสียงนกหวีด	sĭang nók wèet
pitar (un tren, etc.)	เป่านกหวีด	bpào nók wèet
bocinazo (m)	เสียงแตร	sĭang dtrae
tocar la bocina	บีบแตร	bèep dtrae

209. El invierno

invierno (m)	ฤดูหนาว	réu-doo nǎao
de invierno (adj)	ฤดูหนาว	réu-doo nǎao
en invierno	ช่วงฤดูหนาว	chûang réu-doo nǎao

nieve (f)	หิมะ	hì-má
está nevando	มีหิมะตก	mee hì-má dtòk
nevada (f)	หิมะตก	hì-má dtòk
montón (m) de nieve	กองหิมะ	gong hì-má

copo (m) de nieve	เกล็ดหิมะ	glèt hì-má
bola (f) de nieve	ก้อนหิมะ	gôn hì-má
monigote (m) de nieve	ตุ๊กตาหิมะ	dtúk-gà-dtaa hì-má
carámbano (m)	แท่งน้ำแข็ง	thâeng nám khǎeng

diciembre (m)	ธันวาคม	than-waa khom
enero (m)	มกราคม	mók-gà-raa khom
febrero (m)	กุมภาพันธ์	gum-phaa phan

| helada (f) | ความหนาวๆ | kwaam nǎao nǎao |
| helado (~a noche) | หนาวจัด | nǎao jàt |

bajo cero (adv)	ต่ำกว่าศูนย์องศา	dtàm gwàa sǒon ong-sǎa
primeras heladas (f pl)	ลมหนาวแรก	lom nǎao râek
escarcha (f)	น้ำค้างแข็ง	náam kháang khǎeng
frío (m)	ความหนาว	khwaam nǎao

hace frío	อากาศหนาว	aa-gàat năao
abrigo (m) de piel	เสื้อโค้ทขนสัตว์	sêua khóht khŏn sàt
manoplas (f pl)	ถุงมือ	thŭng meu

enfermarse (vr)	เป็นหวัด	bpen wàt
resfriado (m)	หวัด	wàt
resfriarse (vr)	เป็นหวัด	bpen wàt

hielo (m)	น้ำแข็ง	nám khăeng
hielo (m) negro	น้ำแข็งบาง บนพื้นถนน	nám khăeng baang bon phéun thà-nŏn
helarse (el lago, etc.)	แช่แข็ง	châe khăeng
bloque (m) de hielo	แพน้ำแข็ง	phae nám khăeng

esquís (m pl)	สกี	sà-gee
esquiador (m)	นักสกี	nák sà-gee
esquiar (vi)	เล่นสกี	lên sà-gee
patinar (vi)	เลนสเก็ต	lên sà-gèt

La fauna

carnívoro (m)	สัตว์กินเนื้อ	sàt gin néua
tigre (m)	เสือ	sěua
león (m)	สิงโต	sǐng dtoh
lobo (m)	หมาป่า	mǎa bpàa
zorro (m)	หมาจิงจอก	mǎa jǐng-jòk
jaguar (m)	เสือจากัวร์	sěua jaa-gua
leopardo (m)	เสือดาว	sěua daao
guepardo (m)	เสือชีตาห์	sěua chee-dtaa
pantera (f)	เสือดำ	sěua dam
puma (f)	สิงโตภูเขา	sǐng-dtoh phoo khǎo
leopardo (m) de las nieves	เสือดาวหิมะ	sěua daao hì-má
lince (m)	แมวป่า	maew bpàa
coyote (m)	โคโยตี้	khoh-yoh-dtêe
chacal (m)	หมาจิงจอกทอง	mǎa jǐng-jòk thorng
hiena (f)	ไฮยีนา	hai-yee-naa

animal (m)	สัตว์	sàt
bestia (f)	สัตว์	sàt
ardilla (f)	กระรอก	grà rôk
erizo (m)	เม่น	mâyn
liebre (f)	กระต่ายป่า	grà-dtàai bpàa
conejo (m)	กระต่าย	grà-dtàai
tejón (m)	แบดเจอร์	baet-jer
mapache (m)	แร็คคูน	ráek khoon
hámster (m)	หนูแฮมสเตอร์	nǒo haem-sà-dtêr
marmota (f)	มาร์มอต	maa-môt
topo (m)	ตุ่น	dtùn
ratón (m)	หนู	nǒo
rata (f)	หนู	nǒo
murciélago (m)	ค้างคาว	kháang khaao
armiño (m)	เออร์มิน	er-min
cebellina (f)	เซเบิล	say bern
marta (f)	มาร์เทิน	maa thern
comadreja (f)	เพียงพอนสีน้ำตาล	phiang phon sěe nám dtaan
visón (m)	เพียงพอน	phiang phorn

castor (m)	บีเวอร์	bee-wer
nutria (f)	นาก	nâak
caballo (m)	ม้า	máa
alce (m)	กวางมูส	gwaang môot
ciervo (m)	กวาง	gwaang
camello (m)	อูฐ	òot
bisonte (m)	วัวป่า	wua bpàa
uro (m)	วัวป่าออรอซ	wua bpàa or rôt
búfalo (m)	ควาย	khwaai
cebra (f)	ม้าลาย	máa laai
antílope (m)	แอนทีโลป	aen-thi-lòp
corzo (m)	กวางโรเดียร์	gwaang roh-dia
gamo (m)	กวางแฟลโลว์	gwaang flae-loh
gamuza (f)	เลียงผา	liang-phǎa
jabalí (m)	หมูป่า	mǒo bpàa
ballena (f)	วาฬ	waan
foca (f)	แมวน้ำ	maew náam
morsa (f)	ช้างน้ำ	cháang náam
oso (m) marino	แมวน้ำมีขน	maew náam mee khǒn
delfín (m)	โลมา	loh-maa
oso (m)	หมี	měe
oso (m) blanco	หมีขั้วโลก	měe khûa lôhk
panda (f)	หมีแพนดา	měe phaen-dâa
mono (m)	ลิง	ling
chimpancé (m)	ลิงชิมแปนซี	ling chim-bpaen-see
orangután (m)	ลิงอุรังอุตัง	ling u-rang-u-dtang
gorila (m)	ลิงกอริลลา	ling gor-rin-lâa
macaco (m)	ลิงแม็กแคก	ling mâk-khâk
gibón (m)	ชะนี	chá-nee
elefante (m)	ช้าง	cháang
rinoceronte (m)	แรด	râet
jirafa (f)	ยีราฟ	yee-râaf
hipopótamo (m)	ฮิปโปโปเตมัส	híp-bpoh-bpoh-dtay-mát
canguro (m)	จิงโจ้	jing-jôh
koala (f)	หมีโคอาล่า	měe khoh aa lâa
mangosta (f)	พังพอน	phang phon
chinchilla (f)	ชินคิลลา	khin-khin laa
mofeta (f)	สกังก์	sà-gang
espín (m)	เมน	mâyn

212. Los animales domésticos

gata (f)	แมวตัวเมีย	maew dtua mia
gato (m)	แมวตัวผู้	maew dtua phôo
perro (m)	สุนัข	sù-nák

caballo (m)	ม้า	máa
garañón (m)	ม้าตัวผู้	máa dtua phôo
yegua (f)	ม้าตัวเมีย	máa dtua mia

vaca (f)	วัว	wua
toro (m)	กระทิง	grà-thing
buey (m)	วัว	wua

oveja (f)	แกะตัวเมีย	gàe dtua mia
carnero (m)	แกะตัวผู้	gàe dtua phôo
cabra (f)	แพะตัวเมีย	pháe dtua mia
cabrón (m)	แพะตัวผู้	pháe dtua phôo

| asno (m) | ลา | laa |
| mulo (m) | ลอ | lôr |

cerdo (m)	หมู	mǒo
cerdito (m)	ลูกหมู	lôok mǒo
conejo (m)	กระตาย	grà-dtàai

| gallina (f) | ไก่ตัวเมีย | gài dtua mia |
| gallo (m) | ไก่ตัวผู้ | gài dtua phôo |

pato (m)	เป็ดตัวเมีย	bpèt dtua mia
ánade (m)	เป็ดตัวผู้	bpèt dtua phôo
ganso (m)	หาน	hàan

| pavo (m) | ไก่งวงตัวผู้ | gài nguang dtua phôo |
| pava (f) | ไก่งวงตัวเมีย | gài nguang dtua mia |

animales (m pl) domésticos	สัตว์เลี้ยง	sàt líang
domesticado (adj)	เลี้ยง	líang
domesticar (vt)	เชื่อง	chêuang
criar (vt)	ขยายพันธุ์	khà-yǎai phan

granja (f)	ฟาร์ม	faam
aves (f pl) de corral	สัตว์ปีก	sàt bpèek
ganado (m)	วัวควาย	wua khwaai
rebaño (m)	ฝูง	fǒong

caballeriza (f)	คอกม้า	khôrk máa
porqueriza (f)	คอกหมู	khôrk mǒo
vaquería (f)	คอกวัว	khôrk wua
conejal (m)	คอกกระตาย	khôrk grà-dtàai
gallinero (m)	เลาไก่	láo gài

213. Los perros. Las razas de perros

perro (m)	สุนัข	sù-nák
perro (m) pastor	สุนัขเลี้ยงแกะ	sù-nák líang gàe
pastor (m) alemán	เยอรมันเชฟเฟิร์ด	yer-rá-man chayf-fêrt
caniche (m)	พูเดิ้ล	phoo dêrn
teckel (m)	ดัชชุน	dàt chun
bulldog (m)	บูลด็อก	boon dòrk

bóxer (m)	บ็อกเชอร์	bòk-sêr
mastín (m) inglés	มัสตีฟ	mát-dtèef
rottweiler (m)	ร็อตไวเลอร์	rót-wai-ler
doberman (m)	โดเบอร์แมน	doh-ber-maen
basset hound (m)	บาสเซ็ต	bàat-sét
bobtail (m)	บ็อบเทล	bòp-thayn
dálmata (m)	ดัลเมเชียน	dan-may-chian
cocker spaniel (m)	ค็อกเกอรสเปเนียล	khórk-gêr sà-bpay-nian
terranova (m)	นิวฟาวน์ดฮาวน์ดแลนด์	niw-faao-dà-haao-dà-lǎen
san bernardo (m)	เซนตเบอรนารด	sayn ber nâat
husky (m)	ฮัสกี้	hát-gêe
chow chow (m)	เชาเชา	chao chao
pomerania (m)	สูปิตช	sà-bpìt
pug (m), carlino (m)	ปัก	bpák

214. Los sonidos de los animales

ladrido (m)	เสียงเห่า	sìang hào
ladrar (vi)	เห่า	hào
maullar (vi)	รองเหมียว	rórng mǐeow
ronronear (vi)	ทำเสียงคราง	tham sìang khraang
mugir (vi)	ร้องมอๆ	rórng mor mor
bramar (toro)	สงเสียงคำราม	sòng sǐang kham-raam
rugir (vi)	โฮก	hôhk
aullido (m)	เสียงหอน	sǐang hǒn
aullar (vi)	หอน	hǒrn
gañir (vi)	ครางหงิงๆ	khraang ngǐng ngǐng
balar (vi)	ร้องแบะๆ	rórng bàe bàe
gruñir (cerdo)	ร้องอูดๆ	rórng ùùt ùùt
chillar (vi)	รองเสียงแหลม	rórng sǐang lǎem
croar (vi)	ร้องอ๊บๆ	rórng ôp ôp
zumbar (vi)	หึ่ง	hèung
chirriar (vi)	ทำเสียงจ๊อกแจ๊ก	tham sǐang jòrk jáek

215. Los animales jóvenes

cría (f)	ลูกสัตว์	lôok sàt
gatito (m)	ลูกแมว	lôok maew
ratoncillo (m)	ลูกหนู	lôok nǒo
cachorro (m)	ลูกหมา	lôok mǎa
lebrato (m)	ลูกกระต่ายป่า	lôok grà-dtàai bpàa
gazapo (m)	ลูกกระต่าย	lôok grà-dtàai
lobato (m)	ลูกหมาป่า	lôok mǎa bpàa
cachorro (m) de zorro	ลูกหมาจิงจอก	lôok mǎa jîng-jòk

osito (m)	ลูกหมี	lôok měe
cachorro (m) de león	ลูกสิงโต	lôok sǐng dtoh
cachorro (m) de tigre	ลูกเสือ	lôok sěua
elefante bebé (m)	ลูกช้าง	lôok cháang
cerdito (m)	ลูกหมู	lôok mǒo
ternero (m)	ลูกวัว	lôok wua
cabrito (m)	ลูกแพะ	lôok pháe
cordero (m)	ลูกแกะ	lôok gàe
cervato (m)	ลูกกวาง	lôok gwaang
cría (f) de camello	ลูกอูฐ	lôok òot
serpiente (f) joven	ลูกงู	lôok ngoo
rana (f) juvenil	ลูกกบ	lôok gòp
polluelo (m)	ลูกนก	lôok nók
pollito (m)	ลูกไก่	lôok gài
patito (m)	ลูกเป็ด	lôok bpèt

216. Los pájaros

pájaro (m)	นก	nók
paloma (f)	นกพิราบ	nók phí-râap
gorrión (m)	นกกระจิบ	nók grà-jìp
carbonero (m)	นกติด	nók dtít
urraca (f)	นกสาลิกา	nók sǎa-lí gaa
cuervo (m)	นกอีกา	nók ee-gaa
corneja (f)	นกกา	nók gaa
chova (f)	นกจำพวกกา	nók jam phûak gaa
grajo (m)	นกการูค	nók gaa róok
pato (m)	เป็ด	bpèt
ganso (m)	ห่าน	hàan
faisán (m)	ไก่ฟ้า	gài fáa
águila (f)	นกอินทรี	nók in-see
azor (m)	นกเหยี่ยว	nók yìeow
halcón (m)	นกเหยี่ยว	nók yìeow
buitre (m)	นกแร้ง	nók ráeng
cóndor (m)	นกแร้งขนาดใหญ่	nók ráeng kà-nàat yài
cisne (m)	นกหงส์	nók hǒng
grulla (f)	นกกระเรียน	nók grà rian
cigüeña (f)	นกกระสา	nók grà-sǎa
loro (m), papagayo (m)	นกแก้ว	nók gâew
colibrí (m)	นกฮัมมิ่งเบิร์ด	nók ham-mîng-bèrt
pavo (m) real	นกยูง	nók yoong
avestruz (m)	นกกระจอกเทศ	nók grà-jòrk-thâyt
garza (f)	นกยาง	nók yaang
flamenco (m)	นกฟลามิงโก	nók flaa-ming-goh
pelícano (m)	นกกระทุง	nók-grà-thung

| ruiseñor (m) | นกไนติงเกล | nók-nai-dting-gayn |
| golondrina (f) | นกนางแอน | nók naang-àen |

tordo (m)	นกเดินดง	nók dern dong
zorzal (m)	นกเดินดงร้องเพลง	nók dern dong rórng phlayng
mirlo (m)	นกเดินดงสีดำ	nók-dern-dong sĕe dam

vencejo (m)	นกแอ่น	nók àen
alondra (f)	นกลารค	nók lâak
codorniz (f)	นกคุม	nók khûm

pájaro carpintero (m)	นกหัวขวาน	nók hŭa khwăan
cuco (m)	นกดุเหวา	nók dù hăy wâa
lechuza (f)	นกฮูก	nók hôok
búho (m)	นกเค้าใหญ่	nók kháo yài
urogallo (m)	ไก่ป่า	gài bpàa
gallo lira (m)	ไก่ดำ	gài dam
perdiz (f)	นกกระทา	nók-grà-thaa

estornino (m)	นกกิ้งโครง	nók-gîng-khrohng
canario (m)	นกขุมิ้น	nók khà-mîn
ortega (f)	ไก่น้ำตาล	gài nám dtaan
pinzón (m)	นกจาบ	nók-jàap
camachuelo (m)	นกบูลฟินช์	nók boon-fin

gaviota (f)	นกนางนวล	nók naang-nuan
albatros (m)	นกอัลบาทรอส	nók an-baa-thrôt
pingüino (m)	นกเพนกวิน	nók phayn-gwin

217. Los pájaros. El canto y los sonidos

cantar (vi)	ร้องเพลง	rórng phlayng
gritar, llamar (vi)	ร้อง	rórng
cantar (el gallo)	ร้องขัน	rórng khăn
quiquiriquí (m)	เสียงขัน	sĭang khăn

cloquear (vi)	ร้องกุ๊กๆ	rórng gúk gúk
graznar (vi)	ร้องเสียงกาๆ	rórng sĭang gaa gaa
graznar, parpar (vi)	ร้องกาบๆ	rórng gâap gâap
piar (vi)	ร้องเสียงจิ๊บ ๆ	rórng sĭang jíp jíp
gorjear (vi)	ร้องจอกแจก	rórng jòk jáek

218. Los peces. Los animales marinos

brema (f)	ปลาบรีม	bplaa bpreem
carpa (f)	ปลาคารุป	bplaa khâap
perca (f)	ปลาเพิรช	bplaa phêrt
siluro (m)	ปลาดุก	bplaa-dùk
lucio (m)	ปลาไพค์	bplaa phai

| salmón (m) | ปลาแซลมอน | bplaa saen-morn |
| esturión (m) | ปลาสเตอรเจียน | bpláa sà-dtêr jian |

arenque (m)	ปลาเฮอร์ริง	bplaa her-ring
salmón (m) del Atlántico	ปลาแซลมอนแอตแลนติก	bplaa saen-mon àet-laen-dtìk
caballa (f)	ปลาซาบะ	bplaa saa-bà
lenguado (m)	ปลาลิ้นหมา	bplaa lín-măa
lucioperca (f)	ปลาไพค์เพิร์ช	bplaa phái phert
bacalao (m)	ปลาค็อด	bplaa khót
atún (m)	ปลาทูนา	bplaa thoo-nâa
trucha (f)	ปลาเทราท์	bplaa thrau
anguila (f)	ปลาไหล	bplaa lăi
raya (f) eléctrica	ปลากระเบนไฟฟ้า	bplaa grà-bayn-fai-fáa
morena (f)	ปลาไหลมอเรย์	bplaa lăi mor-ray
piraña (f)	ปลาปิรันยา	bplaa bpì-ran-yâa
tiburón (m)	ปลาฉลาม	bplaa chà-lăam
delfín (m)	โลมา	loh-maa
ballena (f)	วาฬ	waan
centolla (f)	ปู	bpoo
medusa (f)	แมงกะพรุน	maeng gà-phrun
pulpo (m)	ปลาหมึก	bplaa mèuk
estrella (f) de mar	ปลาดาว	bplaa daao
erizo (m) de mar	หอยเม่น	hŏi mâyn
caballito (m) de mar	ม้าน้ำ	máa nám
ostra (f)	หอยนางรม	hŏi naang rom
camarón (m)	กุ้ง	gûng
bogavante (m)	กุ้งมังกร	gûng mang-gon
langosta (f)	กุ้งมังกร	gûng mang-gon

219. Los anfibios. Los reptiles

serpiente (f)	งู	ngoo
venenoso (adj)	พิษ	phít
víbora (f)	งูแมวเซา	ngoo maew sao
cobra (f)	งูเห่า	ngoo hào
pitón (m)	งูเหลือม	ngoo lĕuam
boa (f)	งูโบอา	ngoo boh-aa
culebra (f)	งูเล็กที่ไม่เป็นอันตราย	ngoo lék thêe mâi bpen an-dtà-raai
serpiente (m) de cascabel	งูหางกระดิ่ง	ngoo hăang grà-dìng
anaconda (f)	งูอนาคอนดา	ngoo a -naa-khon-daa
lagarto (m)	กิ้งก่า	gîng-gàa
iguana (f)	อีกัวนา	ee gua naa
varano (m)	กิ้งก่ามอนิเตอร์	gîng-gàa mor-ní-dtêr
salamandra (f)	ซาลาแมนเดอร	saa-laa-maen-dêr
camaleón (m)	กิ้งก่าคามิเลียน	gîng-gàa khaa-mí-lian
escorpión (m)	แมงป่อง	maeng bpòrng
tortuga (f)	เต่า	dtào

rana (f)	กบ	gòp
sapo (m)	คางคก	khaang-kók
cocodrilo (m)	จระเข	jor-rá-khây

220. Los insectos

insecto (m)	แมลง	má-laeng
mariposa (f)	ผีเสื้อ	phěe sêua
hormiga (f)	มด	mót
mosca (f)	แมลงวัน	má-laeng wan
mosquito (m) (picadura de ~)	ยุง	yung
escarabajo (m)	แมลงปีกแข็ง	má-laeng bpèek khǎeng

avispa (f)	ตอ	dtòr
abeja (f)	ผึ้ง	phêung
abejorro (m)	ผึ้งบัมเบิลบี	phêung bam-bern bee
moscardón (m)	เหลือบ	lèuap

| araña (f) | แมงมุม | maeng mum |
| telaraña (f) | ใยแมงมุม | yai maeng mum |

libélula (f)	แมลงปอ	má-laeng bpor
saltamontes (m)	ตั๊กแตน	dták-gà-dtaen
mariposa (f) nocturna	ผีเสื้อกลางคืน	phěe sêua glaang kheun

cucaracha (f)	แมลงสาบ	má-laeng sàap
garrapata (f)	เห็บ	hèp
pulga (f)	หมัด	màt
mosca (f) negra	ริน	rín

langosta (f)	ตั๊กแตน	dták-gà-dtaen
caracol (m)	หอยทาก	hǒi thâak
grillo (m)	จิ้งหรีด	jîng-rèet
luciérnaga (f)	หิ่งหอย	hìng-hôi
mariquita (f)	แมลงเต่าทอง	má-laeng dtào thorng
sanjuanero (m)	แมงอีนูน	maeng ee noon

sanguijuela (f)	ปูลิง	bpling
oruga (f)	บุ้ง	bûng
lombriz (m) de tierra	ไส้เดือน	sâi deuan
larva (f)	ตัวอ่อน	dtua òrn

221. Los animales. Las partes del cuerpo

pico (m)	จงอยปาก	ja-ngoi bpàak
alas (f pl)	ปีก	bpèek
pata (f)	เทา	tháo
plumaje (m)	ขนนก	khǒn nók
pluma (f)	ขนนก	khǒn nók
penacho (m)	ขนหัว	khǒn hǔa
branquias (f pl)	เหงือก	ngèuak
huevas (f pl)	ไขปลา	khài-bplaa

larva (f)	ตัวอ่อน	dtua òrn
aleta (f)	ครีบ	khrêep
escamas (f pl)	เกล็ด	glèt

colmillo (m)	เขี้ยว	khîeow
garra (f), pata (f)	เท้า	tháo
hocico (m)	จมูกและปาก	jà-mòok láe bpàak
boca (f)	ปาก	bpàak
cola (f)	หาง	hǎang
bigotes (m pl)	หนวด	nùat

| casco (m) (pezuña) | กีบ | gèep |
| cuerno (m) | เขา | khǎo |

caparazón (m)	กระดอง	grà dorng
concha (f) (de moluscos)	เปลือก	bplèuak
cáscara (f) (de huevo)	เปลือกไข่	bplèuak khài

| pelo (m) (de perro) | ขน | khǒn |
| piel (f) (de vaca, etc.) | หนัง | nǎng |

222. Los animales. Acciones. Conducta.

| volar (vi) | บิน | bin |
| dar vueltas | บินวน | bin-won |

| echar a volar | บินไป | bin bpai |
| batir las alas | กระพือ | grà-pheu |

| picotear (vt) | จิก | jìk |
| empollar (vt) | กกไข่ | gòk khài |

| salir del cascarón | ฟักตัวออกจากไข่ | fák dtua òrk jàak kài |
| hacer el nido | สร้างรัง | sâang rang |

reptar (serpiente)	เลื้อย	léuay
picar (vt)	ตอย	dtòi
morder (animal)	กัด	gàt

olfatear (vt)	ดม	dom
ladrar (vi)	เห่า	hào
sisear (culebra)	ออกเสียงฟ่อ	òrk sĭang fôr

| asustar (vt) | ทำให้...กลัว | tham hâi...glua |
| atacar (vt) | จู่โจม | jòo johm |

roer (vt)	ขุบ	khòp
arañar (vt)	ขวน	khùan
esconderse (vr)	ซอน	sôrn

jugar (gatitos, etc.)	เล่น	lên
cazar (vi, vt)	ล่า	lâa
hibernar (vi)	จำศีล	jam sěen
extinguirse (vr)	สูญพันธุ์	sǒon phan

223. Los animales. El hábitat

hábitat (m)	ที่อยู่อาศัย	thêe yòo aa-sǎi
migración (f)	การอพยพ	gaan òp-phá-yóp
montaña (f)	ภูเขา	phoo khǎo
arrecife (m)	แนวปะการัง	naew bpà-gaa-rang
roca (f)	หนาผา	nâa phǎa
bosque (m)	ป่า	bpàa
jungla (f)	ป่าดิบชื้น	bpàa dìp chéun
sabana (f)	สะวันนา	sà wan naa
tundra (f)	ทันดรา	than-draa
estepa (f)	ทุ่งหญ้าสเตปป์	thûng yâa sà-dtàyp
desierto (m)	ทะเลทราย	thá-lay saai
oasis (m)	โอเอซิส	oh-ay-sít
mar (m)	ทะเล	thá-lay
lago (m)	ทะเลสาบ	thá-lay sàap
océano (m)	มหาสมุทร	má-hǎa sà-mùt
pantano (m)	บึง	beung
de agua dulce (adj)	น้ำจืด	nám jèut
estanque (m)	บ่อน้ำ	bòr náam
río (m)	แม่น้ำ	mâe náam
cubil (m)	ถ้ำสัตว์	thâm sàt
nido (m)	รัง	rang
agujero (m)	โพรงไม้	phrohng máai
madriguera (f)	โพรง	phrohng
hormiguero (m)	รังมด	rang mót

224. El cuidado de los animales

zoológico (m)	สวนสัตว์	sǔan sàt
reserva (f) natural	เขตสงวน	khàyt sà-ngǔan
	ธรรมชาติ	tham-má-châat
criadero (m)	ที่ขยายพันธุ์	thêe khà-yǎai phan
jaula (f) al aire libre	กรง	grorng
jaula (f)	กรง	grorng
perrera (f)	บานสุนัข	baan sù-nák
palomar (m)	บ้านนกพิราบ	bâan nók phí-râap
acuario (m)	ตูปลา	dtôo bplaa
delfinario (m)	บ่อโลมา	bòr loh-maa
criar (~ animales)	ขยายพันธุ์	khà-yǎai phan
crías (f pl)	ลูกสัตว์	lôok sàt
domesticar (vt)	เชื่อง	chêuang
adiestrar (~ animales)	ฝึก	fèuk
pienso (m), comida (f)	อาหาร	aa-hǎan

dar de comer	ให้อาหาร	hâi aa-hăan
tienda (f) de animales	ร้านสู่ตัวเลี้ยง	ráan sàt líang
bozal (m) de perro	ตะกร้อปาก	dtà-grôr bpàak
collar (m)	ปลอกคอ	bplòrk kor
nombre (m) (de perro, etc.)	ชื่อ	chêu
pedigrí (m)	สายพันธุ์	săai phan

225. Los animales. Miscelánea

manada (f) (de lobos)	ฝูง	fŏong
bandada (f) (de pájaros)	ฝูง	fŏong
banco (m) de peces	ฝูง	fŏong
caballada (f)	ฝูง	fŏong

| macho (m) | ตัวผู้ | dtua phôo |
| hembra (f) | ตัวเมีย | dtua mia |

hambriento (adj)	หิว	hĭw
salvaje (adj)	ป่า	bpàa
peligroso (adj)	อันตราย	an-dtà-raai

226. Los caballos

| caballo (m) | ม้า | máa |
| raza (f) | พันธุ์ | phan |

| potro (m) | ลูกม้า | lôok máa |
| yegua (f) | ม้าตัวเมีย | máa dtua mia |

mustang (m)	ม้าป่า	máa bpàa
poni (m)	ม้าพันธุ์เล็ก	máa phan lék
caballo (m) de tiro	ม้างาน	máa ngaan

| crin (f) | แผงคอ | phăeng khor |
| cola (f) | หาง | hăang |

casco (m) (pezuña)	กีบ	gèep
herradura (f)	เกือก	gèuak
herrar (vt)	ใส่เกือก	sài gèuak
herrero (m)	ช่างเหล็ก	châang lèk

silla (f)	อานม้า	aan máa
estribo (m)	โกลน	glohn
bridón (m)	บังเหียน	bang hĭan
riendas (f pl)	สายบังเหียน	săai bang hĭan
fusta (f)	แส	sâe

jinete (m)	นักขี่ม้า	nák khèe máa
ensillar (vt)	ใส่อานม้า	sài aan máa
montar al caballo	ขึ้นขี่ม้า	khêun khèe máa
galope (m)	การควบม้า	gaan khûap máa
ir al galope	ควบม้า	khûap máa

trote (m)	การเหยาะย่าง	gaan yòr yâang
al trote (adv)	แบบเหยาะยาง	bàep yòr yâang
ir al trote, trotar (vi)	เหยาะยาง	yòr yâang
caballo (m) de carreras	ม้าแข่ง	máa khàeng
carreras (f pl)	การแข่งม้า	gaan khàeng máa
caballeriza (f)	คอกม้า	khôrk máa
dar de comer	ให้อาหาร	hâi aa-hǎan
heno (m)	หญ้าแหง	yâa hâeng
dar de beber	ให้น้ำ	hâi nám
limpiar (el caballo)	ทำความสะอาด	tham khwaam sà-àat
carro (m)	รถเทียมม้า	rót thiam máa
pastar (vi)	เล็มหญ้า	lem yâa
relinchar (vi)	ร้องฮี่ๆ	rórng híí híí
cocear (vi)	ถีบ	thèep

La flora

árbol (m)	ต้นไม้	dtôn máai
foliáceo (adj)	ผลัดใบ	phlàt bai
conífero (adj)	สน	sǒn
de hoja perenne	ซึ่งเขียวชอุ่ม	sêung khǐeow chá-ùm
	ตลอดปี	dtà-lòrt bpee
manzano (m)	ต้นแอปเปิ้ล	dtôn àep-bpêrn
peral (m)	ต้นแพร์	dtôn phae
cerezo (m)	ต้นเชอร์รี่ป่า	dtôn cher-rêe bpàa
guindo (m)	ต้นเชอร์รี่	dtôn cher-rêe
ciruelo (m)	ตนพลัม	dtôn phlam
abedul (m)	ต้นเบิร์ช	dtôn bèrt
roble (m)	ต้นโอ๊ค	dtôn óhk
tilo (m)	ตนไม้ดอกเหลือง	dtôn máai dòrk lěuang
pobo (m)	ต้นแอสเพน	dtôn ae sà-phayn
arce (m)	ตนเมเปิล	dtôn may bpêrn
pícea (f)	ต้นเฟอร์	dtôn fer
pino (m)	ต้นเกี๊ยะ	dtôn gía
alerce (m)	ตนลารช	dtôn lâat
abeto (m)	ต้นเฟอร์	dtôn fer
cedro (m)	ตนซีดาร	dtôn-see-daa
álamo (m)	ต้นปอปลาร์	dtôn bpor-bplaa
serbal (m)	ตนโรแวน	dtôn-roh-waen
sauce (m)	ต้นวิลโลว์	dtôn win-loh
aliso (m)	ตนอัลเดอร์	dtôn an-dêr
haya (f)	ต้นบีช	dtôn bèet
olmo (m)	ตนเอลม	dtôn elm
fresno (m)	ต้นแอช	dtôn aesh
castaño (m)	ตนเกาลัด	dtôn gao lát
magnolia (f)	ต้นแมกโนเลีย	dtôn mâek-noh-lia
palmera (f)	ต้นปาลม	dtôn bpaam
ciprés (m)	ตนไซเปรส	dtôn-sai-bpràyt
mangle (m)	ต้นโกงกาง	dtôn gohng gaang
baobab (m)	ต้นเบาบับ	dtôn bao-bàp
eucalipto (m)	ต้นยูคาลิปตัส	dtôn yoo-khaa-líp-dtàt
secoya (f)	ตนสนซีค้วยา	dtôn sǒn see kua yaa

228. Los arbustos

mata (f)	พุ่มไม้	phûm máai
arbusto (m)	ตันไม้พุ่ม	dtôn máai phûm
vid (f)	ต้นองุ่น	dtôn a-ngùn
viñedo (m)	ไร่องุ่น	râi a-ngùn
frambueso (m)	พุ่มราสเบอร์รี่	phûm râat-ber-rêe
grosellero (m) negro	พุ่มแบล็คเคอร์แรนท์	phûm blàek-khêr-raen
grosellero (m) rojo	พุ่มเรดเคอร์แรนท์	phûm râyt-khêr-raen
grosellero (m) espinoso	พุ่มกูสเบอร์รี่	phûm gòot-ber-rêe
acacia (f)	ต้นอาเคเชีย	dtôn aa-khay-chia
berberís (m)	ตนบาร์เบอร์รี่	dtôn baa-ber-rêe
jazmín (m)	มะลิ	má-lí
enebro (m)	ต้นจูนิเปอร์	dtôn joo-ní-bper
rosal (m)	พุ่มกุหลาบ	phûm gù làap
escaramujo (m)	พุ่มดอกโรส	phûm dòrk-rôht

229. Los hongos

seta (f)	เห็ด	hèt
seta (f) comestible	เห็ดกินได้	hèt gin dâai
seta (f) venenosa	เห็ดมีพิษ	hèt mee pít
sombrerete (m)	ดอกเห็ด	dòrk hèt
estipe (m)	ตนเห็ด	dtôn hèt
seta calabaza (f)	เห็ดพอร์ชินี	hèt phor chí nee
boleto (m) castaño	เห็ดพอร์ชินีดอกเหลือง	hèt phor chí nee dòrk lĕuang
boleto (m) áspero	เห็ดตับเต่าที่ขึ้นบนตนเบิร์ช	hèt dtàp dtào thêe khêun bon dtôn-bèrt
rebozuelo (m)	เห็ดก่อเหลือง	hèt gòr lĕuang
rúsula (f)	เห็ดตะไค	hèt dtà khai
colmenilla (f)	เห็ดมอเรล	hèt mor rayn
matamoscas (m)	เห็ดพิษหมวกแดง	hèt phít mùak daeng
oronja (f) verde	เห็ดระโงกหิน	hèt rá ngôhk hĭn

230. Las frutas. Las bayas

fruto (m)	ผลไม้	phŏn-lá-máai
frutos (m pl)	ผลไม	phŏn-lá-máai
manzana (f)	แอปเปิ้ล	àep-bpêrn
pera (f)	ลูกแพร	lôok phae
ciruela (f)	พลัม	phlam
fresa (f)	สตรอว์เบอร์รี่	sà-dtror-ber-rêe
guinda (f)	เชอรรี่	cher-rêe

| cereza (f) | เชอร์รี่ป่า | cher-rêe bpàa |
| uva (f) | องุ่น | a-ngùn |

frambuesa (f)	ราสเบอร์รี่	râat-ber-rêe
grosella (f) negra	แบล็คเคอร์แรนท์	blàek khêr-raen
grosella (f) roja	เรดเคอร์แรนท	râyt-khêr-raen
grosella (f) espinosa	กูสเบอร์รี่	gòot-ber-rêe
arándano (m) agrio	แครนเบอร์รี่	khraen-ber-rêe

naranja (f)	ส้ม	sôm
mandarina (f)	ส้มแมนดาริน	sôm maen daa rin
piña (f)	สับปะรด	sàp-bpà-rót
banana (f)	กล้วย	glûay
dátil (m)	อินทผลัม	in-thá-phâ-lam

limón (m)	เลมอน	lay-mon
albaricoque (m)	แอปริคอท	ae-bprì-khôrt
melocotón (m)	ลูกทอ	lôok thór
kiwi (m)	กีวี	gee wee
toronja (f)	ส้มโอ	sôm oh

baya (f)	เบอร์รี่	ber-rêe
bayas (f pl)	เบอร์รี่	ber-rêe
arándano (m) rojo	คาวเบอร์รี่	khaao-ber-rêe
fresa (f) silvestre	สตรอว์เบอร์รี่ป่า	sá-dtrorw ber-rêe bpàa
arándano (m)	บิลเบอร์รี่	bil-ber-rêe

231. Las flores. Las plantas

| flor (f) | ดอกไม้ | dòrk máai |
| ramo (m) de flores | ช่อดอกไม้ | chôr dòrk máai |

rosa (f)	ดอกกุหลาบ	dòrk gù làap
tulipán (m)	ดอกทิวลิป	dòrk thiw-líp
clavel (m)	ดอกคาร์เนชั่น	dòrk khaa-nay-chân
gladiolo (m)	ดอกแกลดิโอลัส	dòrk gaen-dì-oh-lát

aciano (m)	ดอกคอร์นฟลาวเวอร์	dòrk khon-flaao-wer
campanilla (f)	ดอกระฆัง	dòrk rá-khang
diente (m) de león	ดอกแดนดิไลออน	dòrk daen-dì-lai-on
manzanilla (f)	ดอกคาโมมายล	dòrk khaa-moh maai

áloe (m)	ว่านหางจระเข้	wâan-hăang-jor-rá-khây
cacto (m)	ตะบองเพชร	dtà-bong-phét
ficus (m)	ตนเลียบ	dtôn lîap

azucena (f)	ดอกลิลี่	dòrk lí-lêe
geranio (m)	ดอกเจอราเนียม	dòrk jer-raa-niam
jacinto (m)	ดอกไฮอะซินท์	dòrk hai-a-sin

mimosa (f)	ดอกไมยราบ	dòrk mai râap
narciso (m)	ดอกนาร์ซิสซัส	dòrk naa-sít-sát
capuchina (f)	ดอกแนูสเตอร์ชัม	dòrk nâet-dtêr-cham
orquídea (f)	ดอกกล้วยไม	dòrk glûay máai

| peonía (f) | ดอกโบตั๋น | dòrk boh-dtăn |
| violeta (f) | ดอกไวโอเล็ต | dòrk wai-oh-lét |

trinitaria (f)	ดอกแพนซี	dòrk phaen-see
nomeolvides (f)	ดอกฟอร์เก็ตมีน็อต	dòrk for-gèt-mee-nót
margarita (f)	ดอกเดซี	dòrk day see

amapola (f)	ดอกป๊อปปี้	dòrk bpóp-bpêe
cáñamo (m)	กัญชา	gan chaa
menta (f)	สะระแหน่	sà-rá-nàe

| muguete (m) | ดอกลิลลี่แห่งหุบเขา | dòrk lí-lá-lêe hàeng hùp khǎo |
| campanilla (f) de las nieves | ดอกหยาดหิมะ | dòrk yàat hì-má |

ortiga (f)	ตำแย	dtam-yae
acedera (f)	ชอร์เรล	sor-rayn
nenúfar (m)	บัว	bua
helecho (m)	เฟิร์น	fern
liquen (m)	ไลเคน	lai-khayn

invernadero (m) tropical	เรือนกระจก	reuan grà-jòk
césped (m)	สนามหญ้า	sà-nǎam yâa
macizo (m) de flores	สนามดอกไม้	sà-nǎam-dòrk-máai

planta (f)	พืช	phêut
hierba (f)	หญ้า	yâa
hoja (f) de hierba	ใบหญ้า	bai yâa

hoja (f)	ใบไม้	bai máai
pétalo (m)	กลีบดอก	glèep dòrk
tallo (m)	ลำต้น	lam dtôn
tubérculo (m)	หัวใต้ดิน	hǔa dtâi din

| retoño (m) | ต้นอ่อน | dtôn òrn |
| espina (f) | หนาม | nǎam |

florecer (vi)	บาน	baan
marchitarse (vr)	เหี่ยว	hìeow
olor (m)	กลิ่น	glìn
cortar (vt)	ตัด	dtàt
coger (una flor)	เด็ด	dèt

232. Los cereales, los granos

grano (m)	เมล็ด	má-lét
cereales (m pl) (plantas)	ธัญพืช	than-yá-phêut
espiga (f)	รวงข้าว	ruang khâao

trigo (m)	ข้าวสาลี	khâao sǎa-lee
centeno (m)	ข้าวไรย์	khâao rai
avena (f)	ข้าวโอ๊ต	khâao óht
mijo (m)	ข้าวฟ่าง	khâao fâang
cebada (f)	ข้าวบาร์เลย์	khâao baa-lây
maíz (m)	ข้าวโพด	khâao-phôht

| arroz (m) | ข้าว | khâao |
| alforfón (m) | บัควีท | bàk-wêet |

guisante (m)	ถั่วลันเตา	thùa-lan-dtao
fréjol (m)	ถั่วรูปไต	thùa rôop dtai
soya (f)	ถั่วเหลือง	thùa lĕuang
lenteja (f)	ถั่วเลนทิล	thùa layn thin
habas (f pl)	ถั่ว	thùa

233. Los vegetales. Las verduras

| legumbres (f pl) | ผัก | phàk |
| verduras (f pl) | ผักใบเขียว | phàk bai khĭeow |

tomate (m)	มะเขือเทศ	má-khĕua thâyt
pepino (m)	แตงกวา	dtaeng-gwaa
zanahoria (f)	แครอท	khae-rót
patata (f)	มันฝรั่ง	man fà-ràng
cebolla (f)	หัวหอม	hŭa hŏrm
ajo (m)	กระเทียม	grà-thiam

col (f)	กะหล่ำปลี	gà-làm bplee
coliflor (f)	ดอกกะหล่ำ	dòrk gà-làm
col (f) de Bruselas	กะหล่ำดาว	gà-làm-daao
brócoli (m)	บร็อคโคลี่	bròrk-khoh-lêe

remolacha (f)	บีท	beet
berenjena (f)	มะเขือยาว	má-khĕua-yaao
calabacín (m)	ซุกินี	soo-gi -nee
calabaza (f)	ฟักทอง	fák-thorng
nabo (m)	หัวผักกาด	hŭa-phàk-gàat

perejil (m)	ผักชีฝรั่ง	phàk chee fà-ràng
eneldo (m)	ผักชีลาว	phàk-chee-laao
lechuga (f)	ผักกาดหอม	phàk gàat hŏrm
apio (m)	คึ่นช่าย	khêun-châai
espárrago (m)	หน่อไม้ฝรั่ง	nòr máai fà-ràng
espinaca (f)	ผักโขม	phàk khŏm

guisante (m)	ถั่วลันเตา	thùa-lan-dtao
habas (f pl)	ถั่ว	thùa
maíz (m)	ข้าวโพด	khâao-phôht
fréjol (m)	ถั่วรูปไต	thùa rôop dtai

pimentón (m)	พริกหยวก	phrík-yùak
rábano (m)	หัวผักกาดแดง	hŭa-phàk-gàat daeng
alcachofa (f)	อาร์ติโชค	aa dtì chôhk

GEOGRAFÍA REGIONAL

234. Europa occidental

Europa (f)	ยุโรป	yú-ròhp
Unión (f) Europea	สหภาพยุโรป	sà-hà phâap yú-rôhp
europeo (m)	คนยุโรป	khon yú-rôhp
europeo (adj)	ยุโรป	yú-ròhp
Austria (f)	ประเทศออสเตรีย	bprà-thâyt òt-dtria
austriaco (m)	คนออสเตรีย	khon òt-dtria
austriaca (f)	คนออสเตรีย	khon òt-dtria
austriaco (adj)	ออสเตรีย	òrt-dtria
Gran Bretaña (f)	บริเตนใหญ่	brì-dtayn yài
Inglaterra (f)	ประเทศอังกฤษ	bprà-thâyt ang-grìt
inglés (m)	คนอังกฤษ	khon ang-grìt
inglesa (f)	คนอังกฤษ	khon ang-grìt
inglés (adj)	อังกฤษ	ang-grìt
Bélgica (f)	ประเทศเบลเยียม	bprà-thâyt bayn-yiam
belga (m)	คนเบลเยียม	khon bayn-yiam
belga (f)	คนเบลเยียม	khon bayn-yiam
belga (adj)	เบลเยียม	bayn-yiam
Alemania (f)	ประเทศเยอรมนี	bprà-thâyt yer-rá-ma-nee
alemán (m)	คนเยอรมัน	khon yer-rá-man
alemana (f)	คนเยอรมัน	khon yer-rá-man
alemán (adj)	เยอรมัน	yer-rá-man
Países Bajos (m pl)	ประเทศเนเธอร์แลนด์	bprà-thâyt nay-ther-laen
Holanda (f)	ประเทศฮอลแลนด์	bprà-thâyt hon-laen
holandés (m)	คนเนเธอร์แลนด์	khon nay-ther-laen
holandesa (f)	คนเนเธอร์แลนด์	khon nay-ther-laen
holandés (adj)	เนเธอร์แลนด์	nay-ter-laen
Grecia (f)	ประเทศกรีซ	bprà-thâyt grèet
griego (m)	คนกรีก	khon grèek
griega (f)	คนกรีก	khon grèek
griego (adj)	กรีซ	grèet
Dinamarca (f)	ประเทศเดนมาร์ก	bprà-thâyt dayn-màak
danés (m)	คนเดนมาร์ก	khon dayn-màak
danesa (f)	คนเดนมาร์ก	khon dayn-màak
danés (adj)	เดนมาร์ก	dayn-màak
Irlanda (f)	ประเทศไอร์แลนด์	bprà-thâyt ai-laen
irlandés (m)	คนไอริช	khon ai-rít
irlandesa (f)	คนไอริช	khon ai-rít
irlandés (adj)	ไอร์แลนด์	ai-laen

Islandia (f)	ประเทศไอซ์แลนด์	bprà-thâyt ai-laen
islandés (m)	คนไอซ์แลนด์	khon ai-laen
islandesa (f)	คนไอซ์แลนด์	khon ai-laen
islandés (adj)	ไอซ์แลนด์	ai-laen
España (f)	ประเทศสเปน	bprà-thâyt sà-bpayn
español (m)	คนสเปน	khon sà-bpayn
española (f)	คนสเปน	khon sà-bpayn
español (adj)	สเปน	sà-bpayn
Italia (f)	ประเทศอิตาลี	bprà-thâyt i-dtaa-lee
italiano (m)	คนอิตาเลียน	khon i-dtaa-lian
italiana (f)	คนอิตาเลียน	khon i-dtaa-lian
italiano (adj)	อิตาลี	i-dtaa-lee
Chipre (m)	ประเทศไซปรัส	bprà-thâyt sai-bpràt
chipriota (m)	คนไซปรัส	khon sai-bpràt
chipriota (f)	คนไซปรัส	khon sai-bpràt
chipriota (adj)	ไซปรัส	sai-bpràt
Malta (f)	ประเทศมอลตา	bprà-thâyt mon-dtaa
maltés (m)	คนมอลตา	khon mon-dtaa
maltesa (f)	คนมอลตา	khon mon-dtaa
maltés (adj)	มอลตา	mon-dtâa
Noruega (f)	ประเทศนอร์เวย์	bprà-thâyt nor-way
noruego (m)	คนนอร์เวย์	khon nor-way
noruega (f)	คนนอร์เวย์	khon nor-way
noruego (adj)	นอร์เวย์	nor-way
Portugal (m)	ประเทศโปรตุเกส	bprà-thâyt bproh-dtù-gàyt
portugués (m)	คนโปรตุเกส	khon bproh-dtù-gàyt
portuguesa (f)	คนโปรตุเกส	khon bproh-dtù-gàyt
portugués (adj)	โปรตุเกส	bproh-dtù-gàyt
Finlandia (f)	ประเทศฟินแลนด์	bprà-thâyt fin-laen
finlandés (m)	คนฟินแลนด์	khon fin-laen
finlandesa (f)	คนฟินแลนด์	khon fin-laen
finlandés (adj)	ฟินแลนด์	fin-laen
Francia (f)	ประเทศฝรั่งเศส	bprà-thâyt fà-ràng-sàyt
francés (m)	คนฝรั่งเศส	khon fà-ràng-sàyt
francesa (f)	คนฝรั่งเศส	khon fà-ràng-sàyt
francés (adj)	ฝรั่งเศส	fà-ràng-sàyt
Suecia (f)	ประเทศสวีเดน	bprà-thâyt sà-wěe-dayn
sueco (m)	คนสวีเดน	khon sà-wěe-dayn
sueca (f)	คนสวีเดน	khon sà-wěe-dayn
sueco (adj)	สวีเดน	sà-wěe-dayn
Suiza (f)	ประเทศสวิตเซอร์แลนด์	bprà-thâyt sà-wìt-sêr-laen
suizo (m)	คนสวิส	khon sà-wìt
suiza (f)	คนสวิส	khon sà-wìt
suizo (adj)	สวิส	sà-wìt
Escocia (f)	ประเทศสก็อตแลนด์	bprà-thâyt sà-gòt-laen
escocés (m)	คนสก็อต	khon sà-gòt

| escocesa (f) | คนสก็อต | khon sà-gòt |
| escocés (adj) | สก็อตแลนด์ | sà-gòt-laen |

Vaticano (m)	นครรัฐวาติกัน	ná-khon rát waa-dtì-gan
Liechtenstein (m)	ประเทศลิกเตนสไตน์	bprà-thâyt lík-tay-ná-sà-dtai
Luxemburgo (m)	ประเทศลักเซมเบิรก	bprà-thâyt lák-saym-bèrk
Mónaco (m)	ประเทศโมนาโก	bprà-thâyt moh-naa-goh

235. Europa central y oriental

Albania (f)	ประเทศแอลเบเนีย	bprà-thâyt aen-bay-nia
albanés (m)	คนแอลเบเนีย	khon aen-bay-nia
albanesa (f)	คนแอลเบเนีย	khon aen-bay-nia
albanés (adj)	แอลเบเนีย	aen-bay-nia

Bulgaria (f)	ประเทศบัลแกเรีย	bprà-thâyt ban-gae-ria
búlgaro (m)	คนบัลแกเรีย	khon ban-gae-ria
búlgara (f)	คนบัลแกเรีย	khon ban-gae-ria
búlgaro (adj)	บัลแกเรีย	ban-gae-ria

Hungría (f)	ประเทศฮังการี	bprà-thâyt hang-gaa-ree
húngaro (m)	คนฮังการี	khon hang-gaa-ree
húngara (f)	คนฮังการี	khon hang-gaa-ree
húngaro (adj)	ฮังการี	hang-gaa-ree

Letonia (f)	ประเทศลัตเวีย	bprà-thâyt lát-wia
letón (m)	คนลัตเวีย	khon lát-wia
letona (f)	คนลัตเวีย	khon lát-wia
letón (adj)	ลัตเวีย	lát-wia

Lituania (f)	ประเทศลิทัวเนีย	bprà-thâyt lí-thua-nia
lituano (m)	คนลิทัวเนีย	khon lí-thua-nia
lituana (f)	คนลิทัวเนีย	khon lí-thua-nia
lituano (adj)	ลิทัวเนีย	lí-thua-nia

Polonia (f)	ประเทศโปแลนด์	bprà-thâyt bpoh-laen
polaco (m)	คนโปแลนด์	khon bpoh-laen
polaca (f)	คนโปแลนด์	khon bpoh-laen
polaco (adj)	โปแลนด์	bpoh-laen

Rumania (f)	ประเทศโรมาเนีย	bprà-thâyt roh-maa-nia
rumano (m)	คนโรมาเนีย	khon roh-maa-nia
rumana (f)	คนโรมาเนีย	khon roh-maa-nia
rumano (adj)	โรมาเนีย	roh-maa-nia

Serbia (f)	ประเทศเซอร์เบีย	bprà-thâyt sêr-bia
serbio (m)	คนเซอร์เบีย	khon sêr-bia
serbia (f)	คนเซอร์เบีย	khon sêr-bia
serbio (adj)	เซอร์เบีย	sêr-bia

Eslovaquia (f)	ประเทศสโลวาเกีย	bprà-thâyt sà-loh-waa-gia
eslovaco (m)	คนสโลวาเกีย	khon sà-loh-waa-gia
eslovaca (f)	คนสโลวาเกีย	khon sà-loh-waa-gia
eslovaco (adj)	สโลวาเกีย	sà-loh-waa-gia

Croacia (f)	ประเทศโครเอเชีย	bprà-thâyt khroh-ay-chia
croata (m)	คนโครเอเชีย	khon khroh-ay-chia
croata (f)	คนโครเอเชีย	khon khroh-ay-chia
croata (adj)	โครเอเชีย	khroh-ay-chia
Chequia (f)	ประเทศเช็กเกีย	bprà-thâyt chék-gia
checo (m)	คนเช็ก	khon chék
checa (f)	คนเช็ก	khon chék
checo (adj)	เช็กเกีย	chék-gia
Estonia (f)	ประเทศเอสโตเนีย	bprà-thâyt àyt-dtoh-nia
estonio (m)	คนเอสโตเนีย	khon àyt-dtoh-nia
estonia (f)	คนเอสโตเนีย	khon àyt-dtoh-nia
estonio (adj)	เอสโตเนีย	àyt-dtoh-nia
Bosnia y Herzegovina	ประเทศบอสเนีย และเฮอร์เซโกวินา	bprà-thâyt bòt-nia láe her-say-goh-wí-naa
Macedonia	ประเทศมาซิโดเนีย	bprà-thâyt maa-sí-doh-nia
Eslovenia	ประเทศสโลวีเนีย	bprà-thâyt sà-loh-wee-nia
Montenegro (m)	ประเทศ มอนเตเนโกร	bprà-thâyt mon-dtay-nay-groh

236. Los países de la antes Unión Soviética

Azerbaiyán (m)	ประเทศอาเซอร์ไบจาน	bprà-thâyt aa-sêr-bai-jaan
azerbaiyano (m)	คนอาเซอร์ไบจาน	khon aa-sêr-bai-jaan
azerbaiyana (f)	คนอาเซอร์ไบจาน	khon aa-sêr-bai-jaan
azerbaiyano (adj)	อาเซอร์ไบจาน	aa-sêr-bai-jaan
Armenia (f)	ประเทศอาร์เมเนีย	bprà-thâyt aa-may-nia
armenio (m)	คนอาร์เมเนีย	khon aa-may-nia
armenia (f)	คนอาร์เมเนีย	khon aa-may-nia
armenio (adj)	อาร์เมเนีย	aa-may-nia
Bielorrusia (f)	ประเทศเบลารุส	bprà-thâyt blao-rút
bielorruso (m)	คนเบลารุส	khon blao-rút
bielorrusa (f)	คนเบลารุส	khon blao-rút
bielorruso (adj)	เบลารุส	blao-rút
Georgia (f)	ประเทศจอร์เจีย	bprà-thâyt jor-jia
georgiano (m)	คนจอร์เจีย	khon jor-jia
georgiana (f)	คนจอร์เจีย	khon jor-jia
georgiano (adj)	จอร์เจีย	jor-jia
Kazajstán (m)	ประเทศคาซัคสถาน	bprà-thâyt khaa-sák-sà-thǎan
kazajo (m)	คนคาซัคสถาน	khon khaa-sák-sà-thǎan
kazaja (f)	คนคาซัคสถาน	khon khaa-sák-sà-thǎan
kazajo (adj)	คาซัคสถาน	khaa-sák-sà-thǎan
Kirguizistán (m)	ประเทศ คีร์กีซสถาน	bprà-thâyt khee-gèet--à-thǎan
kirguís (m)	คนคีร์กีซสถาน	khon khee-gèet-sà-thǎan
kirguisa (f)	คนคีร์กีซสถาน	khon khee-gèet-sà-thǎan
kirguís (adj)	คีร์กีซสถาน	khee-gèet-sà-thǎan

Moldavia (f)	ประเทศมอลโดวา	bprà-thâyt mon-doh-waa
moldavo (m)	คนมอลโดวา	khon mon-doh-waa
moldava (f)	คนมอลโดวา	khon mon-doh-waa
moldavo (adj)	มอลโดวา	mon-doh-waa

Rusia (f)	ประเทศรัสเซีย	bprà-thâyt rát-sia
ruso (m)	คนรัสเซีย	khon rát-sia
rusa (f)	คนรัสเซีย	khon rát-sia
ruso (adj)	รัสเซีย	rát-sia

Tayikistán (m)	ประเทศทาจิกิสถาน	bprà-thâyt thaa-jì-gìt-thǎan
tayiko (m)	คนทาจิกิสถาน	khon thaa-jì-gìt-thǎan
tayika (f)	คนทาจิกิสถาน	khon thaa-jì-gìt-thǎan
tayiko (adj)	ทาจิกิสถาน	thaa-jì-gìt-thǎan

Turkmenistán (m)	ประเทศเติรกเมนิสถาน	bprà-thâyt dtèrk-may-nít-thǎan
turkmeno (m)	คนเติรกเมนิสถาน	khon dtèrk-may-nít-thǎan
turkmena (f)	คนเติรกเมนิสถาน	khon dtèrk-may-nít-thǎan
turkmeno (adj)	เติรกเมนิสถาน	dtèrk-may-nít-thǎan

Uzbekistán (m)	ประเทศอุซเบกิสถาน	bprà-thâyt ùt-bay-gìt-thǎan
uzbeko (m)	คนอุซเบกิสถาน	khon ùt-bay-gìt-thǎan
uzbeka (f)	คนอุซเบกิสถาน	khon ùt-bay-gìt-thǎan
uzbeko (adj)	อุซเบกิสถาน	ùt-bay-gìt-thǎan

Ucrania (f)	ประเทศยูเครน	bprà-thâyt yoo-khrayn
ucraniano (m)	คนยูเครน	khon yoo-khrayn
ucraniana (f)	คนยูเครน	khon yoo-khrayn
ucraniano (adj)	ยูเครน	yoo-khrayn

237. Asia

Asia (f)	เอเชีย	ay-chia
asiático (adj)	เอเชีย	ay-chia

Vietnam (m)	ประเทศเวียดนาม	bprà-thâyt wîat-naam
vietnamita (m)	คนเวียดนาม	khon wîat-naam
vietnamita (f)	คนเวียดนาม	khon wîat-naam
vietnamita (adj)	เวียดนาม	wîat-naam

India (f)	ประเทศอินเดีย	bprà-thâyt in-dia
indio (m)	คนอินเดีย	khon in-dia
india (f)	คนอินเดีย	khon in-dia
indio (adj)	อินเดีย	in-dia

Israel (m)	ประเทศอิสราเอล	bprà-thâyt ìt-sà-rǎa-ayn
israelí (m)	คนอิสราเอล	khon ìt-sà-rǎa-ayn
israelí (f)	คนอิสราเอล	khon ìt-sà-rǎa-ayn
israelí (adj)	อิสราเอล	ìt-sà-rǎa-ayn

hebreo (m)	คนยิว	khon yiw
hebrea (f)	คนยิว	khon yiw
hebreo (adj)	ยิว	yiw

China (f)	ประเทศจีน	bprà-thâyt jeen
chino (m)	คนจีน	khon jeen
china (f)	คนจีน	khon jeen
chino (adj)	จีน	jeen

Corea (f) del Sur	เกาหลีใต้	gao-lĕe dtâi
Corea (f) del Norte	เกาหลีเหนือ	gao-lĕe nĕua
coreano (m)	คนเกาหลี	khon gao-lĕe
coreana (f)	คนเกาหลี	khon gao-lĕe
coreano (adj)	เกาหลี	gao-lĕe

Líbano (m)	ประเทศเลบานอน	bprà-thâyt lay-baa-non
libanés (m)	คนเลบานอน	khon lay-baa-non
libanesa (f)	คนเลบานอน	khon lay-baa-non
libanés (adj)	เลบานอน	lay-baa-non

Mongolia (f)	ประเทศมองโกเลีย	bprà-thâyt mong-goh-lia
mongol (m)	คนมองโกล	khon mong-gloh
mongola (f)	คนมองโกล	khon mong-gloh
mongol (adj)	มองโกเลีย	mong-goh-lia

Malasia (f)	ประเทศมาเลเซีย	bprà-thâyt maa-lay-sia
malayo (m)	คนมาเลย์	khon maa-lây
malaya (f)	คนมาเลย์	khon maa-lây
malayo (adj)	มาเลเซีย	maa-lay-sia

Pakistán (m)	ประเทศปากีสถาน	bprà-thâyt bpaa-gèet-thăan
pakistaní (m)	คนปากีสถาน	khon bpaa-gèet-thăan
pakistaní (f)	คนปากีสถาน	khon bpaa-gèet-thăan
pakistaní (adj)	ปากีสถาน	bpaa-gèet-thăan

Arabia (f) Saudita	ประเทศ ซาอุดิอาระเบีย	bprà-thâyt saa-u-dì aa-ra--bia
árabe (m)	คนอาหรับ	khon aa-ràp
árabe (f)	คนอาหรับ	khon aa-ràp
árabe (adj)	อาหรับ	aa-ràp

Tailandia (f)	ประเทศไทย	bprà-tâyt thai
tailandés (m)	คนไทย	khon thai
tailandesa (f)	คนไทย	khon thai
tailandés (adj)	ไทย	thai

Taiwán (m)	ไต้หวัน	dtâi-wăn
taiwanés (m)	คนไต้หวัน	khon dtâi-wăn
taiwanesa (f)	คนไต้หวัน	khon dtâi-wăn
taiwanés (adj)	ไต้หวัน	dtâi-wăn

Turquía (f)	ประเทศตุรกี	bprà-thâyt dtù-rá-gee
turco (m)	คนเติร์ก	khon dtèrk
turca (f)	คนเติร์ก	khon dtèrk
turco (adj)	ตุรกี	dtù-rá-gee

Japón (m)	ประเทศญี่ปุ่น	bprà-thâyt yêe-bpùn
japonés (m)	คนญี่ปุ่น	khon yêe-bpùn
japonesa (f)	คนญี่ปุ่น	khon yêe-bpùn
japonés (adj)	ญี่ปุ่น	yêe-bpùn

Afganistán (m)	ประเทศอัฟกานิสถาน	bprà-thâyt àf-gaa-nit-thǎan
Bangladesh (m)	ประเทศบังคลาเทศ	bprà-thâyt bang-khlaa-thâyt
Indonesia (f)	ประเทศอินโดนีเซีย	bprà-thâyt in-doh-nee-sia
Jordania (f)	ประเทศจอรแดน	bprà-thâyt jor-daen
Irak (m)	ประเทศอิรัก	bprà-thâyt i-rák
Irán (m)	ประเทศอิหราน	bprà-thâyt i-ràan
Camboya (f)	ประเทศกัมพูชา	bprà-thâyt gam-phoo-chaa
Kuwait (m)	ประเทศคูเวต	bprà-thâyt khoo-wâyt
Laos (m)	ประเทศลาว	bprà-thâyt laao
Myanmar (m)	ประเทศเมียนมาร์	bprà-thâyt mian-maa
Nepal (m)	ประเทศเนปาล	bprà-thâyt nay-bpaan
Emiratos (m pl) Árabes Unidos	สหรัฐอาหรับเอมิเรตส์	sà-hà-rát aa-ràp ay-mí-râyt
Siria (f)	ประเทศซีเรีย	bprà-thâyt see-ria
Palestina (f)	ปาเลสไตน	bpaa-lâyt-dtai

238. América del Norte

Estados Unidos de América (m pl)	สหรัฐอเมริกา	sà-hà-rát a-may-rí-gaa
americano (m)	คนอเมริกา	khon a-may-rí-gaa
americana (f)	คนอเมริกา	khon a-may-rí-gaa
americano (adj)	อเมริกา	a-may-rí-gaa
Canadá (f)	ประเทศแคนาดา	bprà-thâyt khae-naa-daa
canadiense (m)	คนแคนาดา	khon khae-naa-daa
canadiense (f)	คนแคนาดา	khon khae-naa-daa
canadiense (adj)	แคนาดา	khae-naa-daa
Méjico (m)	ประเทศเม็กซิโก	bprà-thâyt mék-sí-goh
mejicano (m)	คนเม็กซิโก	khon mék-sí-goh
mejicana (f)	คนเม็กซิโก	khon mék-sí-goh
mejicano (adj)	เม็กซิโก	mék-sí-goh

239. Centroamérica y Sudamérica

Argentina (f)	ประเทศอาร์เจนตินา	bprà-thâyt aa-jayn-dtì-naa
argentino (m)	คนอาร์เจนตินา	khon aa-jayn-dtì-naa
argentina (f)	คนอารเจนตินา	khon aa-jayn-dtì-naa
argentino (adj)	อาร์เจนตินา	aa-jayn-dtì-naa
Brasil (m)	ประเทศบราซิล	bprà-thâyt braa-sin
brasileño (m)	คนบราซิล	khon braa-sin
brasileña (f)	คนบราซิล	khon braa-sin
brasileño (adj)	บราซิล	braa-sin
Colombia (f)	ประเทศโคลัมเบีย	bprà-thâyt khoh-lam-bia
colombiano (m)	คนโคลัมเบีย	khon khoh-lam-bia
colombiana (f)	คนโคลัมเบีย	khon khoh-lam-bia
colombiano (adj)	โคลัมเบีย	khoh-lam-bia

Cuba (f)	ประเทศคิวบา	bprà-thâyt khiw-baa
cubano (m)	คนคิวบา	khon khiw-baa
cubana (f)	คนคิวบา	khon khiw-baa
cubano (adj)	คิวบา	khiw-baa

Chile (m)	ประเทศชิลี	bprà-thâyt chí-lee
chileno (m)	คนชิลี	khon chí-lee
chilena (f)	คนชิลี	khon chí-lee
chileno (adj)	ชิลี	chí-lee

Bolivia (f)	ประเทศโบลิเวีย	bprà-thâyt boh-lí-wia
Venezuela (f)	ประเทศเวเนซุเอลา	bprà-thâyt way-nay-sú-ay-laa
Paraguay (m)	ประเทศปารากวัย	bprà-thâyt bpaa-raa-gwai
Perú (m)	ประเทศเปรู	bprà-thâyt bpay-roo

Surinam (m)	ประเทศซูรินาม	bprà-thâyt soo-rí-naam
Uruguay (m)	ประเทศอุรุกวัย	bprà-thâyt u-rúk-wai
Ecuador (m)	ประเทศเอกวาดอร์	bprà-thâyt ay-gwaa-dor

Islas (f pl) Bahamas	ประเทศบาฮามาส	bprà-thâyt baa-haa-mâat
Haití (m)	ประเทศเฮติ	bprà-thâyt hay-dtì
República (f) Dominicana	สาธารณรัฐโดมินีกัน	săa-thaa-rá-ná rát doh-mí-ní-gan
Panamá (f)	ประเทศปานามา	bprà-thâyt bpaa-naa-maa
Jamaica (f)	ประเทศจาเมกา	bprà-thâyt jaa-may-gaa

240. África

Egipto (m)	ประเทศอียิปต์	bprà-thâyt bprà-thâyt ee-yíp
egipcio (m)	คนอียิปต์	khon ee-yíp
egipcia (f)	คนอียิปต์	khon ee-yíp
egipcio (adj)	อียิปต์	ee-yíp

Marruecos (m)	ประเทศมอร์อคโค	bprà-thâyt mor-rók-khoh
marroquí (m)	คนมอร์อคโค	khon mor-rók-khoh
marroquí (f)	คนมอร์อคโค	khon mor-rók-khoh
marroquí (adj)	มอร์อคโค	mor-rók-khoh

Túnez (m)	ประเทศตูนิเชีย	bprà-thâyt dtoo-ní-sia
tunecino (m)	คนตูนีเชีย	khon dtoo-ní-sia
tunecina (f)	คนตูนีเชีย	khon dtoo-ní-sia
tunecino (adj)	ตูนีเชีย	dtoo-ní-sia

Ghana (f)	ประเทศกานา	bprà-thâyt gaa-naa
Zanzíbar (m)	ประเทศแซนซิบาร์	bprà-thâyt saen-sí-baa
Kenia (f)	ประเทศเคนยา	bprà-thâyt khayn-yâa
Libia (f)	ประเทศลิเบีย	bprà-thâyt lí-bia
Madagascar (m)	ประเทศมาดากัสการ์	bprà-thâyt maa-daa-gàt-gaa

Namibia (f)	ประเทศนามิเบีย	bprà-thâyt naa-mí-bia
Senegal (m)	ประเทศเซเนกัล	bprà-thâyt say-nay-gan
Tanzania (f)	ประเทศแทนซาเนีย	bprà-thâyt thaen-saa-nia
República (f) Sudafricana	ประเทศแอฟริกาใต้	bprà-thâyt àef-rí-gaa dtâi
africano (m)	คนแอฟริกา	khon àef-rí-gaa

africana (f)	คนแอฟริกา	khon àef-rí-gaa
africano (adj)	แอฟริกา	àef-rí-gaa

241. Australia. Oceanía

Australia (f)	ประเทศออสเตรเลีย	bprà-thâyt òt-dtray-lia
australiano (m)	คนออสเตรเลีย	khon òt-dtray-lia
australiana (f)	คนออสเตรเลีย	khon òt-dtray-lia
australiano (adj)	ออสเตรเลีย	òrt-dtray-lia
Nueva Zelanda (f)	ประเทศนิวซีแลนด์	bprà-thâyt niw-see-laen
neocelandés (m)	คนนิวซีแลนด์	khon niw-see-laen
neocelandesa (f)	คนนิวซีแลนด์	khon niw-see-laen
neocelandés (adj)	นิวซีแลนด์	niw-see-laen
Tasmania (f)	ประเทศแทสเมเนีย	bprà-thâyt thâet-may-nia
Polinesia (f) Francesa	เฟรนช์โปลินีเซีย	frayn-bpoh-lí-nee-sia

242. Las ciudades

Ámsterdam	อัมสเตอร์ดัม	am-sà-dtêr-dam
Ankara	อังคารา	ang-khaa-raa
Atenas	เอเธนส์	ay-thayn
Bagdad	แบกแดด	bàek-dàet
Bangkok	กรุงเทพฯ	grung thâyp
Barcelona	บาร์เซโลนา	baa-say-loh-naa
Beirut	เบรุต	bay-rút
Berlín	เบอร์ลิน	ber-lin
Mumbai	มุมไบ	mum-bai
Bonn	บอนน์	bon
Bratislava	บราติสลาวา	braa-dtìt-laa-waa
Bruselas	บรัสเซล	bràt-sayn
Bucarest	บูคาเรสต์	boo-khaa-râyt
Budapest	บูดาเปส	boo-daa-bpàyt
Burdeos	บอร์โด	bor doh
El Cairo	ไคโร	khai-roh
Calcuta	คัลคัตตา	khan-khát-dtaa
Chicago	ชิคาโก	chí-khaa-goh
Copenhague	โคเปนเฮเกน	khoh-bpayn-hay-gayn
Dar-es-Salam	ดาร์เอสซาลาม	daa àyt saa laam
Delhi	เดลี	day-lee
Dubai	ดูไบ	doo-bai
Dublín	ดับลิน	dàp-lin
Dusseldorf	ดุสเซลดอร์ฟ	dùt-sayn-dòf
Estambul	อิสตันบูล	ìt-dtan-boon
Estocolmo	สต็อกโฮลม	sà-dtòk-hohm
Florencia	ฟลอเรนซ์	flor-rayn

| Fráncfort del Meno | แฟรงค์เฟิร์ท | fraeng-fêrt |
| Ginebra | เจนีวา | jay-nee-waa |

La Habana	ฮาวานา	haa waa-naa
Hamburgo	แฮมเบิร์ก	haem-bèrk
Hanói	ฮานอย	haa-noi
La Haya	เดอะเฮก	dùh hêyk
Helsinki	เฮลซิงกิ	hayn-sing-gì
Hiroshima	ฮิโรชิมา	hí-roh-chí-mâa
Hong Kong	ฮองกง	hôrng-gong

Jerusalén	เยรูซาเลม	yay-roo-saa-laym
Kiev	เคียฟ	khîaf
Kuala Lumpur	กัวลาลัมเปอร์	gua-laa lam-bper

Lisboa	ลิสบอน	lít-bon
Londres	ลอนดอน	lon-don
Los Ángeles	ลอสแองเจลิส	lôt-aeng-jay-lít
Lyon	ลียง	lee-yong

Madrid	มาดริด	maa-drìt
Marsella	มารกเซย	màak-soie
Ciudad de México	เม็กซิโกซิตี้	mék-sí-goh sí-dtêe
Miami	ไมอามี่	mai-aa-mêe
Montreal	มอนทรีออล	mon-three-on
Moscú	มอสโกว	mor-sà-goh
Múnich	มิวนิค	miw-ník

Nairobi	ไนโรบี	nai-roh-bee
Nápoles	เนเปิลส์	nay-bpern
Niza	นิซ	nít
Nueva York	นิวยอร์ค	niw-yôk

Oslo	ออสโล	òrt-loh
Ottawa	อ็อตตาวา	òt-dtaa-waa
París	ปารีส	bpaa-rêet

| Pekín | ปักกิ่ง | bpàk-gìng |
| Praga | ปราก | bpràak |

Río de Janeiro	ริโอเอจาเนโร	rí-oh-ay jaa-nay-roh
Roma	โรม	rohm
San Petersburgo	เซนต์ปีเตอร์สเบิร์ก	sayn bpì-dtèrt-bèrk
Seúl	โซล	sohn
Shanghái	เซี่ยงไฮ้	sîang-hái

| Singapur | สิงคโปร์ | sǐng-khá-bpoh |
| Sydney | ซิดนีย์ | sít-nee |

Taipei	ไทเป	thai-bpay
Tokio	โตเกียว	dtoh-gieow
Toronto	โตรอนโต	dtoh-ron-dtoh
Varsovia	วอรซอว	wor-sor
Venecia	เวนิส	way-nít
Viena	เวียนนา	wian-naa
Washington	วอชิงตัน	wor ching dtan

243. La política. El gobierno. Unidad 1

política (f)	การเมือง	gaan meuang
político (adj)	ทางการเมือง	thang gaan meuang
político (m)	นักการเมือง	nák gaan meuang
estado (m)	รัฐ	rát
ciudadano (m)	พลเมือง	phon-lá-meuang
ciudadanía (f)	สัญชาติ	săn-châat
escudo (m) nacional	ตราประจำชาติ	dtraa bprà-jam châat
himno (m) nacional	เพลงชาติ	phlayng châat
gobierno (m)	รัฐบาล	rát-thà-baan
jefe (m) de estado	ผู้นำประเทศ	phôo nam bprà-thâyt
parlamento (m)	รัฐสภา	rát-thà-sà-phaa
partido (m)	พรรคการเมือง	phák gaan meuang
capitalismo (m)	ทุนนิยม	thun ní-yom
capitalista (adj)	แบบทุนนิยม	bàep thun ní-yom
socialismo (m)	สังคมนิยม	săng-khom ní-yom
socialista (adj)	แบบสังคมนิยม	bàep săng-khom ní-yom
comunismo (m)	ลัทธิคอมมิวนิสต์	lát-thí khom-miw-nít
comunista (adj)	แบบคอมมิวนิสต์	bàep khom-miw-nít
comunista (m)	คนคอมมิวนิสต์	khon khom-miw-nít
democracia (f)	ประชาธิปไตย	bprà-chaa-thíp-bpà-dtai
demócrata (m)	ผู้นิยมประชาธิปไตย	phôo ní-yom bprà-chaa-típ-bpà-dtai
democrático (adj)	แบบประชาธิปไตย	bàep bprà-chaa-thíp-bpà-dtai
Partido (m) Democrático	พรรคประชาธิปัตย์	phák bprà-chaa-tí-bpàt
liberal (m)	ผู้เอียงเสรีนิยม	phôo iang săy-ree ní-yom
liberal (adj)	แบบเสรีนิยม	bàep săy-ree ní-yom
conservador (m)	ผู้เอียงอนุรักษ์นิยม	phôo iang a-nú rák ní-yom
conservador (adj)	แบบอนุรักษ์นิยม	bàep a-nú rák ní-yom
república (f)	สาธารณรัฐ	săa-thaa-rá-ná rát
republicano (m)	รีพับลิกัน	ree pháp lí gan
Partido (m) Republicano	พรรครีพับลิกัน	phák ree-pháp-lí-gan
elecciones (f pl)	การเลือกตั้ง	gaan lêuak dtâng
elegir (vi)	เลือก	lêuak
elector (m)	ผู้ออกเสียงลงคะแนน	phôo òrk sĭang long khá-naen
campaña (f) electoral	การรณรงค์หาเสียง	gaan ron-ná-rorng hăa sĭang
votación (f)	การออกเสียงลงคะแนน	gaan òrk sĭang long khá-naen
votar (vi)	ลงคะแนน	long khá-naen
derecho (m) a voto	สิทธิในการเลือกตั้ง	sìt-thí nai gaan lêuak dtâng
candidato (m)	ผู้สมัคร	phôo sà-màk
presentarse como candidato	ลงสมัคร	long sà-màk

campaña (f)	การรณรงค์	gaan ron-ná-rorng
de oposición (adj)	ฝ่ายค้าน	fàai kháan
oposición (f)	ฝ่ายค้าน	fàai kháan
visita (f)	การเยือน	gaan yeuan
visita (f) oficial	การเยือนอย่างเป็น	gaan yeuan yàang bpen
	ทางการ	thaang gaan
internacional (adj)	แบบสากล	bàep sǎa-gon
negociaciones (f pl)	การเจรจา	gaan jayn-rá-jaa
negociar (vi)	เจรจา	jayn-rá-jaa

244. La política. El gobierno. Unidad 2

sociedad (f)	สังคม	sǎng-khom
constitución (f)	รัฐธรรมนูญ	rát-thà-tham-má-noon
poder (m)	อำนาจ	am-nâat
corrupción (f)	การทุจริตคอรัปชั่น	gaan thút-jà-rìt khor-ráp-chân
ley (f)	กฎหมาย	gòt mǎai
legal (adj)	ทางกฎหมาย	thaang gòt mǎai
justicia (f)	ความยุติธรรม	khwaam yút-dtì-tham
justo (adj)	เป็นธรรม	bpen tham
comité (m)	คณะกรรมการ	khá-ná gam-má-gaan
proyecto (m) de ley	ราง	râang
presupuesto (m)	งบประมาณ	ngóp bprà-maan
política (f)	นโยบาย	ná-yoh-baai
reforma (f)	ปฏิรูป	bpà-dtì rôop
radical (adj)	รุนแรง	run raeng
potencia (f) (~ militar, etc.)	กำลัง	gam-lang
poderoso (adj)	ทรงพลัง	song phá-lang
partidario (m)	ผู้สนับสนุน	phôo sà-nàp-sà-nǔn
influencia (f)	อิทธิพล	ìt-thí pon
régimen (m)	ระบอบการปกครอง	rá-bòrp gaan bpòk khrorng
conflicto (m)	ความขัดแยง	khwaam khàt yáeng
complot (m)	การคุบคิด	gaan khóp khít
provocación (f)	การยั่วยุ	gaan yûa yú
derrocar (al régimen)	ล้มล้าง	lóm láang
derrocamiento (m)	การลม	gaan lóm
revolución (f)	ปฏิวัติ	bpà-dtì-wát
golpe (m) de estado	รัฐประหาร	rát-thà-bprà-hǎan
golpe (m) militar	การยึดอำนาจ	gaan yéut am-nâat
	ดวยกำลังทหาร	dûay gam-lang thá-hǎan
crisis (f)	วิกฤติ	wí-grìt
recesión (f) económica	ภาวะเศรษฐกิจถดถอย	phaa-wá sàyt-thà-gìt thòt thǒi
manifestante (m)	ผู้ประทวง	phôo bprà-thúang
manifestación (f)	การประทวง	gaan bprà-thúang

| ley (f) marcial | กฎอัยการศึก | gòt ai-yá-gaan sèuk |
| base (f) militar | ฐานทัพ | thăan tháp |

| estabilidad (f) | ความมั่นคง | khwaam mân-khong |
| estable (adj) | มั่นคง | mân khong |

| explotación (f) | การขูดรีด | gaan khòot rêet |
| explotar (vt) | ขูดรีด | khòot rêet |

racismo (m)	ลัทธินิยมเชื้อชาติ	khá-dtì ní-yom chéua châat
racista (m)	ผู้เหยียดผิว	phôo yìat phĭw
fascismo (m)	ลัทธิฟาสซิสต์	lát-thí fâat-sít
fascista (m)	ผู้นิยมลัทธิฟาสซิสต์	phôo ní-yom lát-thí fâat-sít

245. Los países. Miscelánea

extranjero (m)	คนต่างชาติ	khon dtàang châat
extranjero (adj)	ต่างชาติ	dtàang châat
en el extranjero	ต่างประเทศ	dtàang bprà-thâyt

emigrante (m)	ผู้อพยพ	phôo òp-phá-yóp
emigración (f)	การอพยพ	gaan òp-phá-yóp
emigrar (vi)	อพยพ	òp-phá-yóp

Oeste (m)	ตะวันตก	dtà-wan dtòk
Oriente (m)	ตะวันออก	dtà-wan òrk
Extremo Oriente (m)	ตะวันออกไกล	dtà-wan òrk glai

civilización (f)	อารยธรรม	aa-rá-yá-tham
humanidad (f)	มนุษยชาติ	má-nút-sà-yá-châat
mundo (m)	โลก	lôhk
paz (f)	ความสงบสุข	khwaam sà-ngòp-sùk
mundial (adj)	ทั่วโลก	thûa lôhk

patria (f)	บ้านเกิด	bâan gèrt
pueblo (m)	ประชาชน	bprà-chaa chon
población (f)	ประชากร	bprà-chaa gon
gente (f)	ประชาชน	bprà-chaa chon
nación (f)	ชาติ	châat
generación (f)	รุ่น	rûn

territorio (m)	อาณาเขต	aa-naa khàyt
región (f)	ภูมิภาค	phoo-mí-phâak
estado (m) (parte de un país)	รัฐ	rát

tradición (f)	ธรรมเนียม	tham-niam
costumbre (f)	ประเพณี	bprà-phay-nee
ecología (f)	นิเวศวิทยา	ní-wâyt wít-thá-yaa

indio (m)	อินเดียนแดง	in-dian daeng
gitano (m)	คนยิปซี	khon yíp-see
gitana (f)	คนยิปซี	khon yíp-see
gitano (adj)	ยิปซี	yíp see
imperio (m)	จักรวรรดิ	jàk-grà-wàt

colonia (f)	อาณานิคม	aa-naa ní-khom
esclavitud (f)	การใช้แรงงานทาส	gaan chái raeng ngaan thâat
invasión (f)	การบุกรุก	gaan bùk rúk
hambruna (f)	ความอดอยาก	khwaam òt yàak

246. Grupos religiosos principales. Las confesiones

religión (f)	ศาสนา	sàat-sà-năa
religioso (adj)	ศาสนา	sàat-sà-năa
creencia (f)	ศรัทธา	sàt-thaa
creer (en Dios)	นับถือ	náp thĕu
creyente (m)	ผู้ศรัทธา	phôo sàt-thaa
ateísmo (m)	อเทวนิยม	a-thay-wá ní-yom
ateo (m)	ผู้เชื่อว่า	phôo chêua wâa
	ไม่มีพระเจ้า	mâi mee phrá jâo
cristianismo (m)	ศาสนาคริสต์	sàat-sà-năa khrít
cristiano (m)	ผู้นับถือ	phôo náp thĕu
	ศาสนาคริสต์	sàat-sà-năa khrít
cristiano (adj)	ศาสนาคริสต์	sàat-sà-năa khrít
catolicismo (m)	ศาสนาคาธอลิก	sàat-sà-năa khaa-thor-lík
católico (m)	ผู้นับถือ	phôo náp thĕu
	ศาสนาคาธอลิก	sàat-sà-năa khaa-thor-lík
católico (adj)	คาธอลิก	khaa-thor-lík
protestantismo (m)	ศาสนา	sàat-sà-năa
	โปรแตสแตนท์	bproh-dtàet-dtaen
Iglesia (f) protestante	โบสถ์นิกาย	bòht ní-gaai
	โปรแตสแตนท์	bproh-dtàet-dtaen
protestante (m)	ผู้นับถือศาสนา	phôo náp thĕu sàat-sà-năa
	โปรแตสแตนท์	bproh-dtàet-dtaen
ortodoxia (f)	ศาสนาออร์ทอดอกซ์	sàat-sà-năa or-thor-dòrk
Iglesia (f) ortodoxa	โบสถ์ศาสนาออรทอดอกซ์	bòht sàat-sà-năa or-thor-dòrk
ortodoxo (m)	ผู้นับถือ	phôo náp thĕu
	ศาสนาออร์ทอดอกซ์	sàat-sà-năa or-thor-dòrk
presbiterianismo (m)	นิกายเพรสไบทีเรียน	ní-gaai phrayt-bai-thee-rian
Iglesia (f) presbiteriana	โบสถ์นิกาย	bòht ní-gaai
	เพรสไบทีเรียน	phrayt-bai-thee-rian
presbiteriano (m)	ผู้นับถือนิกาย	phôo náp thĕu ní-gaai
	เพรสไบทีเรียน	phrayt bai thee rian
Iglesia (f) luterana	นิกายลูเทอแรน	ní-gaai loo-thay-a-răen
luterano (m)	ผู้นับถือนิกาย	phôo náp thĕu ní-gaai
	ลูเทอแรน	loo-thay-a-răen
Iglesia (f) bautista	นิกายแบ็บติสท์	ní-gaai báep-dtìt
bautista (m)	ผู้นับถือนิกาย	phôo náp thĕu ní-gaai
	แบ็บติสท	báep-dtìt
Iglesia (f) anglicana	โบสถ์นิกายแองกลิกัน	bòht ní-gaai ae-ngók-lí-gan

anglicano (m)	ผู้นับถือนิกาย	phôo náp thĕu ní-gaai
	แองกลิกัน	ae ngók lí gan
mormonismo (m)	นิกายมอร์มอน	ní-gaai mor-mon
mormón (m)	ผู้นับถือนิกาย	phôo náp thĕu ní-gaai
	มอรมอน	mor-mon

| judaísmo (m) | ศาสนายิว | sàat-sà-nǎa yiw |
| judío (m) | คนยิว | khon yiw |

budismo (m)	ศาสนาพุธ	sàat-sà-nǎa phút
budista (m)	ผู้นับถือ	phôo náp thĕu
	ศาสนาพุธ	sàat-sà-nǎa phút

hinduismo (m)	ศาสนาฮินดู	sàat-sà-nǎa hin-doo
hinduista (m)	ผู้นับถือ	phôo náp thĕu
	ศาสนาฮินดู	sàat-sà-nǎa hin-doo

Islam (m)	ศาสนาอิสลาม	sàat-sà-nǎa ìt-sà-laam
musulmán (m)	ผู้นับถือ	phôo náp thĕu
	ศาสนาอิสลาม	sàat-sà-nǎa ìt-sà-laam
musulmán (adj)	มุสลิม	mút-sà-lim

chiísmo (m)	ศาสนา	sàat-sà-nǎa
	อิสลามนิกายชีอะฮ์	ìt-sà-laam ní-gaai shi-à
chiita (m)	ผู้นับถือนิกายชีอะฮ์	phôo náp thĕu ní-gaai shi-à

sunismo (m)	ศาสนา	sàat-sà-nǎa
	อิสลามนิกายซุนนี	ìt-sà-laam ní-gaai sun-nee
suní (m, f)	ผู้นับถือนิกาย	phôo náp thĕu ní-gaai
	ซุนนี	sun-nee

247. Las religiones. Los sacerdotes

| sacerdote (m) | นักบวช | nák bùat |
| Papa (m) | พระสันตะปาปา | phrá sǎn-dtà-bpaa-bpaa |

monje (m)	พระ	phrá
monja (f)	แม่ชี	mâe chee
pastor (m)	ศาสนาจารย์	sàat-sà-nǎa-jaan

| abad (m) | เจ้าอาวาส | jâo aa-wâat |
| vicario (m) | เจาอาวาส | jâo aa-wâat |

| obispo (m) | มุขนายก | múk naa-yók |
| cardenal (m) | พระคาร์ดินัล | phrá khaa-dì-nan |

predicador (m)	นักเทศน์	nák thâyt
prédica (f)	การเทศนา	gaan thâyt-sà-nǎa
parroquianos (pl)	ลูกวัด	lôok wát

creyente (m)	ผู้ศรัทธา	phôo sàt-thaa
ateo (m)	ผู้เชื่อวา	phôo chêua wâa
	ไม่มีพระเจ้า	mâi mee phrá jâo

248. La fe. El cristianismo. El islamismo

Adán	อาดัม	aa-dam
Eva	เอวา	ay-waa
Dios (m)	พระเจ้า	phrá jâo
Señor (m)	พระเจ้า	phrá jâo
el Todopoderoso	พระผู้เป็นเจ้า	phrá phôo bpen jâo
pecado (m)	บาป	bàap
pecar (vi)	ทำบาป	tham bàap
pecador (m)	คนบาป	khon bàap
pecadora (f)	คนบาป	khon bàap
infierno (m)	นรก	ná-rók
paraíso (m)	สวรรค์	sà-wǎn
Jesús	พระเยซู	phrá yay-soo
Jesucristo (m)	พระเยซูคริสต์	phrá yay-soo khrít
el Espíritu Santo	พระจิต	phrá jìt
el Salvador	พระผู้ไถ่	phrá phôo thài
la Virgen María	พระนางมารีย์	phrá naang maa ree
	พรหมจารี	phrom-má-jaa-ree
el Diablo	มาร	maan
diabólico (adj)	ของมาร	khǒrng maan
Satán (m)	ซาตาน	saa-dtaan
satánico (adj)	ซาตาน	saa-dtaan
ángel (m)	เทวทูต	thay-wá-thôot
ángel (m) custodio	เทวดาผู้	thay-wá-daa phôo
	คุมครอง	khúm khrorng
angelical (adj)	ของเทวดา	khǒrng thay-wá-daa
apóstol (m)	สาวก	sǎa-wók
arcángel (m)	หัวหน้าทูตสวรรค์	hǔa nâa thôot sà-wǎn
anticristo (m)	ศัตรูของพระคริสต์	sàt-dtroo khǒrng phrá khrít
Iglesia (f)	โบสถ์	bòht
Biblia (f)	คัมภีร์ไบเบิ้ล	kham-phee bai-bêrn
bíblico (adj)	ไบเบิล	bai-bêrn
Antiguo Testamento (m)	พันธสัญญาเดิม	phan-thá-sǎn-yaa derm
Nuevo Testamento (m)	พันธสัญญาใหม่	phan-thá-sǎn-yaa mài
Evangelio (m)	พระวรสาร	phrá won sǎan
Sagrada Escritura (f)	พระคัมภีร์ไบเบิล	phrá kham-phee bai-bern
cielo (m)	สวรรค	sà-wǎn
mandamiento (m)	บัญญัติ	ban-yàt
profeta (m)	ผู้เผยพระวจนะ	phôo phǒie phrá wá-jà-ná
profecía (f)	คำพยากรณ์	kham phá-yaa-gon
Alá	อัลลอฮ์	an-lor
Mahoma	พระมูฮัมหมัด	phrá moo ham màt

225

Corán, Korán (m)	อัลกุรอาน	an gù-rá-aan
mezquita (f)	สุเหรา	sù-rào
mulá (m), mullah (m)	มุลละ	mun lá
oración (f)	บทสวดมนต์	bòt sùat mon
orar, rezar (vi)	สวด	sùat

peregrinación (f)	การจาริกแสวงบุญ	gaan jaa-rík sà-wăeng bun
peregrino (m)	ผู้แสวงบุญ	phôo sà-wăeng bun
La Meca	มักกะฮ	mák-gà

iglesia (f)	โบสถ์	bòht
templo (m)	วิหาร	wí-hăan
catedral (f)	มหาวิหาร	má-hăa wí-hăan
gótico (adj)	แบบโกธิก	bàep goh-thík
sinagoga (f)	โบสถของศาสนายิว	bòht khŏrng sàat-sà-năa yiw
mezquita (f)	สุเหรา	sù-rào

capilla (f)	ห้องสวดมนต์	hôrng sùat mon
abadía (f)	วัด	wát
convento (m)	สำนักแม่ชี	săm-nák mâe chee
monasterio (m)	อาราม	aa raam

campana (f)	ระฆัง	rá-khang
campanario (m)	หอระฆัง	hŏr rá-khang
sonar (vi)	ตีระฆัง	dtee rá-khang

cruz (f)	ไม้กางเขน	mái gaang khăyn
cúpula (f)	หลังคาทรงโดม	lăng kaa song dohm
icono (m)	รูปเคารพ	rôop kpao-róp

alma (f)	วิญญาณ	win-yaan
destino (m)	ชะตากรรม	chá-dtaa gam
maldad (f)	ความชั่วราย	khwaam chûa ráai
bien (m)	ความดี	khwaam dee

vampiro (m)	ผีดูดเลือด	phĕe dòot lêuat
bruja (f)	แมมด	mâe mót
demonio (m)	ปีศาจ	bpee-sàat
espíritu (m)	ผี	phĕe

| redención (f) | การไถถอน | gaan thài thŏrn |
| redimir (vt) | ไถถอน | thài thŏrn |

culto (m), misa (f)	พิธีมิสซา	phí-tee mít-saa
decir misa	ประกอบพิธี	bprà-gòp phí-thee
	ศีลมหาสนิท	sĕen má-hăa sà-nìt
confesión (f)	การสารภาพ	gaan săa-rá-phâap
confesarse (vr)	สารภาพ	săa-rá-phâap

santo (m)	นักบุญ	nák bun
sagrado (adj)	ศุกดิสิทธิ์	sàk-gà-dì sìt
agua (f) santa	น้ามนต	nám mon

rito (m)	พิธีกรรม	phí-thee gam
ritual (adj)	แบบพิธีกรรม	bpaep phí-thee gam
sacrificio (m)	การบูชายัญ	gaan boo-chaa yan

superstición (f)	ความเชื่องมงาย	khwaam chêua ngom-ngaai
supersticioso (adj)	เชื่องมงาย	chêua ngom-ngaai
vida (f) de ultratumba	ชีวิตหลังความตาย	chee-wít lăng khwaam dtaai
vida (f) eterna	ชีวิตอันเป็นนิรันดร์	chee-wít an bpen ní-ran

MISCELÁNEA

alto (m) (parada temporal)	การหยุด	gaan yùt
ayuda (f)	ความช่วยเหลือ	khwaam chûay lĕua
balance (m)	สมดุล	sà-má-dun
barrera (f)	สิ่งกีดขวาง	sìng gèet-khwăang
base (f) (~ científica)	ฐาน	thăan
categoría (f)	หมวดหมู่	mùat mòo
causa (f)	สาเหตุ	săa-hàyt
coincidencia (f)	ความบังเอิญ	khwaam bang-ern
comienzo (m) (principio)	จุดเริ่มต้น	jùt rêrm-dtôn
comparación (f)	การเปรียบเทียบ	gaan bprìap thîap
compensación (f)	การชดเชย	gaan chót-choie
confortable (adj)	สะดวกสบาย	sà-dùak sà-baai
cosa (f) (objeto)	สิ่ง	sìng
crecimiento (m)	การเติบโต	gaan dtèrp dtoh
desarrollo (m)	การพัฒนา	gaan phát-thá-naa
diferencia (f)	ความแตกต่าง	khwaam dtàek dtàang
efecto (m)	ผลกระทบ	phŏn grà-thóp
ejemplo (m)	ตัวอย่าง	dtua yàang
variedad (f) (selección)	ตัวเลือก	dtua lêuak
elemento (m)	องค์ประกอบ	ong bprà-gòrp
error (m)	ข้อผิดพลาด	khôr phìt phlâat
esfuerzo (m)	ความพยายาม	khwaam phá-yaa-yaam
estándar (adj)	เป็นมาตรฐาน	bpen mâat-dtrà-thăan
estándar (m)	มาตรฐาน	mâat-dtrà-thăan
estilo (m)	สไตล์	sà-dtai
fin (m)	จบ	jòp
fondo (m) (color de ~)	ฉากหลัง	chàak lăng
forma (f) (contorno)	รูปร่าง	rôop râang
frecuente (adj)	ถี่	thèe
grado (m) (en mayor ~)	ระดับ	rá-dàp
hecho (m)	ข้อเท็จจริง	khôr thét jing
ideal (m)	อุดมคติ	u-dom khá-dtì
laberinto (m)	เขาวงกต	khăo-wong-gòt
modo (m) (de otro ~)	วิถีทาง	wí-thĕe thaang
momento (m)	ช่วงเวลา	chûang way-laa
objeto (m)	สิ่งของ	sìng khŏrng
obstáculo (m)	อุปสรรค	u-bpà-sàk
original (m)	ต้นฉบับ	dtôn chà-bàp
parte (f)	ส่วน	sùan

partícula (f)	อนุภาค	a-nú phâak
pausa (f)	การหยุดพัก	gaan yùt phák
posición (f)	ตำแหน่ง	dtam-nàeng
principio (m) (tener por ~)	หลักการ	làk gaan
problema (m)	ปัญหา	bpan-hǎa

proceso (m)	กระบวนการ	grà-buan gaan
progreso (m)	ความก้าวหน้า	khwaam gâao nâa
propiedad (f) (cualidad)	คุณสมบัติ	khun-ná-sǒm-bàt
reacción (f)	ปฏิกิริยา	bpà-dtì gì-rí-yaa

riesgo (m)	ความเสี่ยง	khwaam sìang
secreto (m)	ความลับ	khwaam láp
serie (f)	ลำดับ	lam-dàp
sistema (m)	ระบบ	rá-bòp
situación (f)	สถานการณ์	sà-thǎan gaan

solución (f)	ทางแก้	thaang gâe
tabla (f) (~ de multiplicar)	ตาราง	dtaa-raang
tempo (m) (ritmo)	จังหวะ	jang wà
término (m)	คำ	kham

tipo (m) (p.ej. ~ de deportes)	ประเภท	bprà-phâyt
tipo (m) (no es mi ~)	ประเภท	bprà-phâyt
turno (m) (esperar su ~)	ตา	dtaa
urgente (adj)	เร่งด่วน	râyng dùan

urgentemente	อย่างเร่งด่วน	yàang râyng dùan
utilidad (f)	ความมีประโยชน์	khwaam mee bprà-yòht
variante (f)	ขอ	khôr
verdad (f)	ความจริง	khwaam jing
zona (f)	โซน	sohn

250. Los adjetivos. Unidad 1

abierto (adj)	เปิด	bpèrt
adicional (adj)	เพิ่มเติม	phêrm dterm
agradable (~ voz)	ดี	dee
agradecido (adj)	สำนึกในบุญคุณ	sǎm-néuk nai bun khun

agrio (sabor ~)	เปรี้ยว	bprîeow
agudo (adj)	คม	khom
alegre (adj)	รื่นเริง	rêun rerng
amargo (adj)	ขม	khǒm

amplio (~a habitación)	กว้างขวาง	gwâang khwǎang
ancho (camino ~)	กว้าง	gwâang
antiguo (adj)	โบราณ	boh-raan
apretado (falda ~a)	คับ	kháp

arriesgado (adj)	เสี่ยง	sìang
artificial (adj)	เทียม	thiam
azucarado, dulce (adj)	หวาน	wǎan
bajo (voz ~a)	ต่ำ	dtàm

barato (adj)	ถูก	thòok
bello (hermoso)	สวย	sŭay
blando (adj)	นิ่ม	nîm
bronceado (adj)	ผิวดำแดง	phĭw dam daeng
bueno (de buen corazón)	ดี	dee
bueno (un libro, etc.)	ดี	dee
caliente (adj)	ร้อน	rórn
calmo, tranquilo	สงบ	sà-ngòp
cansado (adj)	เหนื่อย	nèuay
cariñoso (un padre ~)	ที่ห่วงใย	thêe hùang yai
caro (adj)	แพง	phaeng
central (adj)	กลาง	glaang
cerrado (adj)	ปิด	bpìt
ciego (adj)	ตาบอด	dtaa bòrt
civil (derecho ~)	พลเรือน	phon-lá-reuan
clandestino (adj)	ลับ	láp
claro (color)	อ่อน	òrn
claro (explicación, etc.)	ชัดเจน	chát jayn
compatible (adj)	เข้ากันได้	khâo gan dâai
congelado (pescado ~)	แช่แข็ง	châe khăeng
conjunto (decisión ~a)	รวมกัน	rûam gan
considerable (adj)	สำคัญ	săm-khan
contento (adj)	มีความสุข	mee khwaam sùk
continuo (adj)	ยาวนาน	yaao naan
continuo (incesante)	ต่อเนื่อง	dtòr nêuang
conveniente (apto)	ที่เหมาะสม	thêe mòr sŏm
correcto (adj)	ถูก	thòok
cortés (adj)	สุภาพ	sù-phâap
corto (adj)	สั้น	sân
crudo (huevos ~s)	ดิบ	dìp
de atrás (adj)	หลัง	lăng
de corta duración (adj)	มีอายุสั้น	mee aa-yú sân
de segunda mano	มือสอง	meu sŏrng
delgado (adj)	ผอม	phŏrm
flaco, delgado (adj)	ผอม	phŏrm
denso (~a niebla)	หนาแน่น	năa nâen
derecho (adj)	ขวา	khwăa
diferente (adj)	ต่างกัน	dtàang gan
difícil (decisión)	ยาก	yâak
difícil (problema ~)	ยาก	yâak
distante (adj)	ไกล	glai
dulce (agua ~)	จืด	jèut
duro (material, etc.)	แข็ง	khăeng
el más alto	สูงสุด	sŏong sùt
el más importante	ที่สำคัญที่สุด	thêe săm-khan thêe sùt
el más próximo	ใกล้ที่สุด	glâi thêe sùt
enfermo (adj)	ป่วย	bpùay

enorme (adj)	ใหญ่	yài
entero (adj)	ทั้งหมด	tháng mòt
especial (adj)	พิเศษ	phí-sàyt
espeso (niebla ~a)	หนา	nǎa
estrecho (calle, etc.)	แคบ	khâep

exacto (adj)	ถูกต้อง	thòok dtôrng
excelente (adj)	ยอดเยี่ยม	yôrt yîam
excesivo (adj)	เกินขีด	gern khèet
exterior (adj)	ภายนอก	phaai nôrk
extranjero (adj)	ตางชาติ	dtàang châat

fácil (adj)	ง่าย	ngâai
fatigoso (adj)	น่าเหนื่อยหน่าย	nâa nèuay nàai
feliz (adj)	มีความสุข	mee khwaam sùk
fértil (la tierra ~)	อุดมสมบูรณ์	ù-dom sǒm-boon

frágil (florero, etc.)	เปราะบาง	bpròr baang
fresco (está ~ hoy)	เย็น	yen
fresco (pan, etc.)	สด	sòt
frío (bebida ~a, etc.)	เย็น	yen

fuerte (~ voz)	ดัง	dang
fuerte (adj)	แข็งแกร่ง	khǎeng gràeng
grande (en dimensiones)	ใหญ่	yài
graso (alimento ~)	มันๆ	man man

gratis (adj)	ฟรี	free
grueso (muro, etc.)	หนา	nǎa
hambriento (adj)	หิว	hǐw
hermoso (~ palacio)	สวย	sǔay
hostil (adj)	เป็นศัตรู	bpen sàt-dtroo

húmedo (adj)	ชื้น	chéun
igual, idéntico (adj)	เหมือนกัน	měuan gan
importante (adj)	สำคัญ	sǎm-khan
imposible (adj)	เป็นไปไม่ได้	bpen bpai mâi dâai

imprescindible (adj)	จำเป็น	jam bpen
indescifrable (adj)	เข้าใจไม่ได้	khâo jai mâi dâai
infantil (adj)	ของเด็ก	khǒrng dèk
inmóvil (adj)	ไม่ขยับ	mâi khà-yàp
insignificante (adj)	ไม่สำคัญ	mâi sǎm-khan

inteligente (adj)	ฉลาด	chà-làat
interior (adj)	ภายใน	phaai nai
izquierdo (adj)	ซ้าย	sáai
joven (adj)	หนุ่ม	nùm

251. Los adjetivos. Unidad 2

largo (camino)	ยาว	yaao
legal (adj)	ทางกฎหมาย	thaang gòt mǎai
lejano (adj)	หางไกล	hàang glai

| libre (acceso ~) | ไม่จำกัด | mâi jam-gàt |
| ligero (un metal ~) | เบา | bao |

limitado (adj)	จำกัด	jam-gàt
limpio (camisa ~)	สะอาด	sà-àat
líquido (adj)	เหลว	lěo
liso (piel, pelo, etc.)	เนียน	nian
lleno (adj)	เต็ม	dtem

maduro (fruto, etc.)	สุก	sùk
malo (adj)	แย่	yâe
mas próximo	ใกล้	glâi
mate (sin brillo)	ด้าน	dâan
meticuloso (adj)	พิถีพิถัน	phí-thěe-phí-thǎn

miope (adj)	สายตาสั้น	sǎai dtaa sân
misterioso (adj)	ลึกลับ	léuk láp
mojado (adj)	เปียก	bpìak
moreno (adj)	คล้ำ	khlám
muerto (adj)	ตาย	dtaai

natal (país ~)	ดั้งเดิม	dâng derm
necesario (adj)	จำเป็น	jam bpen
negativo (adj)	แงลบ	ngâe lóp
negligente (adj)	ประมาท	bprà-màat
nervioso (adj)	กระวนกระวาย	grà won grà waai

no difícil (adj)	ไม่ยาก	mâi yâak
no muy grande (adj)	ไม่ใหญ่	mâi yài
normal (adj)	ปกติ	bpòk-gà-dtì
nuevo (adj)	ใหม่	mài
obligatorio (adj)	จำเป็น	jam bpen

opuesto (adj)	ตรงข้าม	dtrorng khâam
ordinario (adj)	ปกติ	bpòk-gà-dtì
original (inusual)	ดั้งเดิม	dâng derm
oscuro (cuarto ~)	มืด	mêut
pasado (tiempo ~)	ที่ผ่านมา	thêe phàan maa

peligroso (adj)	อันตราย	an-dtà-raai
pequeño (adj)	เล็ก	lék
perfecto (adj)	ยอดเยี่ยม	yôrt yîam
permanente (adj)	ถาวร	thǎa-won
personal (adj)	ส่วนตัว	sùan dtua

pesado (adj)	หนัก	nàk
plano (pantalla ~a)	แบน	baen
plano (superficie ~a)	เรียบ	rîap
pobre (adj)	จน	jon
indigente (adj)	ยากจน	yâak jon

poco claro (adj)	ไม่ชัดเจน	mâi chát jayn
poco profundo (adj)	ตื้น	dtêun
posible (adj)	เป็นไปได้	bpen bpai dâai
precedente (adj)	ก่อนหน้า	gòrn nâa
presente (momento ~)	ปัจจุบัน	bpàt-jù-ban

principal (~ idea)	หลัก	làk
principal (la entrada ~)	หลัก	làk
privado (avión ~)	ส่วนบุคคล	sùan bùk-khon
probable (adj)	เป็นไปได้	bpen bpai dâai
próximo (cercano)	ใกล้	glâi
público (adj)	สาธารณะ	sǎa-thaa-rá-ná
puntual (adj)	ตรงเวลา	dtrorng way-laa
rápido (adj)	เร็ว	reo
raro (adj)	หายาก	hǎa yâak
recto (línea ~a)	ตรง	dtrorng
sabroso (adj)	อร่อย	à-ròi
salado (adj)	เค็ม	khem
satisfecho (cliente)	พอใจ	phor jai
seco (adj)	แห้ง	hâeng
seguro (no peligroso)	ปลอดภัย	bplòrt phai
siguiente (avión, etc.)	ถัดไป	thàt bpai
similar (adj)	คล้ายคลึง	khláai khleung
simpático, amable (adj)	ดี	dee
simple (adj)	ง่าย	ngâai
sin experiencia (adj)	ขาดประสบการณ์	khàat bprà-sòp gaan
sin nubes (adj)	ไร้เมฆ	rái mâyk
soleado (un día ~)	แดดแรง	dàet raeng
sólido (~a pared)	แข็ง	khǎeng
sombrío (adj)	มืดมัว	mêut mua
sucio (no limpio)	สกปรก	sòk-gà-bpròk
templado (adj)	อุ่น	ùn
tenue (una ~ luz)	สลัว	sà-lǔa
tierno (afectuoso)	อ่อนโยน	òn yohn
tonto (adj)	โง่	ngôh
tranquilo (adj)	เงียบ	ngîap
transparente (adj)	ใส	sǎi
triste (adj)	เศร้า	sâo
triste (mirada ~)	เศร้า	sâo
último (~a oportunidad)	ท้ายสุด	tháai sùt
último (~a vez)	กลาย	glaai
único (excepcional)	อย่างเดียว	yàang dieow
vacío (vaso medio ~)	วาง	wâang
vario (adj)	หลาย	lǎai
vecino (casa ~a)	เพื่อนบ้าน	phêuan bâan
viejo (casa ~a)	เก่า	gào

LOS 500 VERBOS PRINCIPALES

252. Los verbos A-C

abandonar (vt)	หย่า	yàa
abrazar (vt)	กอด	gòrt
abrir (vt)	เปิด	bpèrt
aburrirse (vr)	เบื่อ	bèua
acariciar (~ el cabello)	ลูบ	lôop
acercarse (vr)	เขาใกล้	khâo glâi
acompañar (vt)	รวมไปด้วย	rûam bpai dûay
aconsejar (vt)	แนะนำ	náe nam
actuar (vi)	ปฏิบัติ	bpà-dtì-bàt
acusar (vt)	กล่าวหา	glàao hǎa
adiestrar (~ animales)	ฝึก	fèuk
adivinar (vt)	คาดเดา	khâat dao
admirar (vt)	ชมเชย	chom choie
adular (vt)	ชม	chom
advertir (avisar)	เตือน	dteuan
afeitarse (vr)	โกน	gohn
afirmar (vt)	ยืนยัน	yeun yan
agitar la mano	โบกมือ	bòhk meu
agradecer (vt)	แสดงความขอบคุณ	sà-daeng khwaam khòrp kun
ahogarse (vr)	จมน้ำ	jom náam
aislar (al enfermo, etc.)	แยก	yâek
alabarse (vr)	อวด	ùat
alimentar (vt)	ให้อาหาร	hâi aa-hǎan
almorzar (vi)	ทานอาหารเที่ยง	thaan aa-hǎan thîang
alquilar (~ una casa)	เช่า	châo
alquilar (barco, etc.)	จ้าง	jâang
aludir (vi)	พูดเป็นนัย	phôot bpen nai
alumbrar (vt)	ทำให้สว่าง	tham hâi sà-wàang
amarrar (vt)	จอดเรือ	jòrt reua
amenazar (vt)	ขู่	khòo
amputar (vt)	ตัดอวัยวะ	dtàt a-wai-wá
añadir (vt)	เพิ่ม	phêrm
anotar (vt)	จดโน้ต	jòt nóht
anular (vt)	ยกเลิก	yók lêrk
apagar (~ la luz)	ปิด	bpìt
aparecer (vi)	ปรากฏ	bpraa-gòt
aplastar (insecto, etc.)	บี้	bêe
aplaudir (vi, vt)	ปรบมือ	bpròp meu

apoyar (la decisión)	สนับสนุน	sà-nàp-sà-nǔn
apresurar (vt)	รีบ	rêep
apuntar a …	เล็็ง	leng
arañar (vt)	ขวน	khùan
arrancar (vt)	ฉีก	chèek
arrepentirse (vr)	เสียใจ	sǐa jai
arriesgar (vt)	เสี่ยง	sìang
asistir (vt)	ช่วย	chûay
aspirar (~ a algo)	ปรารถนา	bpràat thà-nǎa
atacar (mil.)	โจมตี	johm dtee
atar (cautivo)	มัด	mát
atar a …	ผูกกับ…	phòok gàp…
aumentar (vt)	เพิ่ม	phêrm
aumentarse (vr)	เพิ่ม	phêrm
autorizar (vt)	อนุญาต	a-nú-yâat
avanzarse (vr)	คืบหน้า	khêup nâa
avistar (vt)	เหลือบมอง	lèuap morng
ayudar (vt)	ช่วย	chûay
bajar (vt)	ลด	lót
bañar (~ al bebé)	อาบน้ำให้	àap náam hâi
bañarse (vr)	ว่ายน้ำ	wâai náam
beber (vi, vt)	ดื่ม	dèum
borrar (vt)	ขัดออก	khàt òrk
brillar (vi)	ส่องแสง	sòrng sǎeng
bromear (vi)	ลอเลน	lór lên
bucear (vi)	ดำ	dam
burlarse (vr)	เยาะเย้ย	yór-yóie
buscar (vt)	หา	hǎa
calentar (vt)	อุ่นให้ร้อน	ùn hâi rórn
callarse (no decir nada)	นิ่งเงียบ	nîng ngîap
calmar (vt)	ทำให้…สงบ	tham hâi…sà-ngòp
cambiar (de opinión)	เปลี่ยน	bplìan
cambiar (vt)	แลกเปลี่ยน	lâek bplìan
cansar (vt)	ทำให้…เหนื่อย	tham hâi…nèuay
cargar (camión, etc.)	ขนของ	khǒn khǒrng
cargar (pistola)	ใส่กระสุน	sài grà-sǔn
casarse (con una mujer)	แต่งงาน	dtàeng ngaan
castigar (vt)	ลงโทษ	long thôht
cavar (fosa, etc.)	ขุด	khùt
cazar (vi, vt)	ล่าหา	lâa hǎa
ceder (vi, vt)	ยอม	yorm
cegar (deslumbrar)	ทำให้มองไม่เห็น	tam hâi morng mâi hěn
cenar (vi)	ทานอาหารเย็น	thaan aa-hǎan yen
cerrar (vt)	ปิด	bpìt
cesar (vt)	หยุด	yùt
citar (vt)	อ้างอิง	âang ing
coger (flores, etc.)	เก็บ	gèp

coger (pelota, etc.)	รับ	ráp
colaborar (vi)	รวมมือ	rûam meu
colgar (vt)	แขวน	khwǎen
colocar (poner)	วาง	waang
combatir (vi)	สู้รบ	sôo róp
comenzar (vt)	เริ่ม	rêrm
comer (vi, vt)	กิน	gin
comparar (vt)	เปรียบเทียบ	bprìap thîap
compensar (vt)	ชดเชย	chót-choie
competir (vi)	แข่งขัน	khàeng khǎn
compilar (~ una lista)	รวบรวม	rûap ruam
complicar (vt)	ทำให้...ซับซ้อน	tham hâi...sáp són
componer (música)	แต่ง	dtàeng
comportarse (vr)	ประพฤติตัว	bprà-phréut dtua
comprar (vt)	ซื้อ	séu
comprender (vt)	เข้าใจ	khâo jai
comprometer (vt)	ทำให้...เสียเกียรติ	tham hâi...sǐa gìat
informar (~ a la policía)	แจ้ง	jâeng
concentrarse (vr)	ตั้งสมาธิ	dtâng sà-maa-thí
condecorar (vt)	มอบรางวัล	môrp raang-wan
conducir el coche	ขับรถ	khàp rót
confesar (un crimen)	สารภาพ	sǎa-rá-phâap
confiar (vt)	เชื่อ	chêua
confundir (vt)	สับสน	sàp sǒn
conocer (~ a alguien)	รู้จัก	róo jàk
consultar (a un médico)	ปรึกษา	bprèuk-sǎa
contagiar (vt)	ทำให้ติดเชื้อ	tham hâi dtìt chéua
contagiarse (de ...)	ติดเชื้อ	dtìt chéua
contar (dinero, etc.)	นับ	náp
contar (una historia)	เล่า	lâo
contar con ...	พึ่งพา	phêung phaa
continuar (vt)	ดำเนินการต่อ	dam-nern gaan dtòr
contratar (~ a un abogado)	จ้าง	jâang
controlar (vt)	ควบคุม	khûap khum
convencer (vt)	โน้มน้าว	nóhm náao
convencerse (vr)	ถูกโน้มน้าว	thook nóhm náao
coordinar (vt)	ประสานงาน	bprà-sǎan ngaan
corregir (un error)	แก้ไข	gâe khǎi
correr (vi)	วิ่ง	wîng
cortar (un dedo, etc.)	ตัดออก	dtàt òrk
costar (vt)	มีราคา	mee raa-khaa
crear (vt)	สร้าง	sâang
creer (vt)	คิด	khít
cultivar (plantas)	ปลูก	bplòok
curar (vt)	รักษา	rák-sǎa

253. Los verbos D-E

dar (algo a alguien)	ให้	hâi
darse prisa	รีบ	rêep
darse un baño	อาบน้ำ	àap náam
datar de …	มาตั้งแต่…	maa dtâng dtàe...
deber (v aux)	ต้อง	dtôrng
decidir (vt)	ตัดสินใจ	dtàt sĭn jai
decir (vt)	พูด	phôot
decorar (para la fiesta)	ตกแต่ง	dtòk dtàeng
dedicar (vt)	อุทิศ	u thít
defender (vt)	ปกป้อง	bpòk bpôrng
defenderse (vr)	ปกป้อง	bpòk bpôrng
dejar caer	ทำให้…ตก	tham hâi...dtòk
dejar de hablar	หยุดพูด	yùt phôot
denunciar (vt)	ประณาม	bprà-naam
depender de …	พึ่งพา…	phêung phaa...
derramar (líquido)	ทำให้…หก	tham hâi...hòk
desamarrar (vt)	ถอดออก	thòrt òrk
desaparecer (vi)	หายไป	hăai bpai
desatar (vt)	แก้มัด	gâe mát
desayunar (vi)	ทานอาหารเช้า	thaan aa-hăan cháo
descansar (vi)	พัก	phák
descender (vi)	ลง	long
descubrir (tierras nuevas)	คนพบ	khón phóp
desear (vt)	ปรารถนา	bpràat-thà-năa
desparramarse (azúcar)	หก	hòk
emitir (~ un olor)	ปล่อย	bplòi
despegar (el avión)	บินขึ้น	bin khêun
despertar (vt)	ปลุกให้ตื่น	bplùk hâi dtèun
despreciar (vt)	รังเกียจ	rang gìat
destruir (~ las pruebas)	ทำลาย	tham laai
devolver (paquete, etc.)	ส่งคืน	sòng kheun
diferenciarse (vr)	แตกต่าง	dtàek dtàang
distribuir (~ folletos)	แจกจ่าย	jàek jàai
dirigir (administrar)	จัดการ	jàt gaan
dirigirse (~ al jurado)	พูดกับ	phôot gàp
disculpar (vt)	ให้อภัย	hâi a-phai
disculparse (vr)	ขอโทษ	khŏr thôht
discutir (vt)	หารือ	hăa-reu
disminuir (vt)	ลด	lót
distribuir (comida, agua)	แจกจ่าย	jàek jàai
divertirse (vr)	มีความสุข	mee khwaam sùk
dividir (~ 7 entre 5)	หาร	hăan
doblar (p.ej. capital)	เพิ่มเป็นสองเท่า	phêrm bpen sŏrng thâo

dudar (vt)	สงสัย	sŏng-săi
elevarse (alzarse)	ทำให้...สูงเหนือ	tham hâi...sŏong nĕua
eliminar (obstáculo)	กำจัด	gam-jàt
emerger (submarino)	ขึ้นมาที่ผิวน้ำ	khêun maa thêe phĭw náam
empaquetar (vt)	หอ	hòr
emplear (utilizar)	ใช้	chái
emprender (~ acciones)	ดำเนินการ	dam-nern gaan
empujar (vt)	ผลัก	phlàk
enamorarse (de …)	ตกหลุมรัก	dtòk lŭm rák
encabezar (vt)	นำ	nam
encaminar (vt)	บอกทาง	bòrk thaang
encender (hoguera)	จุดไฟ	jùt fai
encender (radio, etc.)	เปิด	bpèrt
encontrar (hallar)	คนหา	khón hăa
enfadar (vt)	ทำให้...โกรธ	tham hâi...gròht
enfadarse (con …)	โกรธ	gròht
engañar (vi, vt)	หลอก	lòrk
enrojecer (vi)	หนาแดง	nâa daeng
enseñar (vi, vt)	สอน	sŏrn
ensuciarse (vr)	สกปรก	sòk-gà-bpròk
entrar (vi)	เขา	khâo
entrenar (vt)	ฝึก	fèuk
entrenarse (vr)	ฝึก	fèuk
entretener (vt)	ทำให้รื่นเริง	thám hâi rêun rerng
enviar (carta, etc.)	สง	sòng
envidiar (vt)	อิจฉา	ìt-chăa
equipar (vt)	ติด	dtìt
equivocarse (vr)	ทำผิดพลาด	tham phìt phlâat
escoger (vt)	เลือก	lêuak
esconder (vt)	ซอน	sôrn
escribir (vt)	เขียน	khĭan
escuchar (vt)	ฟัง	fang
escuchar a hurtadillas	ลอบฟัง	lôrp fang
escupir (vi)	ถุย	thŭi
esperar (aguardar)	รอ	ror
esperar (anticipar)	คาดหวัง	khâat wăng
esperar (tener esperanza)	หวัง	wăng
estar (~ sobre la mesa)	อยู	yŏo
estar acostado	นอน	norn
estar basado (en …)	อิง	ing
estar cansado	เหนื่อย	nèuay
estar conservado	ได้รับการรักษา	dâai ráp gaan rák-săa
estar de acuerdo	เห็นดวย	hĕn dûay
estar en guerra	ทำสงคราม	tham sŏng-khraam
estar perplejo	สับสน	sàp sŏn

estar sentado	นั่ง	nâng
estremecerse (vr)	สั่น	sàn
estudiar (vt)	เรียน	rian

evitar (peligro, etc.)	หลีกเลี่ยง	lèek lîang
examinar (propuesta)	ตรวจสอบ	dtrùat sòrp
excluir (vt)	ไล่ออก	lâi òrk
exigir (vt)	เรียกร้อง	rîak rórng

existir (vi)	มีอยู่	mee yòo
explicar (vt)	อธิบาย	à-thí-baai
expresar (vt)	แสดงออก	sà-daeng òrk
expulsar (ahuyentar)	ไล่ไป	lâi bpai

254. Los verbos F-M

facilitar (vt)	ทำให้...ง่ายขึ้น	tham hâi...ngâai khêun
faltar (a las clases)	พลาด	phlâat
fascinar (vt)	หวานเสน่ห์	wàan sà-nàay
felicitar (vt)	แสดงความยินดี	sà-daeng khwaam yin dee

firmar (~ el contrato)	ลงนาม	long naam
formar (vt)	ก่อตั้ง	gòr dtâng
fortalecer (vt)	เสริม	sĕrm
forzar (obligar)	บังคับ	bang-kháp

fotografiar (vt)	ถ่ายภาพ	thàai phâap
garantizar (vt)	รับประกัน	ráp bprà-gan
girar (~ a la izquierda)	เลี้ยว	líeow
golpear (la puerta)	เคาะ	khór

gritar (vi)	ตะโกน	dtà-gohn
guardar (cartas, etc.)	เก็บ	gèp
gustar (el tenis, etc.)	ชอบ	chôrp
gustar (vi)	ชอบ	chôrp
habitar (vi, vt)	อยู่อาศัย	yòo aa-sǎi

hablar con ...	คุยกับ	khui gàp
hacer (vt)	ทำ	tham
hacer conocimiento	ทำความรู้จัก	tham khwaam róo jàk
hacer copias	ถ่ายสำเนาหลายฉบับ	thàai sǎm-nao lǎai chà-bàp

hacer la limpieza	จัดระเบียบ	jàt rá-bìap
hacer una conclusión	สรุป	sà-rùp
hacerse (vr)	กลายเป็น	glaai bpen
hachear (vt)	ตัดออก	dtàt òrk
heredar (vt)	รับมรดก	ráp mor-rá-dòrk

imaginarse (vr)	มีจินตนาการ	mee jin-dtà-naa gaan
imitar (vt)	เลียนแบบ	lian bàep
importar (vt)	นำเข้า	nam khâo
indignarse (vr)	ขุ่นเคือง	khùn kheuang
influir (vt)	มีอิทธิพล	mee ìt-thí phon
informar (vt)	แจ้ง	jâeng

| informarse (vr) | สอบถาม | sòrp thăam |
| inquietar (vt) | ทำให้...เป็นห่วง | tham hâi...bpen hùang |

inquietarse (vr)	กังวล	gang-won
inscribir (en la lista)	เขียน..,ใส่	khĭan...sài
insertar (~ la llave)	สอดใส่	sòrt sài
insistir (vi)	ยืนยัน	yeun yan

inspirar (vt)	บันดาลใจ	ban-daan jai
instruir (enseñar)	สอน	sŏrn
insultar (vt)	ดูถูก	doo thòok
intentar (vt)	ลอง	lorng
intercambiar (vt)	แลกเปลี่ยน	lâek bplìan

interesar (vt)	ทำให้...สนใจ	tham hâi...sŏn jai
interesarse (vr)	สนใจ	sŏn jai
interpretar (actuar)	เลนบท	lên bòt
intervenir (vi)	แทรกแซง	sâek saeng
inventar (máquina, etc.)	ประดิษฐ์	bprà-dìt

invitar (vt)	เชิญ	chern
ir (~ en taxi)	ไป	bpai
ir (a pie)	ไป	bpai
irritar (vt)	ทำให้...รำคาญ	tham hâi...ram-khaan

irritarse (vr)	หงุดหงิด	ngùt-ngìt
irse a la cama	ไปนอน	bpai norn
jugar (divertirse)	เลน	lên
lanzar (comenzar)	เปิด	bpèrt
lavar (vt)	ลาง	láang

lavar la ropa	ซักผ้า	sák phâa
leer (vi, vt)	อาน	àan
levantarse (de la cama)	ลุกขึ้น	lúk khêun
liberar (ciudad, etc.)	ปลดปล่อย	bplòt bplòi
librarse de ...	กำจัด...	gam-jàt...

limitar (vt)	จำกัด	jam-gàt
limpiar (~ el horno)	ทำความสะอาด	tham khwaam sà-àat
limpiar (zapatos, etc.)	ทำความสะอาด	tham khwaam sà-àat
llamar (le llamamos ...)	เรียก	rîak
llamar (por ayuda)	เรียก	rîak

llamar (vt)	เรียก	rîak
llegar (~ al Polo Norte)	ไปถึง	bpai thĕung
llegar (tren)	มาถึง	maa thĕung
llenar (p.ej. botella)	เติมให้เต็ม	dterm hâi dtem

retirar (~ los platos)	เอาไป	ao bpai
llorar (vi)	รองไห้	rórng hâi
lograr (un objetivo)	บรรลุ	ban-lú
luchar (combatir)	สู	sôo

luchar (sport)	มวยปล้ำ	muay bplâm
mantener (la paz)	รักษา	rák-săa
marcar (en el mapa, etc.)	ทำเครื่องหมาย	tham khrêuang măai

matar (vt)	ฆ่า	khâa
memorizar (vt)	จดจำ	jòt jam
mencionar (vt)	กล่าวถึง	glàao thěung
mentir (vi)	โกหก	goh-hòk
merecer (vt)	สมควรได้รับ	sŏm khuan dâai ráp

mezclar (vt)	ผสม	phà-sŏm
mirar (vi, vt)	มองดู	morng doo
mirar a hurtadillas	แอบดู	àep doo
molestar (vt)	รบกวน	róp guan

mostrar (~ el camino)	ชี้	chée
mostrar (demostrar)	แสดง	sà-daeng
mover (el sofá, etc.)	ย้าย	yáai
multiplicar (mat)	คูณ	khoon

255. Los verbos N-R

nadar (vi)	ว่ายน้ำ	wâai náam
negar (rechazar)	ปฏิเสธ	bpà-dtì-sàyt
negar (vt)	ปฏิเสธ	bpà-dtì-sàyt
negociar (vi)	เจรจา	jayn-rá-jaa

nombrar (designar)	มอบหมาย	môrp măai
notar (divisar)	สังเกต	săng-gàyt
obedecer (vi, vt)	เชื่อฟัง	chêua fang
objetar (vt)	คาน	kháan

observar (vt)	สังเกตการณ์	săng-gàyt gaan
ofender (vt)	ล่วงเกิน	lûang gern
oír (vt)	ได้ยิน	dâai yin
oler (despedir olores)	มีกลิ่น	mee glìn
oler (percibir olores)	ดมกลิ่น	dom glìn

olvidar (dejar)	ลืม	leum
olvidar (vt)	ลืม	leum
omitir (vt)	เว้น	wén
orar (vi)	ภาวนา	phaa-wá-naa

ordenar (mil.)	สั่งการ	sàng gaan
organizar (concierto, etc.)	จัด	jàt
osar (vi)	กล้า	glâa
pagar (vi, vt)	จ่าย	jàai

pararse (vr)	หยุด	yùt
parecerse (vr)	เหมือน	měuan
participar (vi)	มีส่วนรวม	mee sùan rûam
partir (~ a Londres)	ออกเดินทาง	òrk dern thaang
pasar (~ el pueblo)	ผ่าน	phàan

pecar (vi)	ทำบาป	tham bàap
pedir (ayuda, etc.)	ขอ	khŏr
pedir (restaurante)	สั่งอาหาร	sàng aa-hăan
pegar (golpear)	ตี	dtee

peinarse (vr)	หวีผม	wěe phǒm
pelear (vi)	สู้	sôo
penetrar (vt)	แทรกซึม	sâek seum
pensar (creer)	เชื่อ	chêua
pensar (vi, vt)	คิด	khít
perder (paraguas, etc.)	ทำหาย	tham hǎai
perdonar (vt)	ยกโทษให้	yók thôht hâi
permitir (vt)	อนุญาตให้	a-nú-yâat hâi
pertenecer a ...	เป็นของของ...	bpen khǒrng khǒrng...
pesar (tener peso)	มีน้ำหนัก	mee nám nàk
pescar (vi)	จับปลา	jàp bplaa
planchar (vi, vt)	รีด	rêet
planear (vt)	วางแผน	waang phǎen
poder (v aux)	สามารถ	sǎa-mâat
poner (colocar)	วาง	waang
poner en orden	จัดเรียง	jàt riang
poseer (vt)	เป็นเจ้าของ	bpen jâo khǒrng
preferir (vt)	ชอบ	chôrp
preocuparse (vr)	เป็นห่วง	bpen hùang
preparar (la cena)	ทำ	tham
preparar (vt)	เตรียม	dtriam
presentar (~ a sus padres)	แนะนำ	náe nam
presentar (vt) (persona)	แนะนำ	náe nam
presentar un informe	รายงาน	raai ngaan
prestar (vt)	ขอยืม	khǒr yeum
prever (vt)	คาดหวัง	khâat wǎng
privar (vt)	ตัด	dtàt
probar (una teoría, etc.)	พิสูจน์	phí-sòot
prohibir (vt)	ห้าม	hâam
prometer (vt)	สัญญา	sǎn-yaa
pronunciar (vt)	ออกเสียง	òrk sǐang
proponer (vt)	เสนอ	sà-něr
proteger (la naturaleza)	ปกป้อง	bpòk bpôrng
protestar (vi, vt)	ประท้วง	bprà-thúang
provocar (vt)	ยั่วยุ	yûa yú
proyectar (~ un edificio)	ออกแบบ	òrk bàep
publicitar (vt)	โฆษณา	khôht-sà-naa
quedar (una ropa, etc.)	เหมาะ	mò
quejarse (vr)	บ่น	bòn
quemar (vt)	เผา	phǎo
querer (amar)	รัก	rák
querer (desear)	ต้องการ	dtôrng gaan
quitar (~ una mancha)	ล้างออก	láang òrk
quitar (cuadro de la pared)	เอาออก	ao òrk
guardar (~ en su sitio)	เก็บที่	gèp thêe
rajarse (vr)	แตก	dtàek

realizar (vt)	ทำให้...เป็นจริง	tham hâi...bpen jing
recomendar (vt)	แนะนำ	náe nam
reconocer (admitir)	ยอมรับ	yorm ráp
reconocer (una voz, etc.)	จดจำ	jòt jam
recordar (tener en mente)	จำ	jam
recordar algo a algn	นึกถึง	néuk thĕung
recordarse (vr)	จำ	jam
recuperarse (vr)	ฟื้นตัว	féun dtua
reflexionar (vi)	มัวแตครุ่นคิด	mua dtàe khrûn-khít
regañar (vt)	ดุว่า	dù wâa
regar (plantas)	รดน้ำ	rót náam
regresar (~ a la ciudad)	กลับ	glàp
rehacer (vt)	ทำซ้ำ	tham sám
reírse (vr)	หัวเราะ	hŭa rór
reparar (arreglar)	ซ่อม	sôrm
repetir (vt)	พูดซ้ำ	phôot sám
reprochar (vt)	ตำหนิ	dtam-nì
reservar (~ una mesa)	จอง	jorng
resolver (~ el problema)	แก้ไข	gâe khăi
resolver (~ la discusión)	ยุติ	yút-dtì
respirar (vi)	หายใจ	hăai jai
responder (vi, vt)	ตอบ	dtòrp
retener (impedir)	ยับยั้ง	yáp yáng
robar (vt)	ขโมย	khà-moi
romper (mueble, etc.)	ทำพัง	tham phang
romperse (la cuerda)	ขาด	khàat

256. Los verbos S-V

saber (~ algo mas)	รู้	róo
sacudir (agitar)	เขย่า	khà-yào
salir (libro)	ออกวางจำหน่าย	òrk waang jam-nàai
salir (vi)	ออกไป	òrk bpai
saludar (vt)	ทักทาย	thák thaai
salvar (vt)	ช่วยชีวิต	chûay chee-wít
satisfacer (vt)	ทำให้...พอใจ	tham hâi...phor jai
secar (ropa, pelo)	ทำให้...แห้ง	tham hâi...hâeng
seguir ...	ไปตาม...	bpai dtaam...
seleccionar (vt)	เลือก	lêuak
sembrar (semillas)	หว่าน	wàan
sentarse (vr)	นั่ง	nâng
sentenciar (vt)	พิพากษา	phí-phâak-săa
sentir (peligro, etc.)	รับรู้	ráp róo
ser causa de ...	เป็นสาเหตุ...	bpen săa-hàyt...
ser indispensable	มีความจำเป็น	mee khwaam jam bpen
ser necesario	เป็นที่ต้องการ	bpen thêe dtôrng gaan

ser suficiente	พอเพียง	phor phiang
ser, estar (vi)	เป็น	bpen
servir (~ a los clientes)	เซิร์ฟ	sêrf
significar (querer decir)	บุงบอก	bòng bòrk
significar (vt)	บงบ๊ก	bòng bòrk
simplificar (vt)	ทำใหงายขึ้น,	tham hâi ngâai khêun
sobreestimar (vt)	ตีค่าสูงเกิน	dtee khâa sŏong gern
sofocar (un incendio)	ดับ	dàp
soñar (durmiendo)	ฝัน	făn
soñar (fantasear)	ฝัน	făn
sonreír (vi)	ยิ้ม	yím
soplar (viento)	เป่า	bpào
soportar (~ el dolor)	ทน	thon
sorprender (vt)	ทำให้...ประหลาดใจ	tham hâi...bprà-làat jai
sorprenderse (vr)	ประหลาดใจ	bprà-làat jai
sospechar (vt)	สงสัย	sŏng-săi
subestimar (vt)	ดูถูก	doo thòok
subrayar (vt)	ขีดเสนใต้	khèet sên dtâi
sufrir (dolores, etc.)	ทรมาน	thor-rá-maan
suplicar (vt)	ขอรอง	khŏr rórng
suponer (vt)	สมมุติ	sŏm mút
suspirar (vi)	ถอนหายใจ	thŏrn hăai-jai
temblar (de frío)	หนาวสั่น	năao sàn
tener (vt)	มี	mee
tener miedo	กลัว	glua
terminar (vt)	จบ	jòp
tirar (cuerda)	ดึง	deung
tirar (disparar)	ยิง	ying
tirar (piedras, etc.)	ขวาง	khwâang
tocar (con la mano)	สัมผัส	săm-phàt
tomar (vt)	เอา	ao
tomar nota	จด	jòt
trabajar (vi)	ทำงาน	tham ngaan
traducir (vt)	แปล	bplae
traer (un recuerdo, etc.)	นำมา	nam maa
transformar (vt)	เปลี่ยนแปลง	bplìan bplaeng
tratar (de hacer algo)	พยายาม	phá-yaa-yaam
unir (vt)	ทำให้...รวมกัน	tham hâi...ruam gan
unirse (~ al grupo)	เข้ารวมใน	khâo rûam nai
usar (la cuchara, etc.)	ใช้	chái
vacunar (vt)	ฉีดวัคซีน	chèet wák-seen
vender (vt)	ขาย	khăai
vengar (vt)	แก้แค้น	gâe kháen
verter (agua, vino)	ริน	rin
vivir (vi)	มีชีวิต	mee chee-wít

volar (pájaro, avión)	บิน	bin
volver (~ fondo arriba)	พลิก	phlík
volverse de espaldas	มวนหน้า	múan nâa
votar (vi)	ลงคะแนน	long khá-naen